Odisséia Astral

Carol Eby

Odisséia Astral

UMA INVESTIGAÇÃO SOBRE AS EXPERIÊNCIAS FORA DO CORPO

Tradução:
PAULO CESAR DE OLIVEIRA

EDITORA PENSAMENTO
São Paulo

Título do original:
Astral Odyssey
Exploring Out-of-Body Experiences

Publicado originalmente pela Samuel Weiser, York Beach, ME, USA.

Edição	Ano
1-2-3-4-5-6-7-8-9	98-99-00

Direitos de tradução para a língua portuguesa
adquiridos com exclusividade pela
EDITORA PENSAMENTO LTDA.
Rua Dr. Mário Vicente, 374 — 04270-000 — São Paulo, SP
Fone: 272-1399 — Fax: 272-4770
E-MAIL: pensamento@snet.com.br
http://www.pensamento-cultrix.com.br
que se reserva a propriedade literária desta tradução.

Impresso em nossas oficinas gráficas

Sumário

A todos os que se encontram
no Caminho Espiritual

Abra os seus olhos astrais e veja, além da escuridão, um mundo de luz onde os passos divinos dos anjos mostram o caminho. Traga a luz para reabastecer o mundo material, alegrar o coração, inspirar o intelecto e elevar o espírito. Assim, receba parte da Terra, da Água, do Ar e do Fogo e integre-se à criação.

- Eby

Prefácio

Odisséia Astral: Uma Investigação sobre as Experiências Fora do Corpo é o primeiro livro a usar uma abordagem singular e abrangente para captar toda a essência de uma extraordinária viagem pelas vastas e inexploradas regiões dos mundos invisíveis, onde sobejam tesouros do princípio ao fim. *Odisséia Astral* é uma viagem em que qualquer um pode embarcar!

O que é o mundo astral?
Onde ele está?
Como ele é?
Quem são os seus habitantes? São hostis ou amigáveis?
Por que é importante visitar o mundo astral?
De que forma a autora, enquanto levava uma vida de relativa reclusão numa cabana na floresta, aprendeu a fazer a projeção astral?
Como o corpo astral flutua?
É possível fazer uma projeção para o futuro no plano astral?
De que modo uma pessoa pode manter continuamente a consciência necessária para poder atuar nos mundos invisíveis?

Existem evidências científicas da possibilidade de percepção e de existência além dos limites do corpo físico. *Odisséia Astral* é uma tentativa de encontrar respostas acerca da verdadeira natureza da realidade. Trata-se de uma jornada mágica, por meio de estados alternativos de consciência a respeito dos quais pouco se sabe, em busca de um eu verdadeiro e pleno.

Embora o destino dessa estranha aventura seja um local arbitrário fora do corpo físico, e o veículo usado para transportar a percepção para o mundo astral seja o corpo astral, os diversos domínios encontrados ao longo do caminho compreendem boa parte do objetivo fundamental da viagem. Os domínios invisíveis explorados à medida que se desenvolve a *Odisséia Astral* incluem uma variedade de mundos de sonho, o misterioso caminho dos estados hipnagógicos e hipnopômpicos, e o intrigante enigma do plano astral. Todos esses misteriosos domínios são experiências essenciais para que se desenvolva a consciência necessária para se alcançar a meta final: a ação conjunta com o eu superior e uma compreensão mais profunda do eu com relação à realidade.

Afastando-se da realidade física, *Odisséia Astral* investiga o mundo dos sonhos, explicando o que eles são, como trabalhar com eles e como usá-los a fim de se despertar a consciência para dificuldades emocionais que normalmente passam despercebidas, para a solução de problemas, o desenvolvimento da criatividade e da percepção extra-sensorial (PES).

Odisséia Astral, então, investiga os estados hipnagógicos e hipnopômpicos, frágeis elos que servem de ponte entre a realidade física e os mundos invisíveis, e descobre uma complexa rede de ligações com um grande número de dimensões obscuras. São descobertos caminhos que levam à inspiração criativa, à projeção mental, aos estados transicionais de PES, à consciência dual, aos sonhos lúcidos e às experiências fora do corpo (EFCs).

Odisséia Astral continua com uma expedição ao mundo astral, com vivas descrições de imagens, sons, impressões, sensações e situações quase sempre estranhas, às vezes engraçadas e, ocasionalmente, assustadoras. Esse fantástico domínio está repleto de experiências fascinantes e peculiaridades inexplicáveis.

Odisséia Astral é muito mais do que uma obra expositiva elaborada a partir de anotações meticulosas acumuladas durante anos sobre dimensões que estão além do plano físico. Trata-se de um manual com instruções completas, conselhos judiciosos, aplicações práticas e evidências científicas bem documentadas.

Para os leitores que desejam conhecer em primeira mão os mundos invisíveis, *Odisséia Astral* oferece instruções explícitas quanto ao modo de alcançar essas regiões efêmeras, alertando sobre os possíveis perigos e obstáculos, reais ou imaginários, e ensinando como evitá-los. Trata-se de um guia para viajantes astrais, escrito por uma exploradora experiente da realidade não-física e escrito numa linguagem clara e de fácil compreensão, que explica a maneira exata de obter controle sobre estados de consciência que conduzem a experiências fora do corpo e inteiramente conscientes.

Destacando o quanto são explícitas as instruções fornecidas, *Odisséia Astral* demonstra, apontando as rotas mentais, a localização dos mundos invisíveis com relação uns aos outros e ao mundo físico. Os caminhos que partem da consciência física em estado desperto e que, passando pelo estado hipnagógico, chegam aos estados alternativos de consciência, são claramente delineados através do uso de modelos hipotéticos do *continuum* de sonho, do *continuum* das EFCs, dos quatro níveis da percepção (consciente, subconsciente, inconsciente e superconsciente) e do eu superior.

Além de oferecer instruções passo a passo e de apontar as diretrizes a serem seguidas, *Odisséia Astral* mostra de que modo informações preciosas podem ser obtidas a partir dos mundos invisíveis e usadas no mundo físico para tornar a vida mais rica, mais harmoniosa, mais bela, consciente e, também, mais significativa. As asserções são sustentadas em nível acadêmico por estudos científicos cuidadosamente elaborados e documentados. A busca de realidades alternativas revela um eu que é muito mais do que uma forma biológica extremamente evoluída, com um cérebro suficientemente complexo para questionar o seu lugar no universo. Por se concentrar no eu como um todo, *Odisséia Astral* é um instrumento para a liberação dos fantásticos potenciais que estão ao alcance de qualquer pessoa que se aventure a dar o primeiro passo além dos limites do mundo material, em direção aos abismos da realidade não-física.

Por meio da descoberta de algumas das facetas multidimensionais do relacionamento entre a existência humana e o universo, *Odisséia Astral* nos leva a apreciar o verdadeiro significado da vida e do nosso papel como seres criativos, racionais, emotivos e espirituais.

Agradecimentos

Embora ainda haja muito o que aprender, muito se sabe acerca dos mundos invisíveis dos sonhos, da hipnagogia e do plano astral. Sinto-me grata a todos os que, ao longo dos séculos, contribuíram com suas idéias, experiências e obras para a formulação dos conceitos apresentados em *Odisséia Astral: Uma Investigação sobre as Experiências Fora do Corpo*.

Além disso, eu gostaria de expressar uma gratidão especial a meus pais, pelas lições e valores que eles incutiram em mim.

Sou particularmente grata a Judi Bianco pela inspiração que me proporcionou, pelas horas que dedicou e pelo material com que contribuiu para a criação deste livro, por sua amizade e, acima de tudo, por seu espírito, que continua a brilhar intensamente por nós, que continuamos no plano material depois da sua partida.

Por suas histórias, que muito enriqueceram a minha *Odisséia Astral*, agradeço a Patti Chester, Ben Stone, Sue Stone-Douglas, Ross Oates, Jean Higheagle e a Lyla Monello. Também sou grata a Pat Sime, por seus esforços para entrar em contato com o Doutor, e a Cara Dale, por seu conselho especial proveniente de Daniel.

A equipe da Biblioteca Pública de Rapid City é merecedora do meu mais profundo apreço por toda a ajuda prestada na obtenção do material necessário para a minha pesquisa. A dedicação dessa equipe e os constantes aprimoramentos nos serviços prestados são, em grande parte, o que torna possível o trabalho de uma escritora.

Agradeço também a Richard Draeger por me permitir consultar sua biblioteca particular, a qual teve importância crucial nos estágios iniciais desta obra.

Sou muito grata ao dr. Benjamin Stone pelo tempo e esforços que generosamente dedicou à preparação da edição deste livro e à pesquisa de informações que se mostraram necessárias.

E, por fim, expresso meu reconhecimento e gratidão especiais a todos os espíritos auxiliadores que habitam domínios situados além do plano físico e que me proporcionaram inestimável ajuda durante a minha *Odisséia Astral* e na elaboração deste livro.

Lista de Abreviaturas

EEG: eletroencefalograma
EOG: eletrooculograma
PES: percepção extra-sensorial
RGP: resposta galvânica da pele
EQM: experiências de quase-morte
NREM: não-REM
EFC: experiência fora do corpo
REM: movimento rápido dos olhos [*rapid eye movement*]
SEM: movimento lento dos olhos [*slow eye movement*]

Capítulo 1

A Descoberta de um Domínio Oculto

Era tarde da noite e eu me arrastava pelo chão de minha cabana. Na escuridão, eu só podia sentir as tábuas de madeira sob o meu corpo e as familiares chanfraduras e entalhes no remate de madeira, onde o chão dá lugar à lareira. Eu ia em direção à porta de meu quarto, que ficava a uma pequena distância logo à frente.

Sentia dores no corpo por causa da exaustão, tinha de forçar os músculos para avançar lentamente. A fadiga era tamanha que eu só pensava em chegar à minha cama. Nem sequer me ocorreu perguntar por que motivo eu estava no chão!

Depois de muito esforço, com o corpo exausto e parecendo pesar uma tonelada, consegui chegar à beirada da cama. De repente, senti como se uma grande força magnética me empurrasse para cima; depois disso, tudo o que lembro é estar acordando na minha cama.

Sentei-me e refleti sobre o que acabara de acontecer — eu tinha certeza de que estivera acordada todo o tempo e, no entanto, estava "acordando" na cama. Eu estivera perfeitamente consciente de meus atos e do ambiente ao meu redor, e agira com deliberação consciente naquilo que parecia o meu ambiente imediato e não um mundo de sonhos. Enquanto eu analisava essa experiência estranha, fiquei paralisada com o impacto de uma súbita percepção — eu, *de fato*, estivera fora de meu corpo! Será que esse era o tipo de experiência que só ocorria uma vez na vida? Eu esperava que não. Depois de descobrir esse domínio oculto, eu queria saber mais a respeito disso — muito mais!

Eu já conhecia a projeção astral (o fenômeno em que a pessoa sai do corpo físico e viaja num "corpo astral") havia algum tempo, e não duvidava da sua existência, mas achava que ela só estava ao alcance de alguns místicos, ocultistas e paranormais muito desenvolvidos, e que se tratava de uma experiência que ocorria com pouquíssimas pessoas e apenas uma vez na vida.

Ouvi falar em projeção astral pela primeira vez no fim da minha adolescência. Minha tia Patti contou-me sobre uma fascinante aventura que ela vivera.

Certo dia, estando sozinha em casa, Patti deitou-se e fez uma experiência. Ela havia lido a respeito de projeção astral e estava curiosa para saber se poderia viver essa experiência. Patti fechou os olhos, relaxou e concentrou-se para deixar o corpo. Depois de algum tempo, ela simplesmente "soltou-se" e sentiu uma parte de si se deixar levar para cima, para longe de seu corpo físico. Ela disse que se sentia "leve como uma pena". Quando olhou para baixo viu seu corpo físico deitado, inconsciente, onde ela o havia deixado. Quis continuar fora do corpo durante mais tempo e explorar esse reino incomum, mas algo levou-a de volta ao corpo.

Patti explicou-me que conseguira induzir uma projeção astral, que era completamente diferente de sonho, PES ou qualquer outra coisa, e que essa fora a experiência mais estimulante que ela tivera. Ela disse que, durante a projeção astral, a alma e a consciência deixavam o corpo físico e sentiam uma liberdade que superava as suas fantasias mais fantásticas.

A aventura de Patti causou em mim uma impressão duradoura, que despertou minha curiosidade e me estimulou a imaginação. Intrigava-me a idéia de que era possível entrar deliberadamente em uma outra dimensão e viajar para lugares distantes. Pensei em como seria maravilhoso se essa capacidade pudesse ser desenvolvida, e imaginei como seria divertido viajar para castelos medievais na Europa, praias ensolaradas das ilhas polinésias ou para a selva africana. Pensei em como seria empolgante explorar o mundo do fundo do mar, ou — a aventura suprema — cruzar o espaço para visitar o resplandecente planeta vermelho, circunavegar Saturno, com seus anéis multicoloridos e, talvez, chegar até mesmo a uma outra galáxia, repleta de milhões de outros mundos. Nessa ocasião, eu não percebi o quanto isso era plausível, mas o meu otimismo natural e a história de Patti me levaram a estudar a projeção astral e deram início à minha odisséia astral.

Foi quando eu estava no final da casa dos 20 anos que, por meio de leituras, conversas com outras pessoas e de uma experiência de primeira mão, que descreverei posteriormente, comecei a aprender muito mais sobre projeção astral — agora, em geral chamada de experiência fora do corpo ou, simplesmente, EFC. (Usarei esses termos como sinônimos ao longo deste livro.) Comprovei por mim mesma aquilo de que suspeitara desde que Patti me contou sua história; existem muitas outras coisas além da consciência normal desperta do mundo físico.

EFCs e Psicopatia

Pesquisas realizadas na última metade do século XX mostraram que as EFCs são um fenômeno bastante comum e nada têm a ver com psicopatias. Elas ocorreram em quase todas as culturas conhecidas ao longo da História, e têm sido fundamentais para a filosofia, as crenças religiosas e conceitos de vida após a morte. Numerosos levantamentos foram realizados por diversos pesquisadores desde a década de 50,[1] e os resultados indicam que, em algum momento da vida, de 10 a 20% da população adulta terão uma EFC, definida pelo dr. Scott Rogo, um pesquisador na área da parapsicologia, como qualquer experiência em que a pessoa acredita que a consciência pessoal esteja em um local fora do corpo físico.[2] Todavia, algumas das pessoas que passam por essas experiências podem não ter consciência de que se trata de uma EFC.

Antigamente, os psiquiatras acreditavam que as EFCs eram um sintoma de doença mental relacionado com diversos distúrbios: autoscopia, dissociação, cisão do ego e um elevado nível de ansiedade diante da idéia da morte.

A autoscopia é um tipo de alucinação em que a pessoa vê a imagem de uma réplica de si mesmo fora do verdadeiro eu físico, percebida a partir deste. A autoscopia não se enquadra na definição de EFC porque, nessa última, a consciência e os sentidos estão localizados *fora* do corpo físico, na forma de uma aparição, se alguma forma estiver presente. Se o eu é visto, trata-se do eu físico percebido a partir de uma réplica, e não o contrário. Uma exceção a isso é a consciência dual, que será analisada posteriormente. Durante a autoscopia, a pessoa percebe

---

1. Dr. Scott Rogo, "Researching the Out-of-Body Experience: The State of the Art", *Anabiosis — The Journal for Near-Death Studies* 4 (1984): 23-25.

2. Dr. Scott Rogo, *Mind Beyond the Body* (Nova York: Penguin Books, 1978), p. 35.

que o eu duplicado é uma alucinação, mas, durante uma EFC, se consegue ver seu corpo, ela em geral acredita que se trata de seu verdadeiro corpo físico. Alguns psicólogos colocam as EFCs e a autoscopia numa mesma categoria, mas a autoscopia e as EFCs são fenômenos claramente distintos e não devem ser confundidos.

Dissociação é um termo que abrange um grupo de distúrbio de comportamento em que a pessoa se comporta como se certas tendências reprimidas, como culpa, agressão ou ansiedade viessem à tona como personalidades independentes. Durante as EFCs, porém, a personalidade como um todo permanece coesa; ela simplesmente parece deixar o corpo físico e existir em uma forma não-física.

A amnésia psicogênica é uma forma de dissociação em que a pessoa se esquece de quem é e do que esteve fazendo durante toda a vida ou parte dela. Durante as EFCs, a memória funciona como na consciência física, e a pessoa sabe exatamente quem é, e também se lembra perfeitamente de outras informações relacionadas ao seu passado.

A fuga psicogênica, um distúrbio de dissociação relacionado ao anterior, é uma variante da amnésia psicogênica em que a pessoa, ao mudar de residência, cria uma nova identidade. Um exemplo seria um paciente com amnésia que viaja para longe de casa e desenvolve uma nova identidade para proteger o ego. Milhares de pessoas já passaram por EFCs e continuaram morando na mesma casa e mantendo a mesma identidade pessoal.

Um distúrbio dissociativo muito conhecido é a múltipla personalidade, uma condição em que várias personalidades estão presentes na mesma pessoa e se expressam alternadamente. Cada personalidade apresenta capacidades e níveis de inteligência característicos, e pode ou não ter consciência das outras. Durante as EFCs, a mesma personalidade estará presente tanto fora como dentro do corpo.

A despersonalização, outro tipo de distúrbio dissociativo, é uma condição em que a pessoa se sente desvinculada do corpo e do seu ambiente, como se ela própria e o mundo fossem irreais. Tanto as emoções positivas quanto as negativas estão visivelmente ausentes. Neste caso, não existe a sensação de estar em um outro corpo nem a de vivenciar a realidade a partir de um ponto localizado fora do corpo, como acontece nas EFCs. Ao contrário das experiências de despersonalização, as pessoas que relatam EFCs freqüentemente descrevem um senso mais apurado da realidade quando estão fora do corpo, e sentimentos fortes, quer de bem-estar e felicidade, quer de pânico e medo. Durante a despersonalização, muitos pacientes queixam-se de que o mundo parece sem cor e sem vida. Por outro lado, muitas pessoas que descrevem EFCs mostram-se impressionadas com a riqueza de cores e com o esplendor incomuns que elas viram enquanto estavam fora do corpo.

A despersonalização também parece estar associada a perturbações na imagem do próprio corpo, ou seja, a pessoa tem um conceito distorcido do tamanho, da forma e do peso do seu corpo físico ou de partes dele. Os pesquisadores não conseguiram apresentar nenhuma evidência de que as EFCs constituem uma perturbação da imagem do corpo.[3]

Entre os numerosos estudos que visavam determinar diferenças cognitivas ou de personalidade entre grupos de pessoas que tiveram uma EFC e grupos de controle que não passaram por essas experiências, não foi encontrado nenhum desvio consistente ou altamente significativo nos traços da personalidade nem nas capacidades mentais. (Ver Irwin 1985, Rogo 1986 e 1984.) Num estudo feito em 1982,[4] porém, descobriu-se uma relação direta entre pessoas que relataram experiências fora do corpo ao menos uma vez na vida e características como diversidade de interesses, inovações, estabilidade, disposição para correr riscos e responsabilidade social; a maioria dessas relações, porém, não foram significativas do ponto de vista estatístico. Um outro estudo, publicado por Harvey Irwin[5] apresentou evidências de que pessoas que passaram por fenômenos do tipo EFC têm um nível mais elevado de intracepção (atenção para processos psicológicos subjetivos), níveis mais baixos de necessidade de deferência (submissão aos desejos dos outros) e níveis mais baixos de necessidade de realização, mas, conforme ele explica, essas descobertas só podem apontar as áreas em que são necessários estudos mais aprofundados.

O dr. Graham Reed chamou as EFCs de cisão do ego, e afirmou que elas são uma reação de *stress* diante de uma situação dolorosa, como a perda de um ente querido, expressa na forma de uma tranqüilidade inadequada.[6] As EFCs espontâneas podem ocorrer, e freqüentemente ocorrem, durante situações de tensão, tais como acidentes graves ou experiências de quase-morte (EQM), mas as EFCs também ocorrem em

---

3. Harvey J. Irwin, *Flight of Mind: A Psychological Study of the Out-of Body Experience* (Metuchen, NJ: Scarecrow Press, 1985), pp. 246-247.

4. Dr. Scott Rogo, "Researching the Out-of-Body Experience: The State of the Art", 26.

5. Harvey J. Irwin, "The Psychological Function of Out-of-Body Experiences", *The Journal of Nervous and Mental Disease* 169 (1981): 244-247.

6. Graham Reed, *The Psychology of Anomalous Experience* (Boston: Houghton-Mifflin, 1974), p. 125.

situações nas quais o *stress* está praticamente ausente. De fato, pessoas que aprenderam a induzir EFCs em si mesmas em geral o fazem enquanto apresentam um estado mental de relaxamento que não tem relação com acontecimentos traumáticos.

Em 1974, o psiquiatra J. Ehrenwald propôs a teoria de que as EFCs são um mecanismo de defesa contra a ansiedade da morte, mas as pesquisas empreendidas não conseguiram demonstrar que as pessoas que passam por EFCs tenham níveis de ansiedade com relação à morte maiores do que as de pessoas que não tiveram EFCs. Isso pode ter acontecido porque as EFCs eliminaram a ansiedade da morte antes que a pesquisa fosse feita, no caso de essa ansiedade de fato existir antes da EFC. Nenhuma evidência conclusiva comprovou ou refutou a hipótese de Ehrenwald.[7]

Além disso, não foi possível comprovar por meio desses estudos que há uma relação específica entre a ocorrência das EFCs e as reações histeróides, a neurose, a psicose ou qualquer desajuste psicológico.[8]

EFCs Conscientes e Sonhos

Depois de ter descoberto que deixar o corpo é uma experiência razoavelmente comum entre as pessoas mentalmente estáveis, uma das perguntas que fiz a seguir acerca das EFCs (já que eu começara a induzi-las conscientemente) dizia respeito ao modo como elas diferiam dos sonhos comuns. As EFCs conscientes, em oposição às EFCs inconscientes, que serão examinadas mais adiante, têm muitas semelhanças com os sonhos, mas diferem deles em importantes aspectos.

Eu consigo me lembrar de muitos dos meus sonhos desde que engatinhava e dormia em um berço; eles variavam desde simples imagens a situações complexas com enredo, drama emocional, suspense, caracterização e, até mesmo, efeitos especiais. Quase sempre eles eram coloridos. Já tive a experiência dos cinco sentidos nos sonhos, mas a literatura especializada relata que o tato, o paladar e o olfato são raros, sendo a visão o sentido predominante, seguida pela audição. Tal como os sonhos das outras pessoas, os meus variavam desde o comum e realista ao fantástico e surreal.

---

7. Rogo, "Researching the Out-of-Body Experience: The State of the Art", 27-28.
8. *Idem*, 25-26.

Uma das diferenças que tenho observado entre o sonho e a projeção astral é o modo como avalio criticamente a experiência enquanto ela está em curso. Na maioria dos sonhos não está presente o juízo crítico, mas nas EFCs consigo avaliar cuidadosamente cada circunstância, tal como se eu estivesse em estado de vigília e consciente.

Durante um sonho típico, eu estou convencida de que o mundo dos sonhos é uma autêntica realidade física. À medida que os acontecimentos vão-se desenvolvendo nos sonhos, eu os aceito como acontecimentos físicos normais no mundo do dia-a-dia, e acredito piamente em seu conteúdo, por absurdo que seja; se sonho com coelhos de três metros de altura em torno de uma casa, automaticamente eu os aceito como sendo reais. Perco o juízo crítico e não tenho consciência de meu estado mental.

Durante as EFCs, questiono o meu estado de consciência, meus atos e as imagens ao meu redor, em vez de aceitar passivamente como realidade física os fatos que estão ocorrendo. Reconheço que me acho em outro estado de consciência e que posso fazer coisas impossíveis na realidade física. Se vejo meu cobertor pendurado na varanda, sei que o cobertor está no lugar errado e que, na realidade física, quando fui dormir, ele estava em minha cama, cobrindo o meu corpo físico.

Nos sonhos, em geral me esqueço da existência do mundo físico, mas, durante as EFCs, faço um esforço consciente para distinguir entre a EFC e a realidade do estado de vigília no mundo físico. Minhas EFCs podem ser tão "reais", que, às vezes, fico sem saber se estou no meu corpo, talvez tendo um ataque de sonambulismo, ou se estou exteriorizada na forma astral, de modo que procuro verificar se consigo flutuar pela sala ou passar através de uma parede, para certificar-me de que estou em meu corpo astral. Em sonhos, às vezes tenho capacidades espantosas, como a de voar, e o mesmo acontece nas EFCs; nos sonhos, porém, não tenho o incentivo necessário para demonstrar deliberadamente essas capacidades nem para me certificar de meu estado de consciência — a não ser naquelas situações especiais chamadas de sonhos lúcidos, nos quais tenho consciência de estar sonhando. (Os sonhos lúcidos serão analisados posteriormente.)

Os sonhos também podem ser tão realistas quanto o mundo físico. A diferença é que, durante uma EFC, fico *em dúvida* quanto ao estado de consciência em que me encontro até analisar as evidências e chegar a uma conclusão, ao passo que nos sonhos comuns simplesmente aceito o drama como sendo a realidade física, até acordar e perceber que era tudo um sonho.

Enquanto uma EFC está ocorrendo, minha mente presta mais atenção a si mesma e ao estado de consciência que está vivenciando, e conserva mais capacidades intelectuais do que durante os sonhos. Durante uma EFC avalio a situação e faço um esforço consciente para grava-la na memória. Examino com curiosidade as imagens e acontecimentos e, então, analiso o que vejo, o que está acontecendo e o modo como reajo. Comparo o plano astral com o plano físico e o ambiente dos sonhos, e observo as semelhanças e diferenças existentes entre eles. Sob a impressão causada pelo realismo da experiência, testo o ambiente e minhas capacidades, faço experiências com várias hipóteses, tiro conclusões e reflito acerca de suas idiossincrasias, a respeito das quais existem muitos exemplos mistificadores na literatura, bem como relatos feitos por outras pessoas e informações extraídas das minhas anotações.

A principal diferença entre os sonhos e as EFCs conscientes está relacionada com o veículo que se percebe com sendo aquele que contém o eu: o corpo onírico, por um lado, e o corpo astral, por outro.

Quando estou sonhando, acredito que o corpo que estou ocupando, dentro do qual estou funcionando e a partir do qual estou percebendo as coisas no sonho é o meu corpo físico, e ele em geral "parece" muito semelhante à forma biológica que ocupo quando estou acordada e "dá a impressão" disso. Às vezes, porém, meu corpo onírico pode voar ou respirar sob a água, mas em geral eu só aceito essas possibilidades como realidade física, juntamente com o restante de meu mundo de sonhos, alheia à impossibilidade desses feitos em um organismo humano e esquecendo-me completamente de que tenho um corpo físico real adormecido sobre uma cama.

Durante uma EFC, estou convencida de que o corpo que estou ocupando e no qual estou em atividade é um corpo subliminar, seja imaginário ou não-físico, porém distinto e separado de meu corpo físico, o qual percebo que está deitado na cama inconsciente, enquanto estou vagando na forma astral. Observo o corpo-fantasma que contém a minha essência vital, comparo-o com o meu corpo orgânico e tomo consciência dos atributos e faculdades singulares da forma astral, os quais não podem ser atribuídos ao organismo físico.

O meu corpo onírico varia pouco, sendo uma representação mais ou menos precisa de meu corpo físico, mas o meu corpo astral muda muito, assumindo diversas formas de tempos em tempos. Freqüentemente ele é uma réplica de meu corpo físico, dando a impressão de ser feito de pele, músculos e ossos; contudo, ele também pode existir em outras formas e assumir uma ampla gama de densidades materiais. Certa vez, olhei para minha mão astral e ela parecia a mão de um ser alienígena — longa, fina e estreita, e pálida como a mão de um cadáver. Além de parecer concreto, o meu corpo astral também pode ser composto de material semifísico, delicado e destituído de peso, ou, ainda, pode dar a impressão de ser feito inteiramente de luz branca e dourada.

Uma outra diferença entre os sonhos e as EFCs conscientes é a fonte de controle da experiência. Nos sonhos, as coisas parecem acontecer comigo sem que eu tenha controle sobre elas, ao passo que nas EFCs os acontecimentos parecem resultado de atos deliberados.

Em um sonho, é como se uma fonte exterior, ou uma parte subconsciente ou inconsciente de minha mente escrevesse um roteiro e criasse um cenário no qual eu apenas desempenho passivamente o meu papel, atuando em diversas cenas sem prestar muita atenção a nenhuma delas, se é que chego a fazê-lo. O conteúdo dos sonhos pode ser organizado como uma trama bem-feita, com cenas frouxamente interligadas ou com acontecimentos casuais que aparentemente não têm relação entre si. Eles em geral são bem diferentes de qualquer coisa que eu viesse a criar de forma consciente. Conquanto eu permaneça virtualmente passiva no que tange à direção das cenas de um sonho, eu de fato reajo às situações criadas no sonho e sinto amor, terror, compaixão, e muitas outras emoções, às vezes de forma tão intensa, que acordo gritando, chorando ou rindo; em um sonho típico, porém, eu só acompanho de forma submissa qualquer cena que esteja se desenrolando. Durante as EFCs, porém, meu livre-arbítrio é muito maior.

Algumas pessoas às vezes conseguem dirigir o desenrolar dos seus sonhos; eu mesma já fiz isso umas poucas vezes. Via de regra, porém, quando começo a tomar consciência de que estou sonhando e tento dirigir a ação, eu logo acordo. Algumas vezes, no entanto, consigo continuar sonhando e mudo o enredo de acordo com os meus desejos; quando isso acontece, porém, mergulho em uma nova história, que segue o seu curso sem o meu controle. Por meio da auto-sugestão, logo antes de dormir, tenho também conseguido influenciar os meus sonhos enquanto estou no estado de vigília, mas isso só tem sido possível com relação ao local ou aos temas — os pormenores ainda estão fora do alcance de minha capacidade consciente de manipulação.

Durante as EFCs, tenho muito mais liberdade para direcionar os meus atos e tomar decisões usando a mente consciente; sou capaz de considerar as alternativas disponíveis, escolher a que acredito seja a mais apropriada, e executar os movimentos voluntários necessários. Se estabeleço uma meta quando ainda estou na realidade física, ao passar para a consciência astral, geralmente me lembro de minhas intenções e realizo deliberadamente os atos que me levem à concretização dessa meta. Também sou livre para alcançar outras metas que me venham à mente enquanto eu estiver fora do meu corpo.

A maioria dos acontecimentos dos sonhos parece uma história escrita com antecedência ou uma série de imagens e fenômenos ao acaso. Os acontecimentos no mundo das EFCs, por outro lado, parecem regidos por leis de probabilidade, mais semelhantes àquelas da realidade física. Tenho à minha disposição uma margem razoável de livre-arbítrio, pois decido a todo momento aquilo que vou fazer. Meu pensamento lógico está operante porque, ao realizar certa ação, sei que o resultado provável será uma reação específica. Escolho minha conduta de acordo com minhas crenças a respeito de causa e efeito, de forma mais semelhante ao que acontece no mundo físico do que no mundo dos sonhos.

Todavia, há exceções notáveis, nas quais não há o livre-arbítrio. Às vezes, durante uma EFC, tenho a impressão de que uma força exterior assume o controle e determina acontecimentos contrários aos desejos de minha mente consciente. Por exemplo: conforme veremos nos capítulos subseqüentes, que relatam EFCs reais, uma força invisível pode levar-me de volta ao meu corpo físico quando o que desejo é ir para determinado lugar; ou então, quando desejo voar, o meu corpo astral pode permanecer pesado e denso, incapaz de erguer-se do solo. Esses acontecimentos diferem da participação passiva em um sonho porque, no estado de consciência das EFCs, tenho mais chance de tentar alterar os acontecimentos de acordo com os meus desejos e tento analisar o motivo pelo qual as coisas estão fora de controle, ainda que eu não possa modificar a situação ou encontrar a fonte da dificuldade.

Há algumas semelhanças e algumas diferenças entre os cenários encontrados nos sonhos e nas EFCs. O cenário de ambos pode ser vívido ou vago, realista ou fantasioso. Em alguns sonhos, o cenário, mesmo quando é fantasioso, parece tão autêntico quanto o cenário da EFC — que também pode ser fantasioso. Tanto nos sonhos como nas EFCs, o mundo que ocupo e os objetos que nele existem podem se manifestar, com o tempo, de forma tão verossímil quanto aquela com que se manifestam na realidade física. Em geral, porém, os mundos dos sonhos são mais absurdos e bizarros do que o mundo das EFCs, e estes últimos quadram-se mais à realidade física e ao ambiente físico imediato do que o mundo dos sonhos.

Nos sonhos comuns, acredito de fato que estou no local onde se passa o sonho e que esse é o único mundo que existe. Durante a projeção astral, porém, sei que o meu corpo físico está de fato na cama, no mundo físico, e que estou em um corpo astral, situado no plano astral, onde quer que esse plano esteja.

O cenário dos sonhos pode consistir em uma forma alterada de realidade física, com apenas algumas poucas representações distorcidas, ou em uma visão quimérica com situações e elementos absurdos. Todavia, a partir da consciência dos sonhos, é impossível dizer a diferença entre a realidade onírica e a realidade física, porque a única realidade que o eu onírico compreende é o mundo dos sonhos.

Conforme foi mencionado anteriormente, a estreita semelhança com a realidade física é mais comum nas EFCs do que nos sonhos. Freqüentemente, os cenários das EFCs assemelham-se a algum ambiente familiar no mundo físico, sendo às vezes uma réplica exata em seus mínimos detalhes e, outras vezes, uma cópia malfeita, com distorções e desvios da realidade inexplicáveis, como o fato de os interruptores de luz não funcionarem no plano astral. O mundo das EFCs pode também assemelhar-se a um lugar que nunca vimos antes no mundo físico, habitado por entidades desconhecidas e, até mesmo, exóticas.

Muitas vezes, tenho visitado em forma astral lugares que eu ainda não conhecia na época da projeção, mas após um desses episódios, descobri pouco tempo depois o mesmo lugar na realidade física. Isso aconteceu em uma situação estranha e incomum.

Era tarde da noite e eu, na forma astral, estava voando sobre as Black Hills, em Dakota do Sul, quando desci em um salão cheio de pessoas e de aparelhos reluzentes e coloridos. Olhei em torno, sem saber onde estava, para o que servia o salão ou quem eram as pessoas. Na vida física, duas semanas depois, minha amiga Judi e eu resolvemos conhecer um novo cassino, o Gold Dust, que acabara de ser inaugurado em Deadwood. No momento em que entramos, fui tomada por uma forte sensação de *déjà vu* — penetramos no mesmo salão que eu já visitara na forma astral. Posteriormente, fiquei sabendo que o Gold Dust abriu dez dias depois da minha visita astral.

Esse é um exemplo de uma EFC precognitiva, ou uma revelação do futuro, pois ocorreu antes que o cassino fosse inaugurado. Os sonhos também podem conter elementos precognitivos mas, quando isso acontece, eles geralmente são mais distorcidos e simbólicos do que as EFCs ou a realidade física.

Além dessas diferenças entre o ambiente dos sonhos e das EFCs, há uma diferença nítida nos aspectos seqüenciais do tempo e nos acontecimentos que ocorrem entre essas duas experiências e a vida física.

Entre as EFCs e a vida física há uma continuidade psicológica e sensorial que não existe entre os sonhos e a vida física. Durante as EFCs, por exemplo, tenho uma clara lembrança da minha vida física desperta; sei quem sou, onde moro, como ganho a vida, se sou casada ou solteira, sei que não tenho filhos, que tipo de carro eu tenho, etc. Durante os sonhos, porém, ainda me lembro de quem sou, mas qualquer outra característica da minha vida pode ser alterada e, enquanto o sonho estiver se desenrolando, aceito as alterações como verdadeiras e esqueço o modo como as coisas são na realidade física — ou até mesmo que existe uma realidade física — até voltar à consciência "normal".

Assim como acontece com as características de minha vida, nos sonhos há uma continuidade temporal peculiar — distinta do tempo físico e do tempo nos outros sonhos. Na EFC, ao contrário, o tempo está ligado ao tempo físico.

Em meus sonhos, pode ser noite ou dia, aurora ou crepúsculo, ao passo que, no mundo físico, onde estou dormindo, o tempo pode ser outro. Nos sonhos pode-se dar um salto no tempo, indo de uma parte do sonho a outra, assim como acontece em uma narrativa, quando o autor passa a narrar um acontecimento futuro. Independentemente do tempo que esteja sendo representado no sonho, a consciência que está sonhando se concentra no "presente" onírico que estiver ocorrendo no sonho. Quando um sonho está se desenrolando, tem-se a impressão de que o tempo no sonho é o verdadeiro e que esse é o único tempo que existe ou já existiu.

Os meus sonhos em geral começam no meio de alguma ação que parece estar ocorrendo em um outro local que não a cama onde o meu corpo físico está dormindo. Tenho tomado consciência do início das imagens hipnagógicas (no estado de consciência entre a vigília e o sono), quando os pensamentos do dia, preocupações e planos aos poucos se transformam em ilusões extravagantes que se juntam para formar um sonho; mesmo nesse estado, porém, sinto como se fosse arrastada para o meio de alguma ação já em curso e perdesse contato com o espaço e com o tempo físico.

Normalmente, porém, perco a consciência por algum tempo durante a transição do mundo da vigília para um sonho e, então, vejo-me envolvida em um drama onírico que parece estar em curso indefinidamente, sem nenhuma lembrança de como isso começou ou de como cheguei até lá em meu corpo onírico, e sem nenhum senso de continuidade com o tempo e o espaço físico. O tempo onírico existe em um *continuum* temporal singular.

Terminado um sonho, começo outro, continuo a dormir em um estágio de sono diferente ou, então, simplesmente acordo e vejo o meu eu físico na cama. Em qualquer dos casos, é como se a seqüência temporal em um sonho chegasse ao fim e eu voltasse à seqüência temporal física.

Durante uma EFC, a hora do dia ou da noite também podem ser diferentes do tempo físico, tal como no sonho, mas isso ocorre talvez porque o lugar em que meu corpo astral está se situa em outra parte do planeta ou em um plano de existência totalmente diverso. Ao passar por uma EFC no meio da noite, contudo, poderei descobrir que o meu eu astral se encontra sob a luz forte do sol, mesmo sabendo que fui para a cama duas horas antes da meia-noite, deixei o meu corpo alguns minutos depois e viajei rapidamente através de um túnel escuro para um novo local que pode estar a milhares de quilômetros de distância. Tenho consciência de que o meu corpo físico está em um local onde é noite, ao passo que uma outra parte de mim está em algum outro lugar, à luz do dia.

O tempo astral apresenta certo senso de continuidade com o tempo físico desde a separação do corpo astral, do início ao fim da EFC, até a reentrada no mundo físico. O tempo astral, portanto, parece ser composto pela passagem dos minutos, assim como ocorre no tempo físico, indo de um mundo para o outro e voltando ao primeiro. Muito embora possa haver breves *black-outs*, ou transições de uma para outra parte do dia, quando vastas distâncias são percorridas, a mesma seqüência temporal é vivida continuamente tanto no mundo da EFC como no mundo físico.

Em vez de me ver subitamente em algum tipo de ação onírica, ao iniciar uma EFC quase sempre estou consciente do processo de separação através do qual, de alguma forma, deixo o meu corpo físico e permaneço na forma astral. Nessa forma astral, fico nos arredores ou viajo de várias maneiras para um novo local — andando, flutuando ou sendo levada rapidamente através de uma estrutura semelhante a um túnel.

Várias vezes, porém, tenho passado diretamente da consciência de sonho para uma consciência de EFC, sem a experiência intermediária de separação de meu corpo físico, que permanece na cama. Na maioria desses casos, o local do sonho era a minha casa, e meu corpo onírico subitamente assumia a forma de meu corpo astral. Em cada uma dessas ocasiões, percebi que eu estava fora do corpo físico e de posse de todas as faculdades mentais, incluindo o conhecimento de que o meu corpo físico estava adormecido em minha cama. Depois dessa percepção, o "presente" do sonho foi substituído pela seqüência temporal do mundo físico.

Em outra ocasião, "acordei" no meu corpo astral, longe de casa, viajando sobre alguma região rural. E tinha consciência de que me encontrava em um estado alterado de consciência e de que o meu corpo físico estava em casa, na cama. Depois desse "despertar", o tempo onírico também foi interrompido e voltei à cronologia do corpo físico.

Quando as EFCs terminam, freqüentemente tenho a sensação de viajar de volta para o meu corpo físico e de encaixar-me nele sem uma interrupção na seqüência temporal, ao passar do mundo astral para o mundo físico. Tenho até mesmo visto o meu corpo astral reunir-se ao meu corpo físico enquanto os minutos astrais se transformam em minutos físicos.

As lembranças das EFCs são bem diferentes das lembranças dos sonhos. Às vezes, sonhos nítidos, de acentuado conteúdo emocional, podem ser relembrados com mais detalhes do que EFCs indistintas; em geral, no entanto, as lembranças das EFCs são mais vívidas. Quando estamos conscientes, seja quando despertamos na forma física ou "despertamos" na forma astral, pode ser difícil dizer quais são as diferenças entre o mundo das EFCs e o mundo físico, mas em geral é fácil distinguir entre o mundo dos sonhos e o mundo físico ou o mundo das EFCs. Quando acordo de um sonho comum, tenho certeza de que se tratou de um sonho; quando "acordo" de uma EFC, não sei se a experiência ocorreu ou não na realidade física, mas sei que foi diferente de um sonho comum.

Conquanto alguns dos meus sonhos sejam vívidos e realistas, quando desperto de um sonho sei que aquilo que vivi era fantasia, nada mais do que imagens mentais produzidas por um lado obscuro de minha mente, ainda que extremamente convincente enquanto ocorriam.

Certa vez, por exemplo, sonhei que estava dirigindo por uma estrada estreita e cheia de curvas, e meu carro precipitou-se num abismo. Enquanto ele caía através do espaço, o frio em meu estômago pareceu real, e quando ele atingiu o fundo do *canyon*, com um forte estrondo, o chão pareceu-me tão duro e concreto quanto o chão físico; quando acordei um instante depois, com o coração descompassado, tranqüilizei-me ao saber que se tratava apenas de um sonho.

Depois de acordar de um sonho comum, tenho a impressão de que tudo se passou em uma atmosfera interior criada por uma outra parte de mim. Tenho a certeza de que o sonho foi uma fantasia que ocorreu em minha mente.

No meu caso em particular a recordação dos sonhos é caracterizada pela consciência de que eles ocorrem em uma realidade distinta, que pode ser realista mas freqüentemente é absurda, com propriedades singulares e distintas daquelas da realidade física. A realidade dos sonhos é uma realidade bem distante da realidade física porque aparentemente é constituída por uma série de acontecimentos preestabelecidos, nos quais desempenho passivamente um dado papel, incapaz de reconhecer a experiência como um sonho e, em geral, sem esforçar-me para controlar os acontecimentos ou sem ter a capacidade para isso.

Os sonhos ocorrem em um mundo de fantasia, não raro com incoerências entre as partes ou objetos dos sonhos. Os acontecimentos dos sonhos podem seguir um determinado curso e, de repente, passar a uma nova ação em um cenário diferente. Um carro esporte pode também ser uma arma, ou uma pessoa pode ser Dotti e Carolynn ao mesmo tempo.

Ao lembrar os sonhos, tenho a impressão de que estou pensando não apenas num tempo passado mas também numa dimensão muito mais distante da realidade física do que o mundo das EFCs. A partir da realidade desperta, os sonhos parecem uma invenção extravagante e caprichosa, ao passo que as EFCs são geralmente uma réplica do tempo, dos acontecimentos e dos locais do mundo físico. Recordações de sonhos inteiros podem ser despertadas por um pensamento fugaz ou pela mera sugestão de um acontecimento esgueirando-se pela nossa mente; depois de algumas horas, porém, todas as lembranças do sonho podem se apagar permanentemente.

Os sonhos são esquecidos, bem como os acontecimentos da vida física, e provavelmente algumas EFCs também, mas as minhas lembranças das EFCs se assemelham mais às recordações que tenho dos fatos que aconteceram ontem ou, até mesmo, há dez anos, na vida física. Quando me lembro das EFCs, essa lembrança assemelha-se mais às da realidade física, pois as EFCs parecem mais próximas da realidade física, embora elas possam trazer em si elementos semelhantes aos dos sonhos. Lembro-me de minhas faculdades cognitivas funcionando de uma maneira bem semelhante ao que ocorre quando estou fisicamente desperta.

Quando "volto" de uma EFC, tenho a impressão subjetiva de que a experiência ocorreu em uma realidade exterior em que eu estava presente na forma astral, uma forma que pode ser diferenciada da forma onírica ou da forma física. Eu me perguntava o que era uma EFC porque sabia que ela era intrinsecamente diferente da realidade física ou da realidade onírica, embora, às vezes, as EFCs apresentassem elementos de ambas. Tenho a viva impressão de que me achava em um estado de consciência desperta diferente dos sonhos comuns.

Visto que durante as EFCs tenho à minha disposição mais faculdades intelectuais, a capacidade de agir voluntariamente, a continuidade de espaço e tempo com as lembranças da vida física, parece que o mundo da EFC está numa dimensão situada entre o mundo dos sonhos e o mundo físico, e num estado de consciência entre o sono e a vigília física. Portanto, as lembranças das EFCs assemelham-se mais à lembrança de acontecimentos físicos do passado do que à lembrança de sonhos. A recordação das EFCs é geralmente mais viva, mais intensa, mais completa e dura mais tempo do que a recordação dos sonhos.

O caráter artificial e banal dos sonhos comuns é facilmente esquecido, ao passo que as EFCs, em virtude de sua natureza singular e profunda, deixam uma impressão duradoura. As lembranças das EFCs são mais parecidas com a lembrança da primeira vez que você fez amor ou dirigiu um carro, ou a lembrança de onde você estava quando JFK foi assassinado. Assim como outros grandes acontecimentos da vida, as EFCs ficam gravadas indelevelmente em nossos bancos de memória.

O mundo dos sonhos, o ambiente de uma EFC e a realidade física podem todos se sobrepor em alguma medida quando passamos de um estado de consciência para outro. Conforme descreverei posteriormente, já consegui identificar o cenário de um sonho sobreposto a um ambiente de EFC, e também já vi um ambiente de EFC sobreposto à minha situação física, e em raras ocasiões, cheguei a ver imagens oníricas persistirem por um breve tempo no mundo físico.

Às vezes, ao passar de uma EFC para um sonho, a sensação que tenho assemelha-se à da passagem do estado normal de vigília para um sonho. A minha capacidade de concentração aos poucos diminui à medida que pensamentos e imagens fortuitos começam a monopolizar minha atenção. As imagens se tornam cada vez mais distorcidas e desvinculadas dos meus pensamentos racionais, até eu ser lançada em um estado onírico que aceito como realidade enquanto nele estiver.

Em outras ocasiões, quando a consciência da EFC muda para a consciência do sonho, vejo as imagens oníricas sobrepostas ao mundo astral no qual estou naquele momento. Quando isso acontece, entro passivamente no ambiente do sonho, plenamente consciente do que estou fazendo ou, então, os dois conjuntos de imagens acham-se tão embaralhados, que não sou capaz de dizer onde terminou a EFC e começou o sonho.

A passagem de um sonho para uma EFC é semelhante à passagem de um sonho para o estado de vigília física, exceto que, em vez de acordar em meu corpo físico, acordo em meu corpo astral, o qual pode estar no mesmo cômodo que o meu corpo físico, em outra parte da casa ou mais distante. Quando um sonho se transforma em uma EFC, há uma reconstrução espontânea da consciência quando o sonho se dissipa, e recupero a mesma consciência autônoma que apresento durante a vigília, no dia-a-dia. A minha mente ganha maior controle sobre os meus pensamentos e ações, além da capacidade de tomar decisões, tal como a de sair voando pela janela ou de voltar para a cama. Tenho consciência de que a experiência por que eu estava passando havia poucos minutos era um sonho. Mesmo se eu "acordar" em meu corpo astral em um local muito distante do meu corpo físico, percebo que houve uma mudança da consciência passiva do sonho para uma ação mais voluntária em um mundo mais racional. Essa situação pode facilmente ser confundida com os sonhos lúcidos, os quais serão examinados em seções posteriores deste livro.

A percepção da sobreposição ocasional entre o mundo dos sonhos, as EFCs e a realidade física proporciona singulares oportunidades para comparar e contrastar essas dimensões, e para perceber que as EFCs conscientes diferem significativamente dos sonhos em diversos aspectos.

Evidências de Laboratório

Essas diferenças subjetivas entre os sonhos e as EFCs são também confirmadas por experiências de laboratório que indicam tratar-se de fenômenos de natureza diferente. Nessas experiências, feitas na Universidade da Califórnia, o professor de psicologia Charles T. Tart descobriu diferenças fisiológicas entre os sonhos e as EFCs, através da monitoração do eletroencefalograma (EEG) de um sujeito dotado de faculdades especiais, a senhorita Z, durante diversas EFCs que ela mesma induzia em um laboratório de sono.[9] Ao comparar os registros obtidos durante as EFCs com os correspondentes ao sono normal, o dr. Tart relatou várias diferenças no padrão do EEG, incluindo o nivelamento das ondas alfa, um traçado peculiar causado por impulsos elétricos emitidos pelo cérebro durante o relaxamento. O padrão de EEG durante as EFCs

9. Charles T. Tart, "A Psychophysiological Study of Out-of-the-Body Experiences in a Selected Subject", *Journal of the American Society for Psychical Research* 62 (1968): 2-27.

era diferente dos padrões do sono, sonho, sonolência ou vigília. Não havia o movimento rápido dos olhos (REM), que normalmente acompanha os sonhos. Na opinião de Tart, esses traçados atípicos podem ter sido produzidos pelas imagens formadas durante as transições entre vigília e sono, ou podem ser o resultado da passagem de um sonho para uma EFC.

O dr. Tart também teve a oportunidade de trabalhar com Robert Monroe, uma outra pessoa dotada de faculdades especiais e que já escreveu dois livros sobre EFCs.[10] Todavia, as variações e peculiaridades nos EEGs de Monroe tornaram impossível tirar conclusões definitivas, exceto que ele passou muito tempo nos estados de transição entre a vigília e o sono. Duas EFCs realizadas por Monroe pareceram ocorrer durante o estágio do sono correspondente aos sonhos, com REMs e um ritmo alfa um pouco mais lento.[11] Um estudo posterior dos resultados dos EEGs, feito por Susan Blackmore, indicou que os poucos movimentos de olhos mostrados por Monroe provavelmente não eram os REMs típicos da fase de sonhos.[12] Talvez esses modelos confusos tenham ocorrido porque, durante as EFCs, Monroe estava em um ponto do *continuum* de consciência em que os sonhos se fundiam com a exteriorização.

Em 1977, Stuart Twemlow (do *Topeka V.A. Medical Center*) realizou experiências semelhantes usando EEG, tendo Monroe como objeto de estudo. Durante o tempo em que Monroe disse estar fora do corpo o registro apresentou nivelamento no padrão das ondas alfa, enquanto a resposta galvânica da pele revelou um estado de relaxamento incomumente profundo.[13]

Na *American Society for Psychical Research*, Janet Mitchell, Ph.D., estudou Ingo Swann, uma pessoa que conseguia induzir EFCs a partir do estado de vigília. Os resultados de Mitchell mostram que, durante as EFCs de Swann, os seus EEGs também apresentaram nivelamento nos padrões psicofisiológicos, com uma perda da atividade elétrica do cére-

---

10. Robert A. Monroe, *Journeys Out of the Body*, 2ª ed. (Nova York: Anchor Press/Doubleday, 1973); *Far Journeys* (Nova York: Doubleday, 1985).

11. Charles T. Tart, "A Second Psychophysiological Study of Out-of-the-Body Experiences in a Gifted Subject", *International Journal of Parapsychology* 9 (1967): 251-258.

12. S. J. Blackmore, "Parapsychology and Out-of-the-Body Experiences" (Londres: Society for Psychical Research, 1978), analisado em Irwin, *Flight of Mind: A Psychological Study of the Out-of-Body Experience*, p. 67.

13. Stuart W. Twemlow, "Epilogue: Personality File", em Robert A. Monroe, *Journeys Out of the Body*, 2ª ed. (Nova York: Anchor Press/Doubleday, 1977), pp. 275-280.

bro, especialmente no hemisfério esquerdo, e uma redução dos REMs.[14] Joel Whitton, trabalhando no Canadá com Alex Tanous, que também tinha EFCs, também descobriu por meio do EEG, um nivelamento nos padrões psicofisiológicos durante as EFCs.[15]

Blue Harary, outra pessoa capaz de induzir EFCs a partir do estado de vigília, participou de experiências na Psychical Research Foundation, em Durham, Carolina do Norte.[16] Durante as EFCs, os padrões psicofisiológicos de Blue também eram diferentes dos padrões do sono normal e do sonho, com uma diminuição dos REMs. A seqüência total era semelhante a um estado de profundo relaxamento no estado de vigília, a não ser pelo fato de que a freqüência cardíaca e respiratória aumentaram.

Um estudo feito por John Palmer, na Universidade de Virgínia, com pessoas escolhidas ao acaso e usando um procedimento experimental para indução da EFC, não descobriu nenhuma relação entre EEGs e EFCs, com exceção da possibilidade de pessoas com mais de 30% de ondas teta na linha de base de seu EEG terem EFCs mais vívidas e mais fáceis de serem induzidas.[17] As ondas teta são produzidas pelo cérebro durante períodos de grande criatividade, de vívidas imagens mentais, ou de estados alterados de consciência. Outros estudos têm mostrado que, por meio de técnicas de *biofeedback*, podemos treinar o nosso cérebro para produzir ondas teta, aumentando, assim, a nossa capacidade potencial de realizar EFCs e outras experiências psíquicas.[18]

Esses estudos de EEG são coerentes quando se trata de uma mesma pessoa, mas apresentam algumas discrepâncias quando são levados em conta os resultados de várias pessoas, possivelmente devido à ocorrência de diversos tipos de EFCs. Isso poderia indicar que as EFCs ocorrem ao longo de uma faixa de consciência entre a vigília e o sonho, sem fronteiras nítidas para marcar os limites entre os dois tipos de consciência. A idéia de um *continuum* de EFCs também proporciona uma explicação para a grande variedade de diferenças subjetivas que ocorrem entre relatos pessoais, seja ao analisar as EFCs de várias pessoas ou do mesmo indivíduo em diversas ocasiões.

---

14. Janet Lee Mitchell, *Out-of-Body Experiences: A Handbook* (Nova York: Ballantine, 1990), p. 11.

15. *Idem*, p. 76.

16. Rogo, "Researching the Out-of-Body Experience: The State of the Art", 43-44.

17. Dr. Scott Rogo, *Leaving the Body* (Nova York: Prentice Hall, 1986), p. 14.

18. *Ibidem.*

Os padrões psicofisiológicos nivelados dos registros de EEG obtidos durante as EFCs assemelham-se aos padrões obtidos durante a hipnose profunda ou durante a elaboração de fantasias por pessoas com uma imaginação ativa. Os resultados indicam que as pessoas passavam por experiências que ocorriam em estados de consciência diferentes da vigília normal ou do sono normal, que eles estavam profundamente relaxados e, possivelmente, concentravam-se em alguma coisa.[19] Todavia, as descobertas são por demais inconclusivas para indicar um determinado estado neurofisiológico associado às EFCs. Esses estudos são interessantes, mas, como são difíceis de avaliar, a única conclusão definitiva que deles se pode tirar é que as EFCs não ocorrem no mesmo estado psicofisiológico dos sonhos.

Para determinar se as EFCs ocorrem em um estado fisiológico distinto, um outro projeto de pesquisa interessante foi empreendido em 1985 por Joe Slate, Ph.D., com o patrocínio da Parapsychological Foundation, de Nova York.[20] Foi feita a fotografia Kirlian, também chamada de eletrofotografia ou fotografia em descarga de coroa, para registrar as auras em torno do dedo indicador direito de pessoas em estado normal de consciência, e compará-las com fotos tiradas enquanto eles estavam realizando EFCs, provocadas em caráter experimental. O procedimento de indução de EFC incluía técnicas de relaxamento combinadas com sugestões verbais e imagens mentais criadas especificamente para cada um dos sujeitos. Todas as pessoas, quando conseguiam sair do corpo físico, apresentavam mudanças evidentes nas fotografias da aura do dedo indicador. As imagens da aura eram todas circulares e completas durante os estados normais de vigília e separadas em duas partes durante as EFCs, um padrão que os pesquisadores chamavam de efeito da coroa quebrada. Eles fotografaram a coroa durante outros estados alterados de consciência, como a hipnose, mas só obtiveram o efeito coroa quebrada durante as EFCs. Essa evidência indica que a experiência fora do corpo vem acompanhada de mudanças psicofisiológicas características que não estão presentes em outros estados de percepção.

* * *

19. Irwin, *Flight of Mind: A Psychological Study of the Out-of-Body Experience*, p. 208.

20. Joe H. Slate, *Psychic Phenomena* (Jefferson, NC: McFarland, 1988), p. 105.

Quando comecei a tomar conhecimento das EFCs conscientes provocadas pela própria pessoa, descobri que, embora elas fossem diferentes dos sonhos em diversos aspectos, elas estavam intimamente ligadas a eles, de modo que a minha odisséia astral me levou a um *tour* pelo mundo dos sonhos enquanto eu buscava o caminho para o mundo astral.

Eu já lera a respeito dos sonhos e estudara os meus próprios sonhos por um longo tempo, mas, à medida que ia aprendendo mais sobre as EFCs, percebi que o conhecimento e a percepção dos sonhos são essenciais para que possamos controlar voluntariamente a abertura das portas para o mundo astral. Além de levar às EFCs espontâneas e provocadas pela própria pessoa, o estudo e a compreensão dos sonhos são necessários para se entender as EFCs com relação a outros estados da consciência.

Enquanto eu estava aprendendo a deixar deliberadamente o meu corpo e a reconhecer as diferenças entre as EFCs e os sonhos, estudei estes últimos de forma mais rigorosa por meio de livros, trabalhos, periódicos e da introspecção. Descobri que há muitos tipos de sonhos que parecem existir em um *continuum* de consciência que chamo de *continuum* dos sonhos. Este varia desde uma impressão subjetiva de um estado inconsciente de esquecimento até o tipo de consciência que temos quando estamos plenamente acordados no mundo físico.

Os estados de consciência em que as EFCs ocorrem parecem digressões das transições normais entre vigília e sono ou entre sono e vigília, em um outro *continuum* que está relacionado ao *continuum* de sonhos. Assim como no *continuum* dos sonhos, no *continuum* da consciência também existe um espectro de níveis de percepção que vai desde o inconsciente ao plenamente desperto. O *continuum* das EFCs, ao contrário, em geral é ignorado ou deixado na memória subconsciente.

Por meio da disciplina cognitiva é possível explorar o *continuum* do sonho e todos os estados intermediários de consciência. Ao longo desses *continuuns* e entre eles, há domínios ocultos que contêm maravilhosos poderes e conhecimentos intuitivos esperando para serem descobertos e desenvolvidos.

Capítulo 2

O Espectro Mental

Por que sonhamos? Será que essas viagens sem sentido pelos domínios da fantasia devem ser levadas a sério? O que são esses interlúdios noturnos de drama místico, com idéias multidimensionais ocultas em camadas de simbolismo, que passam através do véu da inconsciência, durante o sono, apenas para escapar na forma de lembranças esquivas quando a consciência retorna ao mundo físico? Eles são reais? São imaginários?

Os sonhos seriam apenas ilusões processadas a partir dos "resíduos do dia" e de desejos reprimidos e insatisfeitos? Seriam apenas reflexos mentais espontâneos de imagens e acontecimentos criados por uma imaginação que, por algum motivo, é excessivamente ativa? Ou seriam os sonhos vislumbres de uma realidade alternativa? O que quer que eles sejam, os sonhos têm sido objeto de estudo e teorizações desde a Antigüidade, quando os seres humanos já tentavam descobrir os mistérios da ação conjunta entre o mundo da vigília, que acreditamos é o nosso hábitat, e o mundo dos sonhos, no qual residimos durante o sono.

Perspectiva Histórica

Ao longo da história, líderes religiosos, filósofos e charlatães de diversas culturas desenvolveram sistemas de crenças baseados nos sonhos. Eles viam os sonhos como mensagens de deuses, anjos ou da consciência cósmica, bem como de demônios e de espíritos diabólicos. De acordo com muitos sistemas de crenças passados e futuros, essas entidades comunicam-se com os humanos através de sonhos a fim de transmitir informações sobre o futuro, diagnosticar doenças e prescrever curas, partilhar sabedoria ou, no caso das entidades maléficas, executar algum propósito diabólico. Os antigos egípcios, gregos, asiáticos e americanos nativos, para citar apenas uns poucos, tentaram interpretar os sonhos e relacioná-los ao conhecimento superior num esforço para obter cura ou orientação na vida física. Por outro lado, muitos líderes religiosos definiram os sonhos como obras maléficas. Os sonhos ainda ocupam papel de destaque em muitos sistemas de crenças modernos.

Podemos inferir algumas coisas a respeito da evolução do pensamento medieval concernente aos sonhos por meio dos escritos de Sinésio de Cirene (365-415), filósofo e bispo de Ptolemida. Sinésio escreveu um tratado, *Dos Sonhos*, em que atribuía aos sonhos a individualidade da alma que, de acordo com sua natureza, poderia criar mundos oníricos de beleza ou horror, dependendo mais da evolução moral do ego do que do livre-arbítrio. Sinésio achava que o mundo dos sonhos compreendia imagens passadas, presentes e futuras, personagens benignas ou malignas, recordações mescladas com anseios — um domínio que só poderia ser interpretado de forma individual. Também afirmou que, pelo estudo dos sonhos, cada pessoa pode auferir grande proveito em termos de previsão de seu futuro. O próprio Sinésio afirma ter lucrado muito com o estudo dos sonhos — chegou mesmo a evitar uma emboscada perpetrada por mágicos hostis graças a um aviso que recebeu por meio de um sonho.[1]

Idéias mais recentes relativas aos sonhos podem ser encontradas na obra de Sigmund Freud (1856-1939), médico austríaco fundador da psicanálise, o qual, em 1900, publicou *A Interpretação dos Sonhos*. Freud escreveu que os sonhos eram a realização disfarçada de desejos e fez distinção entre pensamentos oníricos latentes e conteúdo onírico manifesto. Os pensamentos oníricos latentes eram desejos reprimidos inconscientes, desejos tão ofensivos para o ego desperto, que eles tinham de ser apresentados sob disfarce para burlar a resistência e proteger o sonho da pessoa que estivesse sonhando. A forma disfarçada era aquilo que Freud chamou de conteúdo onírico manifesto. Freud acreditava

1. Éliphas Lévi, *The History of Magic* (York Beach, ME: Samuel Weiser, 1970), p. 177. [*História da Magia*, publicado pela Editora Pensamento, São Paulo, 1974.]

que, mediante a interpretação do conteúdo onírico manifesto, um psicanalista poderia descobrir a base da psicose, normalmente oculta no inconsciente.[2]

Jovem contemporâneo de Freud e seu amigo durante muitos anos, o psiquiatra suíço Carl Jung (1875-1961) tinha idéias diferentes acerca dos sonhos. Jung acreditava que os sonhos eram dramas mentais formados a partir de idéias do inconsciente coletivo, um reino mental hereditário contendo arquétipos ou símbolos universais comuns a toda experiência humana. Jung acreditava que, por meio da interpretação dos símbolos dos arquétipos, poderíamos identificar as causas fundamentais da função psicológica.

As idéias de Sigmund Freud e de Carl Jung tiveram forte impacto no pensamento do século XX, mas Stephen LaBerge, do Centro de Pesquisas do Sono da Universidade Stanford, levou o estudo dos sonhos a um terreno situado além do misticismo, da teoria psicanalítica e do simbolismo arquetípico, e demonstrou por meio de experiência de laboratório que as pessoas podem ficar plenamente conscientes enquanto estão sonhando e ter aquilo que ficou conhecido como sonho lúcido.[3] Desde os tempos de Aristóteles, os sonhos lúcidos têm sido objeto de curiosidade, mas, nos dias de hoje, Stephen LaBerge e outros pesquisadores estão lançando mão deles para fins de pesquisa, desenvolvimento pessoal, criatividade, habilidades físicas, tomada de decisões ou, simplesmente, como forma de diversão.[4]

Estudos de Sonhos

No século XX aprendemos muito sobre o sono e o sonho por meio de modernos métodos de pesquisa e da tecnologia eletrônica. Uma revolução no estudo dos sonhos ocorreu em 1955, quando Eugene Aserinsky, estudante de pós-graduação da Universidade de Chicago, e Nathaniel Kleitman, seu professor de fisiologia, relataram movimentos

2. Para mais informações sobre a obra de Freud, ver *A General Selection from the Works of Sigmund Freud*, org. por John Rickman, M.D. e Charles Brenner, M.D. (Garden City, NY: Doubleday Anchor Books, 1957), pp. 19-20.

3. Stephen LaBerge, Ph.D. e Howard Rheingold, *Exploring the World of Lucid Dreaming* (Nova York: Ballantine Books, 1990), p. 23-24.

4. Stephen LaBerge, *Lucid Dreaming: The Power of Being Awake and Aware in Your Dreams* (Nova YorK: Ballantine Books, 1985), p. 167.

específicos de olhos que pareciam ocorrer durante o sonho. Um estudo posterior feito por William C. Dement e por Kleitman confirmou que esses movimentos de olhos ocorriam durante os sonhos.[5] Essa atividade ocular, que se tornou conhecida como movimentos rápidos de olhos (REMs), é usada na pesquisa dos sonhos para determinar quando uma pessoa está sonhando. A capacidade de determinar quando uma pessoa está sonhando criou inúmeras oportunidades para o estudo da mente onírica.

Os cientistas que estudam os sonhos dividiram o sono em cinco estágios de eletroencefalograma (EEG), com denominações ligeiramente diferentes, conforme a fonte. O primeiro estágio, o estágio 1 descendente, pode ser acompanhado de pensamentos, imagens e sensações semelhantes às do sonho. Durante os estágios 2, 3 e 4, o sonho se torna progressivamente mais profundo e os REMs normalmente estão ausentes. A maioria das pessoas que foram acordadas enquanto estavam em um estágio não-REM (NREM) descreveram sua atividade mental como "pensamento" e afirmaram não estar sonhando. O estágio 5, um estágio 1 modificado ou ascendente, em geral chamado apenas de sono REM, é o estado de consciência em que os sonhos se formam, acompanhados por REMs e traçados de EEG semelhantes ao do estágio 1.

Os estudiosos do sonho nos dizem que uma pessoa normal tem um tipo de sono noturno constituído de cinco estágios, o chamado ciclo sono-sonho. O ciclo sono-sonho varia ligeiramente entre uma pessoa e outra, mas permanece razoavelmente constante numa dada pessoa.

Durante um típico descanso de oito horas, o ciclo de sono-sonho contém quatro ou cinco períodos de sonho separados por intervalos de aproximadamente noventa minutos de sono sem sonhos. Depois do início do sono normalmente há um breve período do estágio 1 descendente, seguido por sessenta a noventa minutos de sono NREM e, em seguida, pelo primeiro período de sonho e movimentos rápidos dos olhos, que dura em média cerca de dez minutos. À medida que se desenvolve o ciclo sono-sonho, cada período de sonho REM vai ficando mais longo, sendo que o último dura de cinqüenta a sessenta minutos. À medida que os sonhos vão ocorrendo ao longo do ciclo sono-sonho, eles tornam-se mais vívidos e mais fáceis de recordar. No total os sonhos constituem de 20 a 30% do período de sono de adultos normais.

5. David Foulkes, "Theories of Dream Formation and Recent Studies of Sleep Consciousness", in *Altered States of Consciousness*, org. Charles T. Tart (Garden City, NY: Anchor Books/Doubleday, 1972), p. 119.

O sono é limitado em ambos os extremos por estados de transição da consciência; aquele entre o estado de vigília e o sono é chamado de estado hipnagógico, e o período entre o sono e o despertar é chamado de estado hipnopômpico. Alguns pesquisadores insistem em afirmar que é impossível distinguir dos sonhos REM os pensamentos, imagens e sensações semelhantes ao sonho, chamados de "imagens hipnagógicas", e que ocorrem no início do sono. Parece provável que haja exceções à teoria de que os sonhos só ocorrem no chamado estágio 5 (período REM) do ciclo sonho-sono.

A maioria das pessoas lembra-se dos sonhos com certa freqüência, e algumas pessoas têm recordações detalhadas de um ou mais sonhos por noite. Embora as pesquisas nessa área tenham chegado à conclusão de que todas as pessoas sonham, algumas poucas pessoas relatam que nunca se lembram de um sonho. Em um estudo feito por Dement e Kleitman, em que se usou os REMs para determinar se a pessoa estava sonhando, 80% das pessoas acordadas durante os períodos REMs relataram que estavam sonhando antes da interrupção; apenas 7% das pessoas acordadas durante os períodos de sono NREM relataram que estavam sonhando.[6]

Outras pesquisas determinaram que, quanto mais tempo as pessoas dormiam sem ser perturbadas depois de uma fase REM, menor era o número de sonhos lembrados. Isso indica que os sonhos rapidamente desaparecem da memória consciente se o sono prossegue sem interrupção. Portanto, como os sonhos ocupam 20 a 30% do tempo que passamos dormindo, parece que uma proporção significativa de nossa vida onírica desaparece de nossa memória consciente, embora possa ficar armazenada em outro lugar.

O Continuum dos Sonhos

Conforme já vimos, todo mundo sonha, mas às vezes é mais fácil lembrar os sonhos em determinadas ocasiões do que em outras. Assim como há diferenças na capacidade de lembrar os sonhos, há diferenças na capacidade de participar ativamente dos sonhos usando o comportamento voluntário, ou de influenciar efetivamente o ambiente dos sonhos e seus acontecimentos, modificando-os deliberadamente. Essas

---

6. Charles Tart, *Altered States of Consciousness*, p. 119.

variações ocorrem de pessoa para pessoa e também num mesmo indivíduo em diversas ocasiões.

Como existe muita variação tanto na lembrança dos sonhos como na participação ativa no conteúdo dos sonhos, podemos considerar que vários tipos de sonho existem em um *continuum* que depende do nível de percepção consciente que houver no momento, ou seja, em que proporção o tipo de consciência da vigília física recorda, observa ou cria o sonho. Ao longo desse *continuum* de sonhos, não existem limites claros entre os tipos de sonhos porque uma categoria funde-se gradualmente com outra; para facilitar o entendimento, porém, vou considerar várias divisões. Para compreender as EFCs com relação à consciência da vigília, dos estados hipnagógicos e hipnopômpicos e da consciência do sonho, e para ajudar a alcançar o estado mental necessário para se realizar EFCs, convém classificar os sonhos e níveis relacionados de percepção ao longo de um *continuum* de consciência, o qual constitui uma parte do espectro de níveis inter-relacionados de percepção e dos comportamentos mentais que funcionam como a mente.

No extremo mais distante do *continuum* de sonhos, na porção mais remota da consciência do estado de vigília, há um buraco negro, o domínio dos sonhos inconscientes, sonhos que são esquecidos tão logo "terminam", ou pouco tempo depois. Às vezes, eu acordo sem nenhuma lembrança de sonhos, com a sensação de que virtualmente eu não existi durante toda a noite. Conforme mostram os estudos nessa área, porém, é provável que, mesmo nessas ocasiões, os sonhos tenham ocorrido; eles simplesmente se desviaram da mente consciente. Os sonhos inconscientes ainda podem influenciar a estrutura mental e psicológica.

A seguir, no *continuum* dos sonhos, estão os sonhos fugidios, dos quais só restam vagas lembranças ou fragmentos sem nexo, com conteúdo incoerente. Eles são emanações perdidas do tecido dos sonhos, que se evadiram e deixaram uma sensação de vazio e de algo incompleto.

Os sonhos fugidios tornam-se mais claros e coerentes até se enquadrar na categoria seguinte, a dos sonhos comuns. Com pouco ou nenhum esforço, podemos nos lembrar dos sonhos comuns de forma razoavelmente satisfatória. Alguns são absurdos e fantásticos, alguns assemelham-se à realidade física e outros são uma mistura das duas coisas.

Na categoria seguinte estão os sonhos vívidos, acentuada afirmação advinda dos recessos mentais, que contêm imagens claras, simbolismo complexo e que deixa forte impressão durante dias, meses ou até mesmo anos. Quando eu era criança e ainda dormia num berço, tive um sonho vívido que me causou tanto espanto e terror, que me lembro dele até hoje.

O meu berço estava encostado a uma parede e, nessa parede, perto dos pés do berço, havia uma janela. Uma noite, enquanto eu estava dormindo, olhei para cima e vi animais selvagens pulando para dentro do quarto através da janela, passando em debandada ao longo do berço e desaparecendo no quarto escuro. Leões, tigres, ursos, elefantes, zebras e outros passaram correndo, um após outro, a toda brida. Eu tinha medo de morrer pisoteada, pois havia muitos deles e estavam correndo muito rápido. Por fim, quando uma girafa precipitou-se para dentro do quarto, não pude mais controlar-me e gritei o mais alto que pude, começando a chorar.

Tudo o que eu vi a seguir foi minha mãe fechando a janela e os animais desaparecerem como por magia. Eu estava grata por isso e, embora ainda estivesse tremendo, senti um grande alívio. Minha mãe mencionou alguma coisa sobre a corrente de ar entrando pela janela. Achei que ela queria dizer girafa, o que, para mim, comprovava a minha experiência na realidade física. Eu certamente acabara de ver uma girafa entrando pela janela e, então, acreditei que isso fosse real também para a minha mãe. Depois ela falou alguma coisa sobre pesadelo e pensei que ela estava se referindo ao cavalo que acabara de saltar por sobre as minhas cobertas, possivelmente um tipo especial de égua que existe na noite.* Ela tentou me explicar que não havia animais no quarto, mas eu não consegui entender como ela poderia acreditar nisso se ela mesma também os vira. Minha mãe voltou para a cama, mas eu estava tão abalada pelo terror e confusa pelos conceitos da realidade, que permaneci acordada por um longo tempo.

Quer os sonhos vívidos sejam terríveis pesadelos ou visões de êxtase, eles em geral têm acentuada natureza emocional, dando a impressão de trazer em si um profundo significado no nível psicológico ou no nível físico ou, então, de estar relacionados a um importante aspecto da vida de vigília. Talvez a confusão resultante de meu sonho com os animais tenha-me servido de estímulo para que eu passasse a vida buscando conhecer a natureza dos sonhos, da realidade e das EFCs.

Um tipo de sonho interessante e relativamente raro, o sonho lúcido, foi assim denominado pelo médico holandês Frederik van Eeden,

---

* A palavra *nightmare* (pesadelo) se compõe de *night* (noite) e *mare* (égua) (N.T.).

que escreveu "A Study of Dreams" em 1913.[7] Durante um sonho lúcido, a pessoa que sonha passa a ter consciência de que a experiência é um sonho, ao mesmo tempo que a mente onírica compreende a sua verdadeira condição. O sonho continua e a mente desperta vai ganhando cada vez mais controle. Assumido o controle, a mente desperta pode direcionar o sonho, fazendo com que ele se desenrole de forma mais coerente aos desejos da pessoa, do que acontece quando o rumo é determinado pela mente onírica. Os sonhos lúcidos envolvem mais consciência do que os sonhos vívidos, de modo que eles estão na outra extremidade do *continuum* de sonho, perto da consciência desperta.

O primeiro sonho lúcido de que posso me lembrar ocorreu quando eu tinha cerca de 10 anos. Nessa época, já fazia muito tempo que eu aprendera a distinguir entre o mundo dos sonhos e o mundo físico. Ao longo de toda a minha infância, tive muitos sonhos nos quais eu era capaz de voar com as minhas próprias forças, seja para escapar do perigo ou pelo simples prazer de alçar-me do chão.

Tive um sonho em particular que se tornou lúcido, de modo que eu resolvi investigar se poderia voar para a Lua e dar uma volta por lá. A decolagem foi difícil, porque eu me sentia pesada e presa à gravidade, mas, logo que comecei a me elevar no céu, acelerei com extraordinária rapidez e segui para cima, atravessando impetuosamente a escuridão. Eu mal podia esperar para ver com seria a Terra vista da Lua. Finalmente, cessou o movimento. Abri os olhos e vi que eu estava na cama, desapontada e ainda me perguntando como seria a sensação de estar na Lua.

Os sonhos lúcidos podem ser provocados por sonhos com forte conteúdo emocional, por situações fisicamente impossíveis, tais como respirar sob a água ou voar, ou pelo reconhecimento de outras incongruências. Eles também podem ocorrer espontaneamente. A mudança que ocorre na consciência, quando o sonho se torna lúcido, é tão clara quanto a mudança do sonho comum para o despertar na realidade física. O eu subitamente percebe que está sonhando e as imagens do sonho permanecem intactas mesmo com essa percepção; isso continua até que a pessoa faça uma das seguintes coisas: acordar para a realidade física, voltar para o sonho "normal", mudar o sonho, permanecer no estado de sonho lúcido e controlá-lo, ou ir para o estado hipnopômpico

---

7. Frederik van Eeden, "A Study of Dreams", in Charles T. Tart, *Altered States of Consciousness*, pp. 147-160. Ver também pp. 116-117 para obter informações básicas a respeito do assunto.

de consciência. A partir do sonho lúcido, a pessoa pode também passar ao estado de consciência das EFCs. É necessário um esforço concentrado para manter o controle mental no momento em que um sonho torna-se lúcido, porque a consciência pode voltar facilmente para o sonho normal ou despertar para a realidade física.

Os sonhos lúcidos são muito mais raros do que os sonhos comuns, mas muitas pessoas alcançam esse estado de consciência, espontânea ou voluntariamente, com razoável regularidade. Várias pesquisas mostram que cerca de três em cada quatro pessoas entrevistadas afirmaram ter tido sonhos lúcidos várias vezes.[8] Descobriu-se que a capacidade para induzir os sonhos lúcidos pode ser aprendida pela maioria das pessoas.[9] Uma vez alcançado o estado de sonho lúcido, as condições mentais favorecem a indução voluntária de um nível de consciência ainda mais interessante, a EFC.

Já tive um outro tipo estranho de sonho, às vezes associado às EFCs, que é chamado de falso despertar. Ele parece ser o oposto de um sonho lúcido; em vez de despertar em um sonho, eu sonho que estou despertando. Durante o falso despertar, percebo que aquilo que acabei de viver foi um sonho, sempre em um ambiente onírico que se assemelha à minha casa; em vez de realmente despertar, porém, entro em um outro sonho que, acredito eu nesse momento, é o verdadeiro despertar para a realidade física. O novo sonho se desenvolve com um conteúdo semelhante à realidade física de minha casa até eu perceber que ele também é um sonho. Então eu acordo para a realidade física ou para outro falso despertar.

Às vezes, ocorre uma série desses sonhos, cada um iniciando-se com um sonho no qual acordo do anterior, convencida de que estou acordando para a realidade física, embora, na verdade, tenha mergulhado em um novo sonho. Cada sonho de uma série tem um tema e local semelhantes, e, do ponto de vista subjetivo aparenta mais ser um sonho do que uma EFC. A seqüência contém momentos de lucidez a partir dos quais a consciência passa novamente a um ponto do *continuum* de sonho situado em alguma parte entre os sonhos vívidos e os sonhos lúcidos. Nos momentos lúcidos, entendo o que está acontecendo e sei que estou enredada em uma série de falsos despertares. Mesmo nesses momentos de lucidez, ocasionalmente tenho dificuldade para escapar

---

8. Susan J. Blackmore, *Beyond the Body: An Investigation of Out-of-Body Experiences* (Londres: Heinemann, 1982), p. 116.

9. LaBerge, *Lucid Dreaming*, pp. 18-19.

desse tipo de fenômeno onírico. Eu já havia conhecido os falsos despertares antes de ter passado por EFCs conscientes, mas depois que aprendi a provocar EFCs, os falsos despertares tornaram-se mais freqüentes.

Semelhante aos falsos despertares é um outro tipo de sonho, o sonho dentro de um sonho, no qual a pessoa sonha que está sonhando. Em novembro de 1992, tive o seguinte sonho dentro de outro sonho.

Sonhei que estava deitada numa cama que era minha, porém diferente da minha cama real, em um quarto que era diferente de meu quarto físico. No sonho, eu estava acordando de um sonho e fiquei, durante um curto período, no estado hipnopômpico. (Na verdade, não sei se se tratava de um verdadeiro estado hipnopômpico ou de um estado hipnopômpico que ocorreu durante um sonho.) O meu eu onírico ainda podia ouvir a música que ressoava no sonho do qual ela (o eu onírico) acabara de acordar, o sonho dentro de um sonho.

A música era alegre, uma linda música instrumental, tocada principalmente com metais e um sintetizador, em ritmo de *jazz* e em estilo *new age*. A composição musical me era desconhecida e eu tinha a impressão de estar ouvindo-a pela primeira vez. Deleitei-me com sua clareza, com suas seqüências melodiosas e rica harmonia. A idéia de que essa música alegre, original e complexa pudesse estar simplesmente fluindo naturalmente a partir de um sonho entusiasmou o meu eu onírico, e ele começou a rir.

O meu eu onírico voltou a dormir e entrou novamente no sonho dentro de outro sonho. (Não me lembro sobre o que era o sonho dentro do sonho.) O meu eu onírico despertou uma segunda vez, continuando a ouvir a mesma peça musical já tocada no sonho dentro do sonho, e rindo ainda mais alto do que antes, admirado dessa música magnífica e cuidadosamente composta que fluía naturalmente do seu sonho.

Como o meu eu onírico ouvisse a música e desse risada, aos poucos tomei consciência de estar entrando no estado hipnopômpico. Enquanto a minha consciência passava pelo estado hipnopômpico, o meu risonho eu onírico tornou-se o meu eu físico, e despertei para o mundo físico com o coração cheio de alegria e com a clara lembrança da música em minha mente.

Esse tipo de sonho é muito semelhante ao falso despertar, mas existem algumas diferenças. No sonho dentro de outro sonho, embora eu sonhasse estar despertando, como no falso sonho, eu também *sonhava* que o meu eu onírico voltava a dormir e tinha um sonho. Num falso despertar, eu sonhava que continuava acordada e acreditava estar de fato acordada. Embora num falso despertar o ambiente do sonho tivesse mais semelhança com o meu verdadeiro ambiente físico, no sonho dentro de outro sonho o quarto era claramente diferente de meu quarto físico. Em um *continuum* de sonho, eu colocaria o sonho dentro de outro sonho um pouco mais distante da consciência desperta do que o falso despertar, em alguma parte entre os sonhos vívidos e o falso despertar.

Estreitamente relacionados ao falso despertar e aos sonhos dentro de outros sonhos estão os sonhos pós-sonho. No *continuum* dos sonhos eles iniciam-se em um ponto ainda mais próximo da consciência desperta, porque os sonhos pós-sonhos são precedidos por um despertar parcial ou completo para o mundo físico mas, depois, voltam para uma área mais profunda. O despertar é lento, com um prolongado estado hipnopômpico a partir do qual a pessoa que estava sonhando volta a dormir e retorna ao sonho anterior, que continua a partir do ponto em que havia parado. O breve despertar antes de um sonho pós-sonho poderia ser considerado uma combinação de estado hipnopômpico com estado hipnagógico, um nível de consciência a partir do qual elementos de lucidez são facilmente introduzidos no sono pós-sonho. Esses sonhos são particularmente conducentes às EFCs e podem ocorrer em qualquer período REM do ciclo sono-sonho.

O segmento final do *continuum* de sono é também, em um sentido diferente de um falso despertar, o contrário de um sonho lúcido; em vez da consciência física desperta entrar no sonho, este entra na consciência física desperta. O mundo dos sonhos na verdade se sobrepõe ao mundo físico desperto durante um breve período. Existem pelo menos três tipos de sonhos nessa estranha parte do *continuum* dos sonhos — ataques de íncubos e súcubos, terrores noturnos e imagens oníricas persistentes.

Os ataques de íncubos (quando as vítimas são atacadas por entidades do sexo masculino) e os ataques de súcubos (vítimas atacadas por entidades do sexo feminino) geralmente ocorrem durante as fases REM 1 ou 2 do ciclo sono-sonho, e o ambiente do sonho é muito provavelmente o local onde verdadeiramente se encontra o corpo físico. Esses ataques "vampirescos" são constituídos por horríveis cenas de asfixia, estrangulamento, afogamento ou esmagamento. Eles freqüentemente são acompanhados de um estado de semivigília, que aumenta o realismo, e de uma sensação de paralisia, que intensifica o medo.

Conquanto eu mesma nunca tenha passado por isso, uma amiga íntima foi vítima de freqüentes ataques de íncubos quando jovem. Judi sofria o que, na época, lhe pareciam ataques malignos enquanto estava na cama, e a sua consciência estava entre o sono e a vigília.

Deitada na cama, prestes a dormir, ela sentia mãos fortes apertando-lhe a garganta, ou a sensação de ter algo como um travesseiro pressionado contra seu rosto. Quando tentava repelir esse ataque brutal com movimentos defensivos, ficava ainda mais alarmada ao descobrir que seus músculos estavam paralisados. Seu corpo todo entrava num estado catatônico e, embora permanecesse acordada, era incapaz de fazer os movimentos necessários para defender-se ou escapar. Sentindo-se indefesa e ameaçada, ela acreditava que alguém estava lá tentando machucá-la ou mesmo matá-la. Passavam-se vários segundos de pânico antes que a paralisia desaparecesse. O movimento rapidamente dissipava a ameaça representada pelo agressor.

Judi notou que os ataques de íncubos ocorriam durante períodos de sua vida em que ela se achava submetida a condições extremas de *stress*. Embora a causa exata dos ataques de íncubos e súcubos seja especulativa, as tradições místicas ocidentais têm algumas crenças acerca desses fenômenos horripilantes.

Os íncubos ou súcubos são definidos como entidades maléficas que atacam e estupram pessoas adormecidas. Segundo a literatura esotérica, íncubos e súcubos são corpos astrais de pessoas que já morreram e cuja vida na Terra foi baixa, brutal e egoísta, marcada pela luxúria, alcoolismo, gula e avareza.

Depois da morte física, quando estão residindo na sétima — e mais baixa — subdivisão do plano astral, e sendo ajudados pelas características ilusórias, imateriais e atemporais desse ambiente, os íncubos e súcubos se tornam proficientes na arte da ilusão e usam os seus poderes para atacar pessoas sensíveis. Essas entidades astrais procuram vítimas que estejam inclinadas a vícios semelhantes e tentam atraí-las para influências fatais que poderiam levar à sua destruição. Se, no entanto, o íncubo ou súcubo não conseguir encontrar pessoas sensíveis com inclinações semelhantes, para satisfazer os seus desejos repugnantes, esses desejos não-satisfeitos acabam desaparecendo e eles progridem para planos superiores.[10]

Quer essa crença seja ou não correta, os ataques de íncubos e súcubos são realistas e apavorantes. A vítima sente o peso esmagador do corpo do atacante ou mãos poderosas estrangulando-a ou impedindo-a de respirar, chegando a convencer-se de que a morte é iminente.

---

10. C. W. Leadbeater, *The Astral Plane* (Wheaton, IL: Theosophical Publishing House, 1977), pp. 75-77. [*O Plano Astral*, publicado pela Editora Pensamento, São Paulo, 1976.]

Os estudiosos dos sonhos acreditam que os ataques de íncubos e súcubos tenham uma base fisiológica, uma disfunção no processo de despertar durante a qual a inibição natural do sistema nervoso motor durante o sono REM é prolongada após a excitação mental e produz paralisia durante o sono. Em seu livro *Conquering Bad Dreams & Nightmares*, Barry Krakow, M.D., e Joseph Neidhardt, M.D., relatam que a paralisia do sono ocorre em grande número de pessoas sadias, principalmente durante períodos de *stress*.[11] Os cientistas que estudam o sono ainda estão buscando uma explicação adequada para os ataques de íncubos e súcubos.

O pânico noturno, que pode ou não ser definido como sonho, constitue outra aberração do sono tranqüilo. Ele muito freqüentemente assusta as crianças, mas pode surgir também nos adultos. A pessoa que sofre de pânico noturno acorda abruptamente — muitas vezes aos gritos e completamente desorientada — de um profundo sono NREM, no estágio 3 ou 4 do ciclo sono-sonho.

Em vez de ser constituído de imagens ou enredos, como nos sonhos REM, o principal conteúdo do pânico noturno consiste em pura emoção — forte ansiedade, medo intenso ou puro terror, freqüentemente acompanhados de pânico, dilatação das pupilas, sudorese, palpitações cardíacas e hiperventilação. De acordo com algumas pessoas, ocorrem também alucinações hipnopômpicas assustadoras, sensação de aprisionamento, ameaça, sufocamento, medo da morte, sensação de estar caindo ou distorções temporais e espaciais. Uma característica surpreendente do pânico noturno é que, freqüentemente, tão logo ele termina, a pessoa não tem nenhuma lembrança da experiência!

Se o pânico noturno é crônico, a condição hoje em dia é chamada de distúrbio do terror durante o sono. A sua causa é ainda um mistério, mas as hipóteses levantadas incluem disfunção do sistema nervoso autônomo, distúrbios do mecanismo de excitabilidade, perturbações emocionais e o próprio conteúdo dos sonhos.

Já passei por experiências de pânico noturno que consistiam em pura emoção, tanto na infância como na idade adulta, durante períodos de forte *stress* ou trauma em minha vida. Ben, um amigo íntimo, teve quando criança repetidas experiências que se assemelhavam ao pânico noturno e que eram acompanhadas de alucinações hipnopômpicas.

Entre os cinco e os dez anos de idade, Ben "sonhava" que estava

11. Barry Krakow e Joseph Neidhardt, *Conquering Bad Dreams and Nightmares* (Nova York: Berkley Books, 1992), p. 259.

acordado mas era incapaz de se mover porque o seu cobertor era feito de milhares de aranhas enlaçadas umas nas outras. Ele ficava lá deitado, olhando para os pequenos olhos vermelhos que o fitavam. Ele tinha certeza de que, caso se movesse, as aranhas iriam atacá-lo *en masse*, deixando em sua cama apenas um esqueleto que sua mãe iria encontrar quando viesse acordá-lo na manhã seguinte.

Outros tipos de imagens realistas, um pouco menos assustadoras, podem manifestar-se além do mundo dos sonhos, chegando ao mundo da vigília. Várias vezes acordei de sonhos vívidos com visões oníricas e sensações que persistiram durante um breve período na realidade física.

Certa vez, por exemplo, sonhei que eu e Susan, uma das minhas melhores amigas, estávamos caminhando por um corredor estreito e bem iluminado, com uma porta ao fundo. Susan estava caminhando à minha frente e, ao abrir a porta, um morcego saiu voando e precipitou-se sobre a cabeça dela. Gritei para que Susan tomasse cuidado e ela esquivou-se, fazendo com que o morcego voasse diretamente para o meu rosto. Acordei espantando-o para longe, sentindo suas asas coriáceas e pequenas garras debatendo-se contra a minha pele e puxando o meu cabelo, antes de voar para baixo de meus cobertores e desaparecer.

Os estudiosos dos sonhos chamam essas experiências de imagens oníricas persistentes ou de alucinações hipnopômpicas. Elas às vezes são acompanhadas de paralisia do sono, as quais, como nos ataques de íncubos, implicam uma incapacidade temporária para mover-se, a despeito de esforços concentrados.

Um outro tipo de imagem onírica persistente ocorre na forma verbal, como se o conteúdo "audível" de um sonho durasse ligeiramente mais do que o conteúdo "visual". Ocasionalmente, ao acordar, palavras estão dando voltas em minha mente, seja na forma de uma frase curta, que pode ser repetitiva, ou em uma forma semelhante a uma narrativa ou a um discurso. Elas "soam" exatamente como se fossem os meus próprios pensamentos, sendo apresentadas da mesma maneira como imagino ser a minha voz, ou lembrando-me a voz de alguma outra pessoa. Embora as palavras fluam sem esforço através de minha mente — da mesma forma como acontece durante a consciência desperta, quando estou pensando em algo — o conteúdo parece alheio ao meu conhecimento. As verbalizações podem continuar durante alguns segundos, se eu lhes der atenção; logo que eu me mexo, porém, ou que um ruído físico me perturba ou começo a me concentrar no mundo exterior, elas logo são interrompidas.

Quando elas se formam, as palavras são claras e inteligíveis, mas a recordação de seu significado desaparece instantaneamente quando desvio minha atenção. Se eu me concentro, porém, consigo manter na memória a última sentença ou frase durante tempo suficiente para anotá-la ou contemplá-la ao longo do dia. Os cientistas que estudam os sonhos referem-se a esse tipo de fenômeno como "processos de pensamento e construções verbais qualitativamente incomuns e de aparecimento espontâneo", e costumam referir-se a eles no contexto das imagens hipnagógicas e não das imagens hipnopômpicas.[12]

Um outro tipo incomum de sonho, definido pelo dr. Charles Tart,[13] é o sonho de "viagem", assim chamado porque nesses sonhos o eu onírico "ingere" drogas psicodélicas e sofre os efeitos dessas substâncias de forma tão vívida como aconteceria se, na realidade física, a pessoa de fato tomasse drogas que alterassem o estado de consciência e fizesse uma "viagem". Esses sonhos de "viagem" apresentam uma notável semelhança com os verdadeiros estados de alteração da consciência que se verificam no estado de vigília, provocados por drogas. Às vezes, depois dos sonhos, os efeitos se prolongam na realidade desperta durante alguns minutos.

Na mesma categoria dos sonhos de "viagem" poderíamos incluir sonhos nos quais o eu onírico consome álcool, fazendo com que o corpo e a mente oníricos fiquem intoxicados. (Uma vantagem desses sonhos é que não há ressaca...)

É interessante o modo como os sonhos podem reproduzir de forma tão convincente os estados alterados de consciência nas condições mentais do eu onírico, sem que haja a efetiva ingestão de substâncias químicas ou de álcool. No *continuum* de sonhos, eu colocaria o sonho de "viagem" e os sonhos com intoxicação em alguma parte entre os sonhos vívidos e as imagens oníricas persistentes.

Estreitamente relacionados com os sonhos de "viagem" e com as imagens oníricas persistentes estão os sonhos orgásticos, nos quais o eu onírico tem um envolvimento sexual com um amante onírico e o eu físico acorda no meio de um orgasmo tão forte e satisfatório como se estivesse ocorrendo na vida em vigília, com um parceiro físico.

A partir de qualquer dos segmentos do *continuum* do sonho pode ser encontrada uma ramificação que leva a um outro tipo especial de sonho, em que a pessoa sonha estar realizando uma EFC. Os sonhos

---

12. Daniel L. Schacter, "The Hypnagogic State: A Critical Review of the Literature", *Psychological Bulletin 83* (1976): 453.

13. Tart, *Altered States of Consciousness*, pp. 171-176.

acerca de EFCs podem tornar-se lúcidos, voltar a ser um sonho comum ou levar a uma verdadeira EFC consciente, em que se faz contato com um outro *continuum* consciente, o *continuum* EFC.

Semelhantes aos sonhos EFC são os sonhos de morte, os quais também se ramificam em vários pontos ao longo do *continuum* dos sonhos. Nos sonhos de morte, o eu onírico morre em virtude de alguma causa explícita e tem a sensação de estar fora da representação onírica do corpo físico, em uma representação onírica de um corpo astral. Uma de minhas amigas teve um exemplo notável de sonho de morte.

Ela estava tentando trabalhar no quintal, num dia sufocante de agosto. A temperatura aproximou-se dos 40ºC e ela foi obrigada a entrar em casa, onde havia ar condicionado. Esgotada, deitou-se no sofá. Eram cerca de 17h00 quando ela ligou a televisão para ouvir o noticiário.

Enquanto uma matéria informava que na Europa as pessoas estavam morrendo por causa do calor, minha amiga caiu no sono, sem ouvir o número de pessoas que haviam morrido e o país onde estava ocorrendo a onda de calor.

Ela sonhou que estava caminhando ao longo da estrada defronte à sua casa. Podia ver o filho sentado na varanda e um homem moreno, de pé ao lado de um conversível pintado com dois tons de azul. O homem era alto e magro e parecia pálido. Seu cabelo com brilhantina era penteado para trás e ele estava usando *blue jeans*, um pulôver amarelo e tênis. O carro era um velho Ford que parecia ter conhecido dias melhores.

Minha amiga caminhou em direção ao filho e ao homem alto e magro. O calor tornou-se insuportável. Ela sentiu suas forças escassearem e foi ficando cada vez mais fraca, até começar a cambalear. Quando desfaleceu na estrada poeirenta, seu último pensamento "consciente" foi de que só faltava avançar um pouco mais; bastava que ela conseguisse, de algum modo, continuar a andar.

No sonho, a próxima coisa de que minha amiga teve consciência foi de estar pairando acima da representação onírica do seu corpo, que jazia inerte na estrada, e observando-o de cima. Ela viu o filho e o estranho correrem para a sua forma inconsciente, abaixo dela. A partir de sua forma astral flutuante, ela tentou dizer-lhes que não se apressassem, que era tarde demais, porém suas palavras obviamente não eram ouvidas, pois ela viu o homem erguer seu corpo nos braços e dizer ao menino que ela desmaiara por causa do calor e que eles teriam de levá-la para o hospital.

Minha amiga observou a cena desenrolando-se abaixo dela e gritou repetidas vezes. Seu filho chorava enquanto o homem carregava sua forma inconsciente para o carro. Eles ignoraram o seu corpo astral e não perceberam sua tentativa inútil de chamar-lhes a atenção.

Seu empenho frenético em gritar deve tê-la feito acordar — ela se debatia no sofá quando despertou para a realidade física. Ela estivera adormecida apenas durante cerca de vinte minutos. Enquanto refletia sobre o sonho que acabara de ter, pensou que, se a morte era assim tão fácil — simplesmente passar de uma forma para outra — ela nunca mais se preocuparia com isso.

Esses tipos de sonho variam desde os sonhos inconscientes, em um extremo, até as imagens oníricas que persistem no mundo da vigília, no outro extremo, e mostram de que modo os estados de consciência podem ser organizados ao longo de um *continuum* com base no nível de consciência de vigília presente. Conforme já comentei, o *continuum* do sonho pode ser modificado para incluir todos os possíveis tipos de sonho e exemplificar a existência de diversos níveis de consciência uns em relação aos outros.

Integração do Espectro Mental

O *continuum* dos sonhos, os variados tipos de sonhos e os estágios afins de função mental podem ser usados como modelo para interpretar as ações complexas entre os vários níveis de consciência que constituem os nossos processos psicológicos — a ação conjunta entre o consciente, o subconsciente e o inconsciente. Mais importante ainda, no presente contexto, o *continuum* do sonho e os níveis entre vigília e sono apresentam aberturas para caminhos que levam a estados alternativos de consciência, aquilo que poderíamos chamar de superconsciência, níveis de consciência em que ocorrem a percepção extra-sensorial (PES) e as EFCs.

Aprendendo a trabalhar conscientemente ao longo do *continuum* de sonho, torna-se possível fazer a integração entre consciente, subconsciente, inconsciente e superconsciente com o propósito de explorar esses caminhos que levam a níveis alternativos da realidade. Os quatro termos (consciente, subconsciente, inconsciente e superconsciente) referem-se aos seguintes significados ao longo deste livro.

A parte consciente da mente inclui a atividade mental de que temos consciência — percepções imediatas dos sentidos e processos de atividade mental como memória, emoção, imaginação, raciocínio, criatividade, tomada de decisões, aprendizado e pensamento. A observação consciente do mundo físico exterior inclui discernir informações qualitativas e quantitativas verificáveis publicamente, conhecimento categórico e normas sociais, acontecimentos próximos e distantes, fatos em primeira mão, etc. A observação consciente do mundo interior inclui a compreensão de informações fornecidas pelos sentidos (fome, dor, posição do corpo), raciocínio dedutivo, inferências, resolução de problemas, reflexões sobre experiências passadas e emoção. Todos esses conceitos exteriores e interiores, tanto palpáveis como impalpáveis, constituem a realidade cognitiva. A mente consciente tem a capacidade de dirigir a atenção seletivamente para quaisquer processos particulares que nos permitam perceber e viver a experiência da realidade cognitiva, e deliberadamente escolher e executar ações de acordo com as condições e as metas.

Por meio da utilização dessas capacidades, a mente consciente tem três funções importantes: monitoração, interpretação e controle. Ela é responsável pela monitoração dos ambientes interior e exterior, pela interpretação das condições percebidas, e controle comportamental em resposta à estabilidade ou mudança. Por meio da formação da linguagem, o consciente possibilita a comunicação enquanto ele executa essas três funções principais, associadas a outras.[14]

O subconsciente consiste em informações cognitivas às quais tanto o inconsciente como o consciente têm acesso, mas das quais eles têm conhecimento apenas de forma intermitente. O consciente opera de forma seletiva na monitoração do ambiente, apenas registrando a quantidade de informações com as quais ele consegue lidar diretamente; portanto, muitas percepções que passam despercebidas pelo consciente são retidas no inconsciente. As informações que o consciente percebe diretamente também são armazenadas no subconsciente, na forma de memória. À medida que os pensamentos e acontecimentos vão ocorrendo, cada um tem a sua vez de receber atenção, sendo que as novas atividades estão constantemente pondo de lado as antigas, criando uma corrente de consciência que flui para o subconsciente.

As respostas aprendidas também são armazenadas no subconsciente, tornando desnecessário para a mente consciente deliberar antes

---

14. J. F. Kihlstrom, "Conscious, Subconscious, Unconscious: A Cognitive Perspective", *The Unconscious Reconsidered*, Kenneth S. Bowers e Donald Meichenbaum, orgs. (Nova York: Wiley & Sons, 1984), pp. 150-151.

de executar ações automáticas como caminhar, evitar um perigo súbito ou andar de bicicleta.

O conteúdo consciente e subconsciente inclui informações exteriores e interiores provenientes de quatro fontes — os sentidos, os conceitos intelectuais, os sentimentos e a inspiração, o que divide a nossa cognição em quatro níveis: físico (terra), mental (ar), emocional (água) e espiritual (fogo).

O consciente e o inconsciente trazem em si informações cognitivas; um tipo diferente de conhecimento é encontrado no inconsciente. O acesso do consciente aos processos e aos conteúdos mentais inconscientes estão bloqueados. Em vez da experiência direta deles por meio da introspecção, só podemos aprender a respeito deles por meio de interferências e de métodos indiretos.[15]

O inconsciente traz em si os processos neurofisiológicos que mantêm vivo, saudável e em condições ideais o corpo físico, ou os processos que causam as doenças e a morte por meio de doenças psicossomáticas em condições adversas. O inconsciente cria, mantém e controla o cérebro, o sistema nervoso e os impulsos nervosos, além de servir de mediador entre o aparato mental orgânico e a atividade mental. Ele atua por meio de impulsos elétricos e cadeias de reações bioquímicas que ocorrem automaticamente, fora do controle da nossa vontade. Juntamente com complexos sistemas constituídos por bilhões de neurônios (células nervosas), substâncias orgânicas e inorgânicas e de uma grande variedade de células de apoio, o inconsciente regula ativamente a cognição por meio das porções subconsciente e consciente de nossa mente, da conversão de pensamentos em reações eletroquímicas. A mente inconsciente codifica pensamentos, mensagens e respostas em vias biofisiológicas que os cientistas estão começando a entender.

O inconsciente também traz em si respostas profundamente arraigadas nos acontecimentos — processamentos mentais de reações emocionais que influenciam crenças e atitudes, afetam o corpo físico, atuam sobre o comportamento e formam a auto-imagem. Raiva reprimida, traumas não-resolvidos e medos esquecidos ocultam-se no inconsciente, distantes da nossa percepção, onde atuam em conjunto com o subconsciente e com o consciente, criando distúrbios funcionais no sistema psicológico. A expressão física dos conflitos inconscientes pode resultar em distúrbios psicossomáticos. Amor, harmonia e força também

15. F. Kihlstrom, "Conscious, Subconscious, Unconscious: A Cognitive Perspective", p. 156.

formam rotas mentais inconscientes que resultam em tendências para a saúde, para o equilíbrio, para a produtividade e para a criatividade. Os métodos indiretos, usados para revelar conteúdos mentais inconscientes, incluem associações de palavras, hipnose e o estudo dos sonhos.

O termo superconsciente é usado para nos referirmos à parte da mente envolvida com as PES, que inclui telepatia, clarividência, clariaudição, precognição, retrocognição e psicometria. Telepatia é a transferência de pensamentos, de sentimentos ou de imagens diretamente da mente de uma pessoa para a de outra, sem o uso de meios físicos. Clarividência é a observação de objetos ou de acontecimentos que estão ocultos ou fora do alcance normal dos sentidos físicos comuns. Clariaudição é a audição supernormal de sons ou expressões verbais. Precognição é a percepção presente de acontecimentos futuros, e, de modo semelhante, retrocognição diz respeito a acontecimentos passados. Psicometria é a percepção paranormal da história ou das vibrações psíquicas de um objeto através do toque.

Juntos, o consciente, o subconsciente, o inconsciente e o superconsciente animam a massa de matéria orgânica que chamamos de cérebro. Será que existe mais alguma coisa no espectro mental?

O Eu Superior

Desde as épocas mais remotas do desenvolvimento cultural humano, ao longo de toda a experiência humana, diferentes sociedades têm acreditado que as pessoas são constituídas por algo mais do que um corpo físico dotado de um cérebro e de uma mente que funcionam. A maioria dos sistemas de crenças concebe uma parte espiritual — uma alma subliminar, não-física, que sobrevive à morte física e é o veículo que traz em si o verdadeiro eu. Embora evitando o excesso de antropomorfismo, poderíamos considerar essa parte espiritual como um eu superior, que supervisiona os níveis consciente, subconsciente, inconsciente e superconsciente da atividade mental. O eu superior funcionaria como um nível agregado de consciência, ciente do conteúdo dessas quatro camadas mentais e, talvez, de outra que esteja fora da capacidade sensorial de nosso cérebro orgânico no atual estágio de nossa evolução física, intelectual, emocional e espiritual.

Se podemos aceitar a existência de um eu superior como um elemento de coesão, unindo os diferentes tipos de consciência, talvez possamos imaginá-lo também fazendo uma ligação entre a realidade física, como é experienciada por meio daqueles níveis de consciência, e os planos superiores da realidade, dos quais normalmente não tomamos conhecimento.

Os planos superiores da realidade poderiam ser constituídos de sistemas materiais e energéticos situados além da nossa dimensão material de tempo e espaço. Nesse caso, os planos superiores não poderiam ser detectados pelos sentidos de nosso corpo físico nem pelos instrumentos tecnológicos, criados a partir da matéria física com o objetivo de medir aspectos do mundo físico.

Talvez esses sistemas de matéria e energia sejam o domínio do conhecimento, da sabedoria e da capacidade, que transcende os seus equivalentes da realidade física; talvez haja sistemas superiores de energia constituídos por princípios conhecidos hoje em dia, sistemas que ainda estão por ser compreendidos, e outros incompreensíveis em nosso atual estágio de desenvolvimento.

Se o eu superior estiver em contato com esses planos superiores de existência, e se a mente consciente puder formar um elo mais substancial com o eu superior, talvez pudéssemos acelerar a nossa evolução rumo à saúde, ao conhecimento, à paz e à sabedoria. A comunicação com um eu superior, que está em contato com planos da realidade situados além da nossa percepção consciente normal, poderia explicar experiências como a cura psíquica, a inspiração divina, a PES e as EFCs. Por meio de uma ligação com mundos invisíveis nos planos superiores da realidade, o eu superior poderia ter acesso a recursos ocultos de sabedoria e de conhecimento, de modo a aplicá-los aos potenciais subdesenvolvidos.

Há uma antiga crença mística segundo a qual "pensamentos são coisas", e isso implica a idéia de que os pensamentos são algum tipo de matéria ou forma de energia. Albert Einstein provou que nada é criado nem destruído. A matéria é convertida em novas formas de matéria ou energia, e a energia é convertida em novas formas de energia ou matéria. Como os pensamentos são formas eletroquímicas de energia, parece plausível afirmar que todo pensamento que algum dia se formou deve ainda existir em algum lugar na forma de energia ou matéria.

O conhecimento, assim como os pensamentos, também existe em forma de energia nos planos superiores da realidade. Talvez o eu superior tenha acesso ao conhecimento em forma de energia e também a outras formas de energia, como saúde, amor e sabedoria. Esse eu superior, sendo uma consciência agregada do eu e estando em contato com os planos superiores da realidade, poderia atuar como um conselheiro interior extremamente poderoso. Um eu superior com esse poder conduziria a pessoa ao longo de caminhos que levam aos níveis mais elevados e profundos de consciência, alcançando os extremos do mundo exterior e interior. Essa percepção de longo alcance estimularia o desenvolvimento pessoal para além dos limites preconcebidos, levando a pessoa a compreender a si mesma a partir de uma nova dimensão, a compreender o universo de que faz parte e o relacionamento entre ela própria e o universo.

Podemos esperar que o conceito de espectro mental, constituído pelos estados hipnagógico e hipnopômpico, pelo *continuum* de sonho, pelo *continuum* de EFC, pelos quatro níveis da consciência e por um eu superior, nos ajudará a compreender as sugestões — apresentadas ao longo do restante deste livro — que procuram fazer com que a nossa percepção abranja os mundos invisíveis à nossa volta. A extensão da consciência aos mundos invisíveis inclui a efetiva visitação em um corpo não-material. Uma jornada através, para dentro e para fora de nós mesmos deveria aprimorar o equilíbrio psicológico, aumentar a criatividade, revelar poderes ocultos de PES e preparar o caminho para experienciarmos o plano astral em pleno estado de vigília.

Capítulo 3

Viagem ao Centro do Eu

Em algum momento, há cerca de 3,5 bilhões de anos, células primitivas começaram a se formar na Terra e deram início a um lento processo de evolução, que originou as espécies hoje existentes. A partir desse processo surgiu o cérebro humano, constituído por mais de 100 bilhões de neurônios, que acredita ser ele mesmo a suprema estrutura biológica.

Uma boa parte desses neurônios é mais ativa durante o sono REM, ou sonhos, do que em estado de vigília.[1] Além disso, uma pessoa normal que viva 74 anos, gasta em torno de seis anos e nove meses sonhando. Outros animais também sonham. Gatos, cães, macacos e outros mamíferos apresentam estágios de sono REM e, nessas ocasiões, presume-se que estejam sonhando. São remotas as chances de que a anatomia e a fisiologia evoluíssem de modo a permitir tamanho dispêndio de tempo com os sonhos a não ser que isso servisse a uma função vital, pois, em termos evolutivos, só o que é eficiente sobrevive. Podemos presumir logicamente, portanto, que o ato de sonhar deve ser necessário.

Experiências relativas à privação de sonho fornecem mais evidências de que o sonho é algo necessário. Depois de despertados de todo sono REM durante noites consecutivas, um significativo número de pessoas que serviram à experiência apresentou diminuição na sua capaci-

1. J. Allan Hobson, *The Dreaming Brain* (Nova York: Basic Books, 1988), pp. 157-202.

dade mental e falta de estabilidade emocional. Essas pessoas se tornaram irritáveis e ansiosas e tiveram dificuldade para se concentrar. Durante as noites seguintes à privação de sonho, essas pessoas passaram um tempo acima do normal em sono REM, como se quisessem compensar a perda. Depois disso, retomaram os padrões normais de sono e recuperaram a capacidade mental e a estabilidade emocional. Aqueles que não apresentaram problemas de ordem mental e emocional haviam trocado o sonho por estágios de sono NREM.[2]

Enquanto a mente passa ao estado hipnagógico, atravessa tranqüilamente os quatro primeiros estágios de sono e, em seguida, irrompe em uma fase REM; o cérebro sofre uma mudança em seu padrão energético; a atividade de alguns neurônios é inibida, enquanto outros neurônios são estimulados, criando uma alteração nos impulsos elétricos do cérebro. Quando acordamos, a atividade elétrica do cérebro retoma os neurônios responsáveis pelas atividades características do estado de vigília. É razoável supor que, quando se passa por diversos estados de consciência em várias partes do *continuum* do sonho, muitas combinações de neurônios são ativadas e desativadas.

Mediante a concentração e a prática, podemos aprender a observar subjetivamente, através da introspecção, as mudanças funcionais das alterações neurológicas e obter algumas introvisões acerca do propósito do mecanismo cerebral produzido por 3,5 bilhões de anos de evolução. Se nos voltarmos para dentro, para as porções mais profundas de nós mesmos, para os mecanismos interiores de nossa mente durante a vigília, o sono e os estágios de transição entre eles, poderemos descobrir algumas capacidades realmente espantosas desses 1,3 quilos de massa celular que constituem o cérebro humano.

Os sonhos são um reflexo das forças que estão por trás das mudanças neurológicas. Quer os sonhos sejam fragmentos extravagantes, quer sejam vívidas emoções psicológicas, o fato é que os pensamentos, as imagens e as ações que os constituem tiveram de ser concebidos.

Quando reflito a respeito dos sonhos, pergunto-me que tipo de inteligência formou os conceitos neles representados. Será que essas criações tão complexas e detalhadas poderiam ter sua origem numa fonte exterior, conforme indica a introspecção, ou seriam elas produto de uma parte de minha mente que normalmente mantenho separada do resto?

---

2. Harry Fiss, "An Empirical Foundation for a Self Psychology of Dreaming", em *Cognition and Dream Research*, Robert E. Haskell, Ph.D., org., uma edição especial do *The Journal of Mind and Behavior* 7, n°s 2 e 3 (1986).

Qual é a fonte dos sonhos?

Independentemente do que ela seja e onde quer que esteja, considero que o "autor" dos meus sonhos é uma parte remota de minha psique, um gênio interior do além que cria dramas psicológicos engenhosos com o propósito de integrar os níveis consciente, subconsciente, inconsciente e superconsciente de minha mente, um gênio interior que ordena os variados tipos de informação reunida pelos níveis de percepção — um gênio interior ao qual me refiro como sendo o meu eu interior. Todo mundo tem um.

Se aprendemos a agir de forma consciente ao longo do *continuum* dos sonhos e nos estados hipnagógico e hipnopômpico, e se estudamos os resultados obtidos por outras pessoas que exploraram os mundos místicos aí existentes, poderemos começar a expor alguns dos segredos das profundezas da percepção que em geral ignoramos. Nessas profundezas da percepção, podemos descobrir pelo menos três funções dos sonhos — o autoconhecimento, a resolução de problemas ou inspiração criativa e a compreensão psíquica.

Ao criar um canal de comunicação entre a mente consciente e o eu superior, os sonhos podem nos proporcionar introvisões espantosas acerca das forças psicológicas inconscientes interiores; podem tornar-se uma fonte de inspiração para aumentar a nossa criatividade e para a solução de problemas práticos; e podem revelar aspectos ocultos do passado, do presente e do futuro através da PES. A exploração do *continuum* dos sonhos pode aprofundar a compreensão de si mesmo, promovendo o equilíbrio psicológico e diminuindo a ansiedade, elevando o nível de energia, gerando mais otimismo e motivação. Por meio da aplicação prática da criatividade e das informações úteis para a solução de problemas, fornecidas pelos sonhos, a vida física pode tornar-se mais compensadora, no nível estético, e mais bem-sucedida, no nível vocacional. Os sonhos psíquicos podem transmitir informações do superconsciente — mensagens que aumentam nossa capacidade de telepatia, clarividência, clariaudição, retrocognição e precognição. A expansão da percepção ao longo do *continuum* dos sonhos também abre as vias mentais que levam às EFCs.

Para integrar a consciência onírica à consciência do estado de vigília, é necessário reter na memória mais lembranças de sonhos e também aumentar o nível de consciência durante o sonho. Aprender a atuar de forma consciente ao longo do *continuum* do sonho significa lembrar, interpretar, induzir e controlar os sonhos. Enquanto essas quatro capacidades estão sendo desenvolvidas, é possível nos aventurarmos a ir mais longe, explorando os domínios menos conhecidos da percepção e outros mundos — normalmente invisíveis — à nossa volta, mundos que na literatura esotérica são chamados de plano astral.

Para expandir a consciência ao longo do *continuum* dos sonhos, é necessário trabalhar em ambos os extremos do ciclo sono-sonho, lançando mão tanto do estado hipnagógico como do estado hipnopômpico. Se, partindo do estado de vigília, conservarmos ao máximo a consciência à medida que entramos no estado hipnagógico, as características singulares desse estado poderão ser usadas para fortalecer a consciência nos estágios mais profundos do sono, para provocar os sonhos e para controlá-los. O estado hipnopômpico, com suas propriedades peculiares e especiais, pode ser usado para que voltemos ao mundo dos sonhos, com uma percepção maior, ou para trazer aspectos do mundo dos sonhos para o mundo da vigília. Depois de passar pelo estado hipnopômpico, é importante fazer um esforço concentrado para recordar os sonhos depois de acordar, compreender o seu significado e relacioná-los com a vida cotidiana. Ao agir assim, a percepção é aguçada em todos os níveis da consciência, os quais são integrados para um trabalho em conjunto. Isso cria a sinergia mental.

Para obter mais benefícios do eu superior, a mente consciente pode fazer um esforço para desenvolver um diálogo com ele, empreendendo uma viagem para o eu interior e seguindo os caminhos que, através dos diversos níveis de percepção, levam à mente onírica. A mente consciente pode desenvolver e manter essa ligação aprendendo a atuar ao longo do *continuum* dos sonhos — agindo em conjunto com a mente onírica por meio da lembrança, da interpretação, da indução e da intervenção nos sonhos.

A Evocação dos Sonhos

Relembrar os sonhos é o primeiro passo e a condição essencial para podermos atuar de forma consciente ao longo do *continuum* dos sonhos. É necessário trazer mais sonhos inconscientes para a memória consciente e combinar de forma mais satisfatória os fragmentos dos sonhos para compor todos os episódios.

Um dos métodos usados para aprender a relembrar os sonhos é a auto-sugestão — quando você estiver deitado na cama, prestes a dormir, diga a si mesmo que você vai se lembrar de seus sonhos ao acordar.

Diga isso várias vezes, enquanto passa para o estado hipnagógico, que é um estado de consciência mais suscetível à sugestão do que a consciência comum em vigília.[3] Na transição da vigília para o sono, tente prolongar ao máximo o pensamento relativo à intenção de relembrar os seus sonhos. Então, quando começar a acordar, mantenha-se imóvel. Os estudiosos dos sonhos constataram que as pessoas que emergem do sono para a vigília, permanecendo na mesma posição, apresentam um nível significativamente mais elevado de recordação dos sonhos.[4] Procure despertar lentamente, mantendo os seus pensamentos afastados da realidade do mundo da vigília e buscando dentro de si o mundo de sonhos do qual você acabou de emergir. Você pode prolongar o estado hipnopômpico, aumentando a percepção das imagens oníricas que se desvanecem ou, mesmo, voltar a um sonho com parcial ou total consciência da vigília.

Depois de acordar, quando as lembranças dos sonhos estiverem fundindo-se com a consciência do estado de vigília, conserve as imagens em sua mente, procure sentir de novo as emoções e tente reconstituir o caminho de volta, seguindo as pistas encontradas a partir do primeiro fragmento de sonho do qual você conseguir se lembrar. Concentre-se nesses fragmentos até que eles se combinem e você possa compreender todo o conteúdo onírico que chegar à sua consciência. Em seguida, passe em revista os acontecimentos do dia anterior para verificar se você pode estabelecer alguma relação entre eles e o sonho. A associação dos fatos oníricos com os acontecimentos físicos consolida com mais firmeza o conteúdo dos sonhos na mente da vigília. Logo que você tiver a impressão de ter uma lembrança clara do conteúdo dos sonhos, anote-a em uma caderneta mantida ao lado da cama, ou registre-a por algum outro meio disponível, porque, se você esperar para fazer isso mais tarde, há uma boa chance de que as lembranças do sonho tenham desaparecido. Elas são fugidias.

Às vezes, é mais eficaz tomar nota de qualquer fragmento, sensação, visão ou pensamento oníricos tão logo a sua lembrança venha à tona, por mais insignificantes que esses dados pareçam no momento. Depois, apenas descontraia-se e procure manter a imagem em sua mente. Em geral, partes do sonho associadas a ele logo irão se infiltrar na consciência. Logo que os novos segmentos do sonho aflorarem na cons-

---

3. Daniel L. Schacter, "The Hypnagogic State: A Critical Review of the Literature", *Psychological Bulletin* 83 (1976): 468.

4. Hobson, *The Dreaming Brain*, p. 142.

ciência, trate também de anotá-los. Não há problema se o material estiver fora de ordem; você sempre poderá reordená-lo posteriormente. Mais cedo ou mais tarde você terá se lembrado de todo o episódio onírico.

Se o despertador ou alguma atividade do mundo físico interferem com o seu despertar, simplesmente use a auto-sugestão, quando estiver passando ao sono, dizendo a si mesmo para acordar meia hora mais cedo. Tenho feito isso regularmente, mas ainda me surpreendo quando acordo, olho para o relógio e vejo os ponteiros indicando o exato minuto em que eu disse a mim mesma para acordar.

Depois de praticar a auto-sugestão e alguns desses métodos de duas a três semanas, você provavelmente terá suficiente material onírico para escrever sobre ele durante toda manhã, se houver tempo disponível. É incrível como a auto-sugestão funciona!

Se falhar, no entanto, existem alguns outros métodos que você pode usar para ajudar a recuperar as lembranças dos sonhos. Por exemplo: procure lembrar-se dos acontecimentos do dia-a-dia. De vez em quando, ao longo do dia e antes de ir dormir, tente se lembrar do que você fez anteriormente nesse dia ou semana, até que a sua mente se acostume a usar a memória. Depois, quando você acordar pela manhã, tente se lembrar do que aconteceu no nível da consciência enquanto você estava dormindo. A memória é como muitas outras capacidades — quanto mais você a usa, mais ela se aprimora. Isso aplica-se às lembranças tanto da vida onírica como da vida física, com transferência da capacidade de uma para outra.

A persistência com esses métodos deve estimular a lembrança de uma quantidade cada vez maior de material onírico, até que, com o tempo, os diversos sonhos da noite possam ser lembrados com regularidade. Enquanto você estiver aumentando a sua capacidade de lembrar os sonhos, continue a tomar nota deles, ainda que sejam fragmentos; tomar nota dos sonhos ajuda a consolidá-los na realidade física e parece formar uma ponte mais palpável entre a consciência do estado de vigília e outros níveis da mente. Essa ligação cria um acesso mais fácil ao eu superior e torna possível atuar com percepção cada vez maior ao longo do *continuum* dos sonhos e dos espectros associados à consciência.

Haverá ocasiões em que você terá mais material onírico do que tempo para anotá-lo se, como a maioria das pessoas, você tiver outras responsabilidades. Esse é um claro sinal de que você conseguiu realizar a sua meta de aprimorar a recordação dos sonhos. Agora, em vez de tentar anotar todos os seus sonhos, escolha alguns que despertem o seu interesse e redija relatos detalhados, organizando-os em um diário de sonhos. À medida que a comunicação com o eu superior for melhorando, a sua mente consciente saberá quais sonhos trazem em si as mensagens mais importantes, e essas são aquelas em que você deve se concentrar.

A Interpretação de Sonhos

A segunda maior capacidade a ser dominada enquanto se aprende a aumentar a consciência ao longo do *continuum* dos sonhos é a interpretação dos sonhos. Esta pode ser aprendida à medida que a pessoa aprimora sua capacidade de recordar os sonhos, pois a melhor maneira de começar a aprender a interpretá-los é também a melhor maneira de aprender a relembrá-los: deixá-los registrados por escrito.

De alguma maneira o próprio processo de tomar nota dos sonhos pode levar naturalmente a mente em estado de vigília a perceber as introvisões oferecidas pelo mundo dos sonhos. O hábito de tomar nota dos sonhos faz com que às vezes o significado deles torne-se claro no instante em que as palavras são colocadas no papel; outras vezes, a interpretação demora mais tempo.

Contar o sonho para outra pessoa também pode surtir o mesmo efeito. Por meio da verbalização de um sonho, os significados podem tomar forma naturalmente à medida que o sonho for se tornando parte da vida física e a mente em estado de vigília for associando os elementos do sonho às preocupações da vida cotidiana. O ouvinte também pode dar uma contribuição positiva. O importante é que, uma vez que o sonho é expresso de alguma forma, ele se torna uma parte da nossa vida de vigília e um meio de alcançar o eu superior. Também devemos tomar nota dos sonhos verbalizados, de modo a poder recordá-los.

Quando você está aprendendo a interpretar os seus sonhos, mesmo o conteúdo dos sonhos que parecem tolos ou triviais devem ser registrados. Freqüentemente, um sonho que parece sem sentido ou confuso no momento em que você acorda pode revelar um significado surpreendente depois de você anotá-lo, deixá-lo de lado durante algum tempo e reler o relato a partir de uma nova perspectiva. Um diagnóstico ou uma solução para um problema pode então tornar-se claro, como se o eu superior conseguisse transmitir informações úteis — provenientes do inconsciente, subconsciente ou superconsciente — à mente consciente. Às vezes, a mente consciente parece precisar de um tempo para assimilar o simbolismo dos sonhos e convertê-lo em termos que ela possa entender. Para isso pode ser necessário um ou dois minutos, algumas horas ou muitos anos.

É gratificante quando o significado dos sonhos surge espontaneamente, porém muitas vezes, a interpretação dos sonhos requer muita reflexão. Existem diversas abordagens para se interpretar os sonhos e vários métodos podem ser usados. O eu superior de cada pessoa poderá ter símbolos peculiares e variadas formas de mensagem para chegar até a mente consciente. Esses símbolos e conceitos podem ter origem tanto na mente consciente como no eu superior. Existem três tipos de símbolos: o adquirido, o pessoal e o arquetípico.

No caso do símbolo adquirido, por exemplo, a pessoa aprende, por meio de um livro popular sobre interpretação de sonhos, que um carro pode ser símbolo do eu. Se a mente consciente aceitar esse simbolismo, o eu superior poderá gerar sonhos usando vários tipos de veículos motorizados para representar aspectos do eu, tais como um carro esporte para representar o eu irresponsável, um caminhão para representar o eu que trabalha, ou uma motocicleta para representar o eu rebelde.

Além dos símbolos adquiridos, o eu superior pode usar símbolos pessoais que já têm significados específicos para a pessoa. Pessoas, animais, objetos ou acontecimentos que adquiriram significado em situações passadas começam a simbolizar determinados tipos de emoção e comportamentos peculiares a cada pessoa. Um exemplo de símbolo pessoal pode ser a casa do avô, simbolizando o retorno a valores tradicionais.

O eu superior também usa o simbolismo arquetípico para representar idéias que se fundamentam em um pensamento universal, herdado. Isso inclui valores culturais de natureza geral e tabus tradicionais, tais como vida e morte, amor e ódio, bem e mal, amigos e inimigos, esperanças e medos. Um exemplo de um símbolo arquetípico seria o tema da morte representando a transformação.

Qualquer símbolo específico poderia enquadrar-se em uma ou mais dessas categorias. Para aprender a interpretàr símbolos oníricos, é de grande ajuda ler livros sobre interpretação de sonhos. Alguns deles estão relacionados na bibliografia; mas lembre-se de que, embora muitos dos símbolos a respeito dos quais se escreveu possam ser aplicáveis a determinado caso, cada pessoa tem um sistema peculiar e pessoal de simbolismo onírico.

É fácil aprender o significado de muitos dos símbolos que o seu eu superior usa nos sonhos. Ao analisar os seus sonhos, fique atento aos objetos e situações que aparecem com freqüência e anote-os em uma lista para acompanhar o seu desenvolvimento. Escolha um que pareça ter um significado especial e que lhe seja particularmente interessante, relaxe enquanto mantém tranqüilamente essa imagem em sua mente e atente para os pensamentos interiores, idéias, associações e sentimentos que surgem espontaneamente em sua consciência. Anote-os. Em pouco tempo, o significado desse símbolo se tornará claro. Quando isso acontecer, tome nota da definição desse símbolo específico no seu dicionário de sonhos pessoal. Faça o mesmo para outros objetos, pessoas, animais, lugares, temas e ações que aparecem em seus sonhos até ter uma lista de símbolos não-codificados com os quais o seu eu superior e sua mente consciente possam comunicar-se. Não se esqueça de que alguns símbolos podem ter mais de um significado e de que os significados podem se modificar com o tempo.

Se você deparar com um símbolo que o deixa intrigado, veja se ele se repete em seus sonhos. Todas as vezes que ele aparecer, anote o sonho em seu diário de sonhos, com um breve relato dos acontecimentos, sentimentos e preocupações de sua vida na vigília durante os dias que antecederam esses sonhos e, então, procure fazer uma associação entre as duas coisas.

Não se preocupe em saber se os significados dos símbolos de seu sonho estão certos ou errados. Tenha confiança de que, se o símbolo tem significado para você, ele estará certo. Mesmo que a sua mente consciente dê ao símbolo um significado diferente do que aquele que o eu superior pretendia nesse sonho em particular, se essa interpretação do símbolo tiver significado para você, o eu superior poderá então incorporá-lo aos sonhos futuros com a definição que você deu.

À medida que esse projeto se desenvolve, a lista dos símbolos de seus sonhos vai aumentando rapidamente, pois uma associação gera várias outras e cada uma delas estimula o surgimento de um número ainda maior, até você dispor de todo um sistema de símbolos para traduzir a linguagem dos sonhos.

À proporção que a interpretação dos sonhos se aprimora, forma-se uma ligação mais forte entre a mente consciente e o eu superior, e a mente consciente vai tornar-se mais alerta ao longo do *continuum* dos sonhos, mais familiarizada com os mundos invisíveis.

Rosalind Cartwright, uma estudiosa dos sonhos, descobriu a partir de estudos em laboratório do sono que o conjunto de sonhos de uma pessoa ao longo do ciclo sono-sonho constitui uma afirmação completa e coerente, em que cada sonho tem um significado específico; entretanto, todos os sonhos em conjunto formam um conceito intelectual mais amplo. Cada um dos sonhos explora vários aspectos de uma situação. Em geral, o presente imediato é refletido nos sonhos das primeiras fases do ciclo sono-sonho; relações com situações semelhantes do passado são encontradas em sonhos da metade do ciclo, e as idéias voltadas para o presente e para o futuro são representadas nos últimos estágios do ciclo sono-sonho.[5]

Os temas oníricos afins ou contrastantes e boa parte do material onírico dos primeiros períodos REM podem ser perdidos a não ser que todos os sonhos de um ciclo sono-sonho sejam captados imediatamente. Toda a série de sonhos que ocorre durante um ciclo sono-sonho é muito mais útil para a interpretação dos sonhos do que apenas o último ou os dois últimos, pois o grupo como um todo representa aspectos inter-relacionados de uma determinada situação.

Para reter na memória a série completa de sonhos de uma noite, pode ser muito útil usar a auto-sugestão para acordar depois de cada fase REM, durante um ciclo de sono-sonho. Ao entrar no estado hipnagógico, antes de dormir, concentre-se com a intenção de acordar e lembre-se de cada sonho tão logo ele termine. Quando você acordar e a sua mente consciente compreender um sonho, anote-o imediatamente para concretizá-lo na realidade física ou, pelo menos, escreva rapidamente algumas palavras para poder lembrar-se de todo o sonho posteriormente. Em seguida, use mais uma vez a auto-sugestão para preparar a mente consciente a fim de receber o próximo informe onírico do ciclo. Ao completar o ciclo sono-sonho e anotar todos os sonhos da forma mais detalhada possível, um tema comum a todos eles provavelmente poderá ser identificado.

Experiências realizadas em laboratório do sono demonstraram que, durante o sono, as pessoas conseguem perceber quando os seus sonhos estão ocorrendo, ou seja, temos a capacidade de manter parte de nossa consciência suficientemente alerta para perceber quando estamos sonhando e reagir a isso.[6] Portanto, com concentração e prática, é possível interceptar, por meio da auto-sugestão, todos os sonhos de um ciclo de sono-sonho antes que eles desapareçam.

---

5. Rosalind Dymond Cartwright, *Night Life: Explorations in Dreaming* (Upper Saddle River, NJ: Prentice Hall, 1977), p. 129.

6. *Idem*, p. 35.

À medida que for aprimorando a sua interpretação dos sonhos, você ficará intrigado ao descobrir que os sonhos são constituídos por simbolismos complexos com muitos níveis de significado. Um exame de conteúdo dos sonhos revelará introvisões surpreendentes relativas a diversas situações.

A compreensão dos nossos sonhos pode nos ajudar a compreender melhor as emoções confusas, e os fatores que envolvem a realização social e a consecução de metas. A consciência de si mesmo é o primeiro passo para a solução de todos os problemas pessoais e para melhorar as relações sociais. A interpretação dos sonhos pode aprofundar sensivelmente a consciência de si mesmo e indicar, de forma direta ou simbólica, aspectos de nossa personalidade evidentes para o eu superior, mas ignorados pela nossa consciência. Os sonhos podem desvendar causas não reconhecidas de conflitos emocionais e interpessoais e proporcionar soluções para problemas que se originam desses conflitos. Só quando tomarmos consciência dessas tendências destrutivas que existem dentro de nós e nas outras pessoas é que poderemos começar a modificar o nosso comportamento e a adquirir hábitos mais construtivos.

Uma das razões pelas quais os sonhos podem ser difíceis de interpretar é que eles freqüentemente mostram traços de personalidade, atitudes e comportamentos negativos, por meio de psicodramas singulares — às vezes engraçados — que revelam informações dolorosas acerca de nós mesmos e daqueles que estão à nossa volta. Se a mente consciente quiser evitar informações que ela ainda não está suficientemente madura para aceitar, usará mecanismos de defesa psicológicos para bloquear uma verdade que "dói". Embora talvez seja difícil confrontar esse sofrimento, você deve confiar no eu superior. Lembre-se de que ele compreende todas as camadas mentais e vai atuar de modo a integrálas em um todo sadio, satisfatório e funcional. A determinação da consciência em tolerar o sofrimento e crescer com isso preparará o consciente, o subconsciente, o inconsciente e o superconsciente para combinar os seus esforços no sentido de reconhecer o poder que o eu superior tem de aplacar as mágoas.

Os sonhos também mostram os nossos atributos favoráveis, os quais podem ser usados de forma positiva.

Na investigação dos sonhos, vários estudos têm mostrado que o conteúdo dos sonhos está relacionado com as preocupações da pessoa que sonha — que os sonhos proporcionam acesso direto aos temas emocionais que fundamentam vida no estado de vigília. Os sonhos refletem situações passadas e presentes e esperanças e preocupações futuras por meio de sentimentos a elas associados. Prestar atenção aos sonhos é uma maneira proveitosa de entrar em contato com o eu interior.

A interpretação dos sonhos possibilita que o eu superior exponha à percepção consciente os motivos ocultos, as necessidades e metas obscuras, os conflitos interiores que precisam ser resolvidos, os relacionamentos pessoais incompletos, que necessitam de uma conclusão, e os sentimentos e impulsos reprimidos, que encontram um escoadouro intrapsíquico seguro através dos sonhos. O nosso eu superior cria símbolos arquetípicos adquiridos e pessoais para representar essas condições psicológicas e expressá-las repetidamente em sonhos recorrentes ou temas oníricos. Essa é uma tentativa de resolver o conflito interior e de modificar a energia antes desperdiçada em desequilíbrio emocional, transformando-a em um poder psíquico que possa fluir mais livremente e ser usado para empreendimentos construtivos.

Ao interpretar os seus sonhos, fique atento a temas relacionados a traumas, experiências da infância, relacionamentos sociais e espiritualidade. Você poderá descobrir alguns tipos de comportamento habituais, atitudes inatas, ou crenças ultrapassadas que podem criar bloqueios em sua vida física e impedi-lo de alcançar as suas metas. Quando o equilíbrio psicológico for atingido, os sonhos voltados para a solução de problemas, para a inspiração criativa e os sonhos espirituais se tornarão mais freqüentes. À medida que você for se aprimorando na interpretação dos sonhos e na identificação do simbolismo, você também passará a se comunicar melhor com os níveis inconscientes de sua mente e terá uma variedade maior de sonhos do *continuum* relacionados com a consciência superior.

Se prestarmos atenção aos nossos sonhos e aprendermos a compreender seu simbolismo, poderemos ver exemplos importantes em que o eu superior proporciona soluções práticas para projetos criativos ou problemas práticos, por meio de sonhos que orientam na realização de determinadas metas ou na solução de problemas. O conteúdo dos sonhos está relacionado com a solução de um problema ou com a consecução de uma meta — seja direta ou indiretamente — e, freqüentemente, isso é feito de forma simbólica. Ao acordar de um sonho relacionado com a solução de problemas, a mente consciente tem um vislumbre típico de introvisão — o sonho pode solucionar o problema apenas de forma simbólica, mas, quando as associações corretas são feitas, a resposta torna-se clara. Os sonhos podem ser uma fonte dinâmica de introvisão, tanto para problemas práticos como de natureza intelectual, ou uma valiosa inspiração para projetos criativos. As histórias dos sonhos estão repletas de exemplos famosos de importantes descobertas, invenções e obras criativas que foram resultado de mensagens recebidas em sonhos.

Um sonho proporcionou a solução para um difícil problema de química orgânica: o químico alemão Friedrich August Kekule von Stradonitz (1829-1896) estava confuso com a estrutura química da molécula de benzeno até que sonhou com uma cobra mordendo a própria cauda. Ao acordar, percebeu o significado da cobra — em vez de ser uma cadeia linear de átomos de carbono, como os compostos orgânicos anteriormente descobertos, a molécula de benzeno existia na forma de um anel de átomos de carbono. A idéia de Stradonitz revelou-se correta e a compreensão dos anéis carbônicos deu origem a uma nova área da química orgânica, a dos compostos aromáticos. Os químicos orgânicos modernos ainda fazem distinção entre "cadeia aberta" e estrutura molecular em "anel".

O farmacologista e fisiologista norte-americano Otto Loewe (1873-1961), nascido na Alemanha, descobriu em um sonho a solução para uma experiência com o coração de rãs. Ele isolou a substância química acetilcolina do nervo vago de uma rã e usou-o para controlar os batimentos cardíacos de outra rã. Loewe usou os resultados de sua experiência clássica com rãs para formular uma teoria de transmissão química dos impulsos nervosos e, por sua descoberta, partilhou com *sir* Henry Hallett Dale o Prêmio Nobel de fisiologia e medicina de 1936.[7] Ironicamente, os estudiosos modernos dos sonhos aprenderam a induzir e a inibir, em experiências de laboratório, as respostas à acetilcolina para controlar o sono REM e o sonho para, assim, poderem estudar os processos bioquímicos que ocorrem no cérebro durante os diferentes estados de consciência.[8]

Entre os problemas científicos que, segundo afirmam, foram solucionados por sonhos estão a Teoria da Relatividade, de Albert Einstein (1879-1955), que foi simbolizada por um passeio de trenó, e a Tabela Periódica dos Elementos, de Dmitri Ivanovitch Mendeleev (1834-1907), que foi representada em um sonho pela estrutura da música de câmara.[9]

Introvisões tecnológicas também têm sido reveladas através dos sonhos de maneiras surpreendentes. Elias Howe (1819-1867), o norte-

---

7. Hobson, *The Dreaming Brain*, p. 117.
8. *Idem*, p. 119.
9. Jeremy Taylor, *Dream Work* (Ramsey, NJ: Paulist Press, 1983), p. 7.

americano que inventou a máquina de costura, teve um pesadelo em que canibais o estavam cozinhando vivo, e, para mantê-lo na panela, espetaram-no com lanças que tinham buracos nas extremidades pontiagudas. Ao acordar e pensar acerca dos buracos nas extremidades pontiagudas, solucionou o problema com o qual vinha se debatendo: como desenhar a agulha da máquina de costura.[10]

Excelentes criações artísticas também são creditadas aos sonhos. Dois escritores ingleses receberam inspiração do mundo do sonho; Samuel Taylor Coleridge (1772-1834) afirmou que recebeu os versos do poema "Kubla Khan" em um sonho, e Arthur Christopher Benson (1862-1925) disse que sonhou com todo o poema "The Phoenix". O escritor escocês Robert Louis Stevenson (1850-1894) relatou que os seus sonhos eram responsáveis por muitos dos enredos de seus livros, incluindo *O Médico e o Monstro.* O compositor italiano Giuseppe Tartini (1692-1770) descreveu um sonho que ele teve a respeito de um demônio que tocava violino, depois do qual ele acordou e escreveu a música que veio a ser "Devil's Trill Sonata".[11]

Ao que parece, os sonhos relacionados com a realização de metas ou com a solução de problemas são razoavelmente comuns; segundo um estudo feito em 1892, por Charles M. Child, um terço de sua amostra de 186 estudantes relataram ter resolvido problemas durante o sono.[12] Esse seria um bom tema para uma investigação usando métodos modernos de pesquisa.

Os sonhos podem proporcionar soluções indiretas para problemas; o conteúdo superficial de um sonho relacionado com a realização de uma meta ou com a solução de problemas pode ser esquecido tão logo ocorrer o vislumbre da introvisão, no momento do despertar. Tive um sonho desse tipo que ajudou na elaboração do tema e na organização deste livro; todavia, ao acordar e receber a súbita inspiração, esqueci-me do sonho e tudo o que permaneceu em minha mente foi um vago fragmento dele, ligado com o conhecimento de como dispor o material com o qual eu estivera trabalhando.

Um outro tipo de sonho relacionado à inspiração criativa é mais direto. Um de meus *hobbies* é a pintura a óleo, e em várias ocasiões tive

---

10. Robert L. Van de Castle, *Our Dreaming Mind* (Nova York: Ballantine Books, 1994), p. 37.

11. William C. Dement, *Some Must Watch While Some Must Sleep* (San Francisco: San Francisco Book Company, 1976), pp. 96-99.

12. *Idem,* p. 99.

sonhos nos quais visões de belas pinturas originais passaram rapidamente diante de meus "olhos". A menos que eu as esboçasse logo depois de acordar, elas se evaporavam de minha memória consciente. Dos sonhos também tenho recebido canções, poesia e desenhos de modelos de roupas. No meu caso, tudo o que preciso fazer é conservar a mente aberta e prestar atenção.

Todos os exemplos mostram que os sonhos podem proporcionar uma síntese dramática e dinâmica do subconsciente, idéias simbólicas e informações conscientes que facilitam a criatividade nos empreendimentos práticos e artísticos.

Além de aumentar a consciência de nós mesmos e contribuir para a criatividade e para a solução de problemas, a interpretação dos sonhos pode revelar faculdades extra-sensoriais. Em diversos estudos de casos de PES nos Estados Unidos, Alemanha, Grã-Bretanha e Índia, pesquisadores descobriram que até dois terços das experiências extra-sensoriais ocorreram durante os sonhos.[13]

Se você anotar e estudar cuidadosamente os seus sonhos, relacionando-os com um breve diário de vida física, poderá surpreender-se ao descobrir que muitos deles são psíquicos ou apresentam evidências de PES. Os sonhos psíquicos são geralmente de três tipos: precognitivos, clarividentes e telepáticos, mas a clariaudição e a retrocognição também podem ocorrer. Os sonhos psíquicos são provavelmente ativados pela nossa faculdade psíquica natural, ou PES, e podem ser abordados com mais facilidade quando desviamos temporariamente nossa atenção das preocupações cotidianas, tal como acontece quando estamos profundamente relaxados, nos estados hipnagógico ou hipnopômpico, ou adormecidos.

Os estudiosos dos sonhos acreditam que os sonhos precognitivos espontâneos ocorrem com maior freqüência do que os sonhos clarividentes ou telepáticos espontâneos.[14] Conquanto muitos sonhos psíquicos sejam precognitivos, a representação onírica dos acontecimentos futuros pode estar tão obscurecida pelo simbolismo, que eles parecem sonhos comuns, até que sejam estudados posteriormente. Ao reler os meus relatos pessoais de sonhos, escritos ao longo dos últimos vinte anos, fiquei admirada com a quantidade de implicações precognitivas. (Espero que alguns desses sonhos nunca se tornem realidade!) Os so-

---

13. Montague Ullman, Stanley Krippner e Allen Vaughan, *Dream Telepathy* (Nova York: Macmillan, 1973), p. 24.

14. *Idem*, p. 204.

nhos precognitivos podem representar eventos que se passarão horas, dias ou anos depois no tempo físico.

Ocasionalmente, em vez de usar uma porção de símbolos, os sonhos precognitivos mostram exatamente o que acontecerá no futuro. Em 1986, tomei nota de um sonho em que eu estava ensinando álgebra e estava apreensiva porque não tinha certeza se ainda lembrava o suficiente de matemática para dar aulas. Na época do sonho, na realidade física, eu não tinha conscientemente nenhuma intenção de ensinar matemática nem qualquer outra coisa, mas as circunstâncias levaram-me a uma mudança de carreira e, em 1990, fui contratada como professora de álgebra em uma faculdade. A apreensão levou-me a preparar-me com cuidado para desincumbir essa tarefa.

Se analisarmos cuidadosamente os sonhos que já tivemos, poderemos ver neles previsões de acontecimentos que ocorreram posteriormente, diagnóstico de causas e correções que poderiam ter sido realizadas para nos prepararmos para enfrentar os problemas, para solucioná-los ou evitá-los, ou para tirarmos proveito de oportunidades que iriam surgir. Infelizmente, que eu saiba, não existe nenhuma maneira de identificar de modo seguro um sonho como precognitivo, enquanto o evento não ocorrer na realidade física. Mesmo então não podemos ter certeza de que foi realmente uma iluminação profética ou apenas uma coincidência.

Existem, todavia, possíveis pistas para indicar que um sonho pode ser precognitivo ou, de alguma outra maneira, paranormal. Os sonhos psíquicos freqüentemente parecem ser mais nítidos e mais realistas do que os sonhos comuns, além de terem menos simbolismo. Às vezes os sonhos paranormais vêm acompanhados ou são seguidos por determinados sentimentos, tal como um forte sentimento de convicção ou de que se trata de algo importante, o que poderia indicar que se trata de um sonho paranormal. Efeitos especiais de natureza visual, auditiva ou relacionados a outros sentidos podem estar presentes nos sonhos paranormais e ausentes nos sonhos comuns, tais como luzes incomuns, sons estranhos ou sensações corporais.

Certa noite, sonhei com um amigo querido a quem eu não via nem falava fazia cerca de um ano. O sonho era iluminado por uma luz difusa e azulada, como se eu estivesse olhando através da lente de uma câmara fotográfica com filtro azul. A luz era tranqüilizadora e extraordinariamente bela. Dentro de um ou dois dias o meu amigo telefonou-me e nos encontramos; passamos a ter um pelo outro um sentimento de amor e compreensão que nenhum de nós jamais havia sentido antes. A luz azul fora uma indicação de que o sonho era precognitivo.

Muito embora os sonhos precognitivos, no momento em que ocorrem, não pareçam ter muito valor em termos de previsão do futuro, um exame retrospectivo, após a ocorrência dos fatos neles previstos, pode convencer a mente consciente de que o eu superior tem a capacidade de precognição. Acreditando nessa capacidade, a mente consciente se torna mais aberta à possibilidade de precognição e, por meio da remoção dos bloqueios que representam as limitações preconcebidas, permite que o eu superior comunique a precognição com mais eficiência.

Nos sonhos clarividentes a mente superconsciente tem acesso a informações exteriores remotas ou ocultas, relacionadas a acontecimentos e situações do presente, quer elas tenham ou não algo a ver com a nossa vida.

Um projeto de pesquisa realizado no Athens State College, em Alabama, mostrou que as pessoas podem ter sonhos clarividentes em que é revelado o conteúdo de cartas contidas em envelopes selados, colocados sob o travesseiro ou ao lado da cama. A proporção de respostas corretas estavam bem acima daquela esperada apenas por obra do acaso e melhorou a cada repetição das experiências.[15]

Os sonhos telepáticos são aqueles nos quais ocorre comunicação direta de mente para mente, sendo que o eu onírico pode ser tanto receptor como emissor. Os estudos de sonhos telepáticos em laboratório indicaram que as pessoas que acreditam na possibilidade da PES, que se sentem tranqüilas no ambiente de laboratório e que se recordam bem dos sonhos, têm maior probabilidade de receber um sonho telepático enviado por um experimentador. Em determinado estudo, 56 pessoas, em um total de 80, relataram sonhos que corresponderam às figuras-alvo escolhidas ao acaso e que foram usadas como tema de transmissões telepáticas.[16] Além do mais, as experiências com sonhos telepáticos mostraram um resultado mais positivo do que a de experiências semelhantes realizadas com pessoas em estado de vigília.[17]

Os sonhos telepáticos poderiam funcionar como um meio de comunicação entre amigos e familiares, quando o assunto, na mente do emissor, fosse por demais desagradável ou constrangedor para ser tratado abertamente durante o estado de vigília. O eu onírico mantém um distanciamento maior com relação a um problema que esteja afligindo um amigo íntimo ou uma pessoa amada e, durante o sono, está mais

---

15. Joe Slate, *Psychic Phenomena* (Jefferson, NC: McFarland, 1988), p. 89.
16. Ullman, *et al.*, *Dream Telepathy*, p. 206.
17. *Ibidem.*

aberto à recepção de mensagens telepáticas enviadas por outras pessoas. As informações transmitidas pelos sonhos telepáticos poderiam ajudar a revelar as principais preocupações e problemas enfrentados pelas pessoas que se acham ao nosso redor. O eu superior da pessoa amada talvez esteja enviando mensagens relativas a problemas delicados, como medos, frustrações, ansiedades ou problemas que não são evidentes para a consciência desperta, tais como a intolerância, a baixa auto-estima ou um comportamento vicioso. A pessoa que sonha pode também estar enviando informações telepáticas por razões parecidas.

Certa noite, sonhei que uma de minhas amigas íntimas, uma jovem atraente, estava dirigindo seu furgão por uma estrada tortuosa que costeava uma montanha. Ela jogou o carro para fora da estrada de propósito fazendo com que ele rolasse pela ribanceira. Quando a poeira assentou e o furgão parou de capotar, fiquei arrepiada, incapaz de suportar a idéia de que ela pudesse estar ferida ou morta. Então ela saiu ilesa do veículo, olhou para mim e sorriu.

Ao acordar, achei que o furgão simbolizava a situação em que se encontrava a vida dela: mãe de família, com marido e dois filhos pequenos. A estrada simbolizava a estrada da vida, na qual o seu casamento tinha altos e baixos e mudanças de rumo. Não fiquei surpresa quando, algumas semanas depois, ela telefonou e me disse que abandonara o marido e estava se divorciando. Esse sonho poderia ter tido implicações precognitivas e também telepáticas, mas, devido à natureza dessa situação específica, compreendi os motivos pelos quais minha amiga estava relutante em falar sobre os planos do divórcio até o momento apropriado.

Assim como nos sonhos precognitivos, pelo que sei não há nenhuma maneira de validar um sonho clarividente ou telepático sem comparar o conteúdo do sonho com os verdadeiros acontecimentos físicos. Esse é o paradoxo dos sonhos paranormais.

Ao continuar praticando a interpretação dos sonhos, você descobrirá numerosos exemplos de sonhos paranormais ou de sonhos que contribuem para a sua compreensão acerca de si mesmo, que fornecem inspiração criativa ou que o ajudam a solucionar problemas. A compreensão das complicadas redes de informação apresentadas nos sonhos revela um eu superior com mais sabedoria, inteligência, criatividade e mais poder psíquico do que jamais julgamos possível existir dentro de nós.

A Indução de Sonhos

Quando você tiver se tornado perito em lembrar e interpretar os sonhos, procure fazer o seguinte: em vez de esperar passivamente para receber as valiosas mensagens que eles contêm, procure induzir os sonhos ou controlar o tema dos seus sonhos antes que eles ocorram.

Dois pioneiros nessa área do estudo dos sonhos foram o cientista francês Alfred Maury (1817-1892) e seu colega, o autodidata marquês Marie Jean Leon Harvey de Saint-Denis. Tanto Maury como Saint-Denis usaram as imagens hipnagógicas para induzir sonhos. De fato, foi Maury que, em 1848, cunhou o termo "hipnagógico", com base nas palavras gregas *hypno*, significando sono, e *agagos*, significando induzir.[18] Maury estudou os efeitos — sobre as imagens hipnagógicas e sobre os sonhos — dos estímulos que precediam o sono. Saint-Denis estudou a ligação entre um sentimento emocional e uma pessoa ou idéia. Ele exercitou-se procurando manter essa emoção na consciência, quando ia dormir e durante o sono, com o propósito de induzir sonhos.[19] A importância do trabalho de Maury e de Saint-Denis está no uso do eu como objeto de estudo e no estabelecimento da ligação entre as imagens hipnagógicas e a incubação dos sonhos.

Os estudiosos dos sonhos descobriram que a contemplação de um tópico, um problema ou uma meta antes de dormir pode precipitar um sonho sobre o assunto em questão, prover a solução de um problema ou indicar idéias novas a respeito de como atingir uma determinada meta.[20] O estado hipnagógico, caracterizado por pensamentos, imagens, sons e sensações desconexos e espontâneos, é um estado de consciência em que a mente está particularmente receptiva às sugestões apresentadas pelo eu ou a uma fonte exterior. Os pesquisadores mostraram que o tema dos sonhos pode ser influenciado por sugestões apresentadas durante o estado hipnagógico.[21]

---

18. Schacter, "The Hypnagogic State: A Critical Review of the Literature": 454.

19. Hobson, *The Dreaming Brain*, pp. 32-36.

20. Para mais informações a respeito, ver as obras de Ann Faraday, *The Dream Game*; Patricia Garfield, *Creative Dreaming*; William C. Dement, *Some Must Watch While Some Must Sleep*; Rosalind Dymond Cartwright, *Night Life: Explorations in Dreaming*; Gayle Delaney, *Living Your Dreams*; Joe H. Slate, *Psychic Phenomena*; Alex Tanous e Timothy Gray, *Dreams, Symbols, and Psychic Power*; e Patricia Maybruck, *Romantic Dreams*.

21. Slate, *Psychic Phenomena*, p. 88.

Para induzir um sonho, comece por decidir, ainda no estado de vigília, que tipo de sonho você quer ter. Você pode considerar a possibilidade de tentar ter um sonho que aumente a sua compreensão acerca de si mesmo, um sonho que lhe proporcione inspiração criativa ou a solução de um problema ou, mesmo, um sonho paranormal; para começar, porém, provavelmente é melhor tentar algo simples, como sonhar com um objeto específico, como uma pessoa, um animal, um lugar ou, talvez, com uma atividade como dirigir ou nadar.

Antes de ir dormir, decida o que você quer que apareça em seu sonho e tome nota disso em seu diário de sonhos, no espaço reservado para o seu sonho seguinte. Ao entrar no estado hipnagógico, conserve essa idéia em sua mente e diga a si mesmo que você vai sonhar com isso. Repita a si mesmo que vai se lembrar do sonho ao despertar. Concentre-se no fragmento do sonho desejado enquanto você vai ficando sonolento. Quando os pensamentos se dispersarem, faça-os voltar ao tema escolhido. Continue a trazer o seu foco mental para o sonho desejado todas as vezes que as imagens se formarem em sua mente e tomarem conta de seus pensamentos. Tente transformar essas imagens hipnagógicas em algo relacionado aos temas escolhidos. Ao acordar, lembre-se do seu sonho e anote-o no seu diário de sonhos, abaixo das anotações que você fez antes de ir dormir.

As duas anotações talvez coincidam. Se isso acontecer, procure fazer alguma coisa mais complicada da próxima vez. Se as anotações forem diferentes, porém, simplesmente deixe-as de lado durante algum tempo e reveja-as posteriormente. Considere aquilo que você anotou antes de ir dormir e veja quais associações lhe vêm à mente. Tente descobrir uma relação entre a declaração feita no estado de vigília, o conteúdo dos sonhos e quaisquer das associações relacionadas. Se você descobrir uma relação anote-a depois do registro do sonho. Quer você estabeleça ou não uma relação, repita a experiência com qualquer modificação que você acredite ser necessária, da próxima vez que você for dormir. Se você continuar tentando, mais cedo ou mais tarde, você vai conseguir ter sucesso na indução dos sonhos.

Quando você tiver conseguido induzir elementos simples do sonho, você estará pronto para algo mais difícil, como a solução para um problema ou a obtenção de introvisão a respeito de uma questão pessoal. Continue a tomar nota das suas metas de indução de sonho em seu diário de sonhos.

Comece a fazer induções de sonhos mais complicadas a partir do estado de vigília, dizendo ao seu eu superior que você está aberto para comunicação através dos sonhos. Diga a si mesmo que você lembrará e compreenderá as mensagens apresentadas à sua mente consciente na forma de sonhos. Convença a si mesmo de todos os benefícios que você obterá com as mensagens provenientes de seu eu superior. Reforce essas idéias tanto durante as horas de vigília como pouco antes de dormir.

Visto que já se demonstrou a possibilidade de indução de sonhos paranormais através de sugestão hipnagógica, isso poderia ser usado para ajudar a compensar o paradoxo dos sonhos paranormais pela indução desse tipo de sonho. Para provocar sonhos paranormais, aproveite o processo de auto-sugestão e acrescente a instrução de que você vai reconhecer os elementos de seus sonhos precognitivos, clarividentes ou telepáticos. Depois de acordar, quando estiver relembrando os sonhos, tome nota de qualquer imagem ou sensação peculiares que você possa ter tido durante ou imediatamente depois do sonho. Posteriormente, quando você estiver fazendo a comparação entre os sonhos paranormais provocados e os fenômenos físicos, esteja particularmente alerta para visões, sons ou sensações associadas àqueles sonhos confirmados como paranormais. Essas indicações podem ser usadas para ajudar a distinguir sonhos paranormais de sonhos comuns.

Uma outra maneira de induzir sonhos que poderia ser benéfica é feita por meio da determinação do estado de espírito. Em um estudo da Universidade do Texas, em Austin, David Cohen e Charles Cox descobriram que, no sono precedido de *stress*, os sonhos são menos agradáveis, mais emocionantes, tinham menos a ver com o presente, eram mais simbólicos e continham mais imagens aquáticas, coisa que os médicos reconhecem como sinal de depressão.[22] Essas descobertas estão de acordo com os resultados de outras pesquisas sobre *stress* e conteúdo dos sonhos. Os psicólogos acreditam que a função dos sonhos é processar informações (incorporar informações positivas e negativas de uma forma saudável), de aumentar a criatividade e fornecer solução para problemas.[23] Em algumas condições, todavia, como sobrecarga de *stress* ou traumas reprimidos, parece possível que as funções psicológicas dos sonhos ocasionalmente caíam por terra.

---

22. David B. Cohen e Charles Cox, "Neuroticism in the Sleep Laboratory: Implications for Representational and Adaptive Properties of Dreaming", *Journal Of Abnormal Psychology* 84 (1975): 102.

23. Para obter mais detalhes sobre esse tema, os leitores devem consultar as obras de Rosalind Dymond Cartwright, *Night Life: Explorations in Dreaming* e "Affect and Dream Work from an Information Processing Point of View"; James L. Fosshage, "The Psychological Function of Dreams: A Revised Psychoanalytic Perspective"; e Henry Fiss, "An Empirial Foundation for a Self Psychology of Dreaming".

Segundo Joe H. Slate, do Athens State College, em Alabama, assim como a sugestibilidade do estado hipnagógico influencia pensamentos e sentimentos depois do despertar. Durante o estado hipnopômpico, a mente está receptiva aos elementos do sonho que podem afetar o estado de espírito emocional e o comportamento após o sono.[24] Se em virtude do *stress* ou por alguma outra razão o sonho deixa de processar de forma construtiva as informações e sentimentos negativos, a disposição de ânimo predominante num sonho poderia ter um forte impacto sobre os conteúdos dos pensamentos e tipos de sentimentos presentes no estado hipnopômpico alcançado após o término do sonho. Por meio dessa influência, o conteúdo dos sonhos pode determinar sentimentos e atitudes que a pessoa demonstra durante o estado de vigília.

Os pesadelos assombrados por personagens demoníacos, ou marcados pelo mal, por temas assustadores ou que se desenrolam com uma disposição de ânimo melancólica poderiam resultar em sensações de ansiedade e depressão no estado hipnopômpico, coisa que possivelmente influenciaria o estado emocional da pessoa no dia seguinte ao sonho. Se a disposição de ânimo negativa permanecer até o estado hipnagógico da noite de sono seguinte, mais sonhos ruins poderão ocorrer. Os sonhos que são alegres ou harmoniosos podem também afetar a disposição emocional no estado de vigília e no sono, e resulta em paz interior e otimismo.

Em virtude da sugestibilidade, as inter-relações entre o sonho, os estados hipnagógico, hipnopômpico e de vigília podem formar ciclos autoperpetuadores que exercem influências duradouras sobre os padrões emocionais. Como o nosso estado psicológico afeta nossos sonhos, e eles, por sua vez, afetam os nossos estados psicológicos, as emoções negativas, se inadequadamente processadas, podem deflagrar uma poderosa espiral descendente de mal-estar psicológico. Faz sentido procurar romper um ciclo onírico destrutivo e, com a prática, talvez seja possível fazer uso da indução de sonhos para aliviar perturbações psicológicas como ansiedades, depressão ou irritabilidade.[25]

A indução de sonhos por meio da sugestão hipnagógica pode ser usada para interromper esse ciclo, estimulando-se sonhos agradáveis. Quando, depois de um pesadelo, o estado hipnopômpico é alcançado, a sugestibilidade desse estado pode ser usada para voltar ao sonho e alterá-lo, fazendo com que ele tenha um final feliz. Esses dois métodos

24. Slate, *Psychic Phenomena*, p. 88.
25. *Idem*, p. 89.

podem ajudar a promover uma atitude saudável, tranqüila, animada, otimista e tolerante com relação à vida, e torna mais fácil o confronto com os problemas subjacentes que, no início, foram a causa da negatividade. Se as causas subjacentes são desconhecidas, a indução de sonhos poderá ser útil para delineá-las.

Nas pesquisas para descobrir maneiras de diminuir os pesadelos, Barry Krakow, M.D., e Joseph Neidhardt, M.D., descobriram evidências de que os pesadelos crônicos causam ansiedade e depressão na vida em vigília. Eles dirigiram dois estudos para determinar os efeitos de métodos de tratamento para reduzir a freqüência de pesadelos. Krakow e Neidhardt avaliaram os níveis de depressão e ansiedade dos sujeitos que participaram da experiência antes e depois do tratamento. Eles descobriram que, após uma diminuição bem-sucedida na freqüência de pesadelos, os sintomas de ansiedade e depressão diminuíram sensivelmente, muito embora as pessoas não tenham recebido nenhum outro tipo de psicoterapia para tratar a ansiedade e a depressão. Depois de vários meses, Krakow e Neidhardt aplicaram mais testes psicológicos e descobriram que as pessoas ainda apresentavam uma melhora significativa.[26]

Como é possível influenciar o estado de espírito por meio da indução de sonhos, talvez valha a pena experimentar uma abordagem semelhante para melhorar outras áreas, como o controle de peso, a concentração, a motivação, a auto-estima, a autoconfiança, ou para acabar com comportamentos viciosos. As possibilidades parecem infinitas.

A Intervenção nos Sonhos

O passo final para aprendermos a atuar de forma consciente ao longo do *continuum* de sonhos é a intervenção nos sonhos ou o controle dos sonhos enquanto eles estão ocorrendo. A intervenção nos sonhos é possível através de um estado especial de consciência chamado de sonho lúcido. Conforme vimos no Capítulo 2, um sonho lúcido é um sonho no qual a pessoa que sonha toma consciência de que aquilo que está ocorrendo é um sonho. Depois que o sonho torna-se lúcido, a pessoa que está sonhando muitas vezes consegue controlar voluntariamente o conteúdo dos sonhos.

---

26. Barry Krakow e Joseph Neidhardt, *Conquering Bad Dreams and Nightmares* (Nova York: Berkley Books, 1992), pp. 179-180.

Os sonhos lúcidos são um estranho limbo que desafia as nossas definições de vigília e sono porque, embora a pessoa sinta-se desperta e tenha a capacidade de responder ao mundo exterior, psicológica e fisiologicamente ela está sonhando durante o período de sono REM. Alcançar de fato a consciência do estado de vigília no mundo dos sonhos significa entrar em uma dimensão misteriosa de nossa vida, inimaginável para aqueles que nunca tiveram um sonho lúcido. Os sonhos lúcidos são o estado mental em que enfrentamos realmente os aspectos ocultos do nosso eu mais profundo e ampliamos nossa experiência consciente através de um salto da percepção. Ao combinarmos o eu desperto com o eu onírico, efetivamos um novo conceito do eu como um ser criativo.

Para estimular os sonhos lúcidos, experimente as técnicas de auto-sugestão semelhantes àquelas usadas para a indução de sonhos. Durante as horas de vigília, antes de ir dormir, e no estado hipnagógico, diga a si mesmo que você vai tornar-se consciente durante um sonho e que você vai manter-se assim qualquer que seja o estado de consciência em que você estiver. Repita frases de auto-sugestão como essas o maior tempo possível, enquanto você estiver passando pelo estado hipnagógico. Se necessário, tente várias mensagens hipnagógicas até encontrar uma que funcione.

Procure cultivar o hábito de ficar atento a características do mundo dos sonhos, tais como incoerências de tempo, acontecimentos e objetos. Concentre-se em atingir a percepção consciente durante os sonhos ficando atento a irregularidades recorrentes em seu mundo onírico, tais como ter uma conversa com alguém que morreu fisicamente, ou outras atividades fisicamente impossíveis. Use essas incongruências para lembrar a si mesmo que você está sonhando. Tanto na consciência do dia-a-dia como no estado hipnagógico, lembre a si mesmo quais são as irregularidades específicas de seus sonhos. Diga a si mesmo que você reconhecerá quando eles ocorrerem, que irá avaliá-los criticamente e tomar consciência de que você está sonhando.

Um dos momentos mais propícios para estimular o sonho lúcido é durante o estado hipnopômpico, imediatamente após um sonho comum. Procure permanecer relaxado e desligado do mundo exterior, pense no sonho que você acabou de ter e retorne a ele, dessa vez com a consciência de vigília intacta.

Desenvolva o hábito de analisar regularmente o seu estado consciente. Durante as horas de vigília, quando estiver relaxando, tirando uma soneca ou nos estados hipnagógico e hipnopômpico, pergunte continuamente se você está sonhando. Durante o sonho, tente lembrar-se de perguntar a si mesmo se você está sonhando.

Para estimular os sonhos lúcidos, tente integrar todos os estados de consciência. Além de tentar colocar a consciência do estado de vigília no mundo do sonho, tente colocar a consciência onírica no mundo de vigília, elaborando ou criando elementos oníricos em forma simbólica e colocando-os em seu ambiente físico, visitando um local físico que aparece nos sonhos ou representando um sonho na forma de drama. (Tenha cuidado, porém, se você tiver vizinhos bisbilhoteiros ou pessoas da casa que possam achar que você está meio maluco.)

Há muitos livros lançados recentemente sobre sonhos lúcidos, e eles trazem uma grande variedade de métodos que se mostraram úteis para alcançar esse peculiar estado de consciência.[27]

Os sonhos lúcidos têm sido um tema popular para pesquisas no final do século XX e várias descobertas importantes já foram feitas. Sugeriu-se que os sonhos lúcidos podem contribuir para a cura, para o desenvolvimento espiritual, para a diminuição do *stress*, para o bem-estar psicológico, para a criatividade, a tomada de decisões e o bom desempenho. Os sonhos lúcidos também podem ser uma forma de realizar desejos ou uma fonte de diversão.

Uma vez dominados os sonhos lúcidos, então você foi bem-sucedido em aumentar a percepção ao longo do *continuum* de sonhos, por meio de recordação, interpretação, indução e intervenção nos sonhos.

* * *

O mundo dos sonhos talvez seja um dos recursos psicológicos mais valiosos e mais negligenciados. Todos esses exemplos de diversos tipos de mensagem e de aplicação dos sonhos mostram como eles nos proporcionam um elo eficaz para a transformação das energias do mundo interior — dos sentimentos e do conhecimento subliminar — para o mundo exterior — o mundo dos relacionamentos pessoais e das formas materiais. Por meio dessa transformação podemos conquistar um maior

---

27. Para maiores informações sobre sonhos lúcidos, ver os livros de Stephen LaBerge, *Lucid Dreaming: The Power of Being Awake and Aware in Your Dreams*; Jayne Gackenback e Stephen LaBerge, orgs., *Conscious Mind, Sleeping Brain: Perspectives on Lucid Dreaming*; Jayne Gackenback e Jane Bosveld, *Control Your Dreams*; e Keith Harary e Pamela Weintraub, *Have an Out-of-Body Experience in 30 Days: The Free Flight Program*.

equilíbrio psicológico e uma compreensão mais profunda da vida física, mental, emocional e espiritual.

É possível que, em virtude de atitudes preconceituosas com relação aos sonhos e o fato de havermos aprendido cedo na vida a menosprezar os sonhos, considerando-os como vôos de imaginação sem nenhum significado, tenhamos deixado que muitas de nossas melhores oportunidades nos escapassem. Os sonhos são uma das capacidades mentais mais poderosas de que dispomos. A recordação, a interpretação, a indução e a intervenção nos sonhos — e, posteriormente as EFCs voluntárias auto-induzidas — ajudam-nos a aprender a manipular o nosso nível de percepção consciente e descobrir os potenciais ocultos existentes dentro de cada um de nós. A liberação de novos potenciais nos permite expandir as limitações e expectativas que estabelecemos para nós mesmos, proporcionando-nos maiores introvisões e um desenvolvimento mais pleno.

A capacidade de atuar ao longo de uma ampla faixa de consciência nos faz perceber uma parcela maior do conhecimento, da sabedoria e da verdade espiritual contidos no universo. Nas sociedades ocidentais, só poucas pessoas usam deliberadamente as viagens através da consciência para entrar em contato com o conhecimento e a sabedoria do eu superior com o propósito de obter equilíbrio psicológico, alívio emocional, cura, inspiração, introvisões criativas, sugestões para a solução de problemas pessoais e coletivos e PES. O aumento da percepção consciente ao longo do *continuum* de sonhos resulta no cultivo de capacidades relacionadas à concentração, observação, memória, lógica e força de vontade. À proporção que essas capacidades vão sendo aplicadas ao *continuum* de sonhos, elas se tornam maiores e mais eficazes na realidade física do estado de vigília.

A ligação entre a consciência dos sonhos e as EFCs desde há muito é conhecida na tradição esotérica, e os pesquisadores estão começando a descobrir dados que confirmam essa idéia. Estudos recentes têm mostrado relações positivas importantes entre sonhos vívidos, recordação de sonhos, análise de sonhos, sonhos lúcidos e EFCs.[28]

Só quando comecei a explorar o mundo dos sonhos é que alguns fenômenos estranhos começaram a acontecer, como se o ato de recordar, interpretar, induzir e intervir nos sonhos provocasse automaticamente o desdobramento de níveis da consciência até então inexplorados. Primeiramente, comecei a recordar um maior número de sonhos

---

28. Susan J. Blackmore, *Beyond the Body* (Londres: Heinemann, 1982), p. 116.

com um conteúdo mais detalhado, depois, o seu significado tornou-se mais claro e, dentro de pouco tempo, descobri que poderia influenciar o seu conteúdo. De repente tive minha primeira EFC consciente, na qual "acordei" em meu corpo astral, engatinhando pelo chão da minha casa. Na fase seguinte, desenvolvi a capacidade de estender os estados hipnagógico e hipnopômpico, tive sonhos lúcidos com mais freqüência e aprendi a usar os estados de consciência peculiares para deixar voluntariamente o meu corpo. À medida que minha odisséia astral prosseguia, explorei as regiões desconhecidas da mente e logo descobri que elas se acham inter-relacionadas de maneira surpreendente e formam uma rede de vias, intersecções e becos sem saída, como um labirinto da consciência.

Capítulo 4

O Labirinto da Consciência

O que é o universo (um verso)? Parte de uma canção? Uma parte de um poema? Existirão outros versos? A nossa definição de universo inclui todos os objetos físicos, excluindo a realidade não-material, ou engloba ambos os domínios?

Habitualmente, consideramos que a nossa vida física tem lugar em um universo constituído por estruturas tridimensionais de matéria e espaço, suprido com energia em várias formas e que avança através de uma seqüência temporal que segue em uma só direção. Isso é tudo o que existe?

Trilhando os caminhos da mente raramente trilhados, podemos alcançar os recessos negligenciados da mente, onde diversas realidades convergem e formam junções com janelas e portas que se abrem para mundos alternativos. Esses mundos alternativos nos proporcionam novas percepções, conceitos e experiências, nos quais a estrutura material, as leis físicas e a progressão temporal do universo, que normalmente percebemos, deixam de existir. Os estados hipnagógico e hipnopômpico são duas encruzilhadas de realidade, e a navegação através delas pode levar-nos a uma odisséia em mundos invisíveis. Com a prática, a consciência do estado de vigília pode participar desses dois estados de transição enigmáticos pelos quais todos passamos quando vamos dormir ou quando acordamos.

O Estudo dos Estados Hipnagógico e Hipnopômpico

Foram realizados estudos em que se examinaram informações obtidas a partir de EEG combinadas com medidas de movimentos de olhos por meio de eletrooculograma (EOG). Esses estudos têm mostrado que, durante o estado hipnagógico, a consciência de vigília pode permanecer intacta e manter padrões de pensamento não deturpados, contato com o mundo exterior e o conhecimento de que as imagens visuais que aparecem, chamadas de alucinações hipnagógicas, são imaginárias.[1] Pesquisadores dos fenômenos hipnagógicos descobriram que a maioria das pessoas passa por essas experiências se estiverem conscientes de sua existência e prestarem atenção a essas coisas.[2]

Muitas pessoas talvez sintam hesitação em falar a respeito de suas imagens hipnagógicas e hipnopômpicas por medo que sejam associadas a patologias mentais; todavia, as pesquisas não provaram que há uma relação entre a ocorrência de fenômenos do estado de transição e distúrbios físicos ou mentais. Ao contrário, os resultados indicam que os que têm consciência dos fenômenos hipnagógicos em geral se sentem bem e têm uma personalidade equilibrada.[3] Estudos do estado hipnopômpico levaram a conclusões semelhantes.[4]

No Capítulo 3, vimos que os estados hipnagógico e hipnopômpico são níveis de percepção consciente nos quais ocorre maior sugestibilidade, e aprendemos de que modo elas podem influenciar outros estados de consciência. Neste capítulo, veremos que esses níveis intermediários de percepção apresentam possibilidades intrigantes.

Como o estado hipnagógico tem sido objeto de estudos mais completos do que o estado hipnopômpico, descobriu-se que ele vem acompanhado de características fisiológicas distintas — relaxamento; uma freqüência e amplitude menores nos traçados de EEG, mostrando ondas teta; ocorrência de movimentos lentos de olhos; diminuição do pulso e da respiração e, possivelmente, menor atividade do músculo frontal, localizado na testa. Essas mudanças fisiológicas são acompanhadas de

---

1. Charles T. Tart, org., *Altered States of Consciousness* (Garden City, NY: Anchor Books/Doubleday, 1972), p. 88.
2. Andreas Mavromatis, *Hypnagogia* (Londres: Routledge & Kegan Paul, 1987), p. 5.
3. *Idem*, p. 7.
4. *Idem*, p. 8.

mudanças psicológicas, incluindo o retraimento, o abandono do ego, a "regressão" de processos de pensamento para uma organização mais "primitiva", e visões, sons e sensações estranhos.

A maioria das pessoas apresenta um padrão que está razoavelmente de acordo com os cinco estágios do ciclo sono-sonho, mas o estado hipnagógico é muito mais variável no que tange ao aspecto e à duração das imagens, sensações e estágios do EEG. Embora o aspecto e a duração sejam aleatórios, pode-se perceber certa ordem quanto aos tipos de fenômenos que aparecem. Eles freqüentemente começam na forma de breves vislumbres de cores ou luzes, seguidas por formas geométricas ou rostos. Surgem então alucinações oníricas e processos de pensamento que se tornam cada vez mais distorcidos e complexos, até se chegar a um ponto em que eles revertem à racionalidade. Esse fenômeno marca a entrada nos estágios mais profundos do ciclo sono-sonho.

A progressão das imagens visuais é acompanhada, psicologicamente, do conhecimento de que os fenômenos são imaginários, seguido pela incapacidade de distingui-los da realidade física e, finalmente, pela convicção de que eles são a única realidade que existe. À medida que essas mudanças psicológicas vão ocorrendo, retorna a capacidade de percepção da imagem do corpo físico. No decorrer do aparecimento das imagens iniciais, o estado hipnagógico é acompanhado pela consciência de que se está dentro da forma física, ocupando efetivamente um local físico. À proporção que se vão sucedendo as imagens, diminuem as percepções sensoriais do meio físico exterior e as sensações do corpo físico, até prevalecerem os episódios oníricos. Nesse estágio, a existência passa a ser percebida pelo corpo físico, obliterando-se a percepção da forma física deitada na cama.

Algumas pessoas nem sequer estão conscientes da existência do intervalo hipnagógico, ao passo que outras estão atentas a longos períodos de fenômenos mentais complexos e fantásticos. Quanto mais prestamos atenção às imagens hipnagógicas, maior a freqüência com que elas aparecem e mais tempo elas duram. O prolongamento do estado hipnagógico proporciona uma familiarização maior com os mundos interiores e uma oportunidade para aumentar o nosso controle e melhorar a nossa capacidade de concentração enquanto fazemos das imagens mentais o centro de nossa consciência, e assim tentar manipulá-las. Em geral, há períodos, vários meses ou semanas, em que os fenômenos hipnagógicos são abundantes, duradouros e vívidos, ao passo que, em outras fases, poderão se passar meses sem nenhum vislumbre perceptível.

É importante fazer uma distinção entre os dois tipos de imagens mentais; um tipo, causado pela imaginação, parece se originar e ocorrer dentro do cérebro, numa região situada atrás e acima dos olhos; o outro tipo, as imagens hipnagógicas, parecem manifestar-se sob as pálpebras. As imagens mentais causadas pela imaginação costumam ser mais intencionais do que as imagens hipnagógicas, as quais dão a impressão de surgir espontaneamente, vindas do lado de fora da mente.

Para investigar o que acontece no estado hipnagógico, tenho prestado atenção à minha atividade mental no início do sono. Para tanto, é necessário manter o tipo de consciência do estado de vigília durante um tempo suficientemente longo para observar subjetivamente as mudanças nos fenômenos mentais quando a mente mergulha no sono. Muito embora o ato de observar possa provocar mudanças na qualidade dos estados de consciência pelos quais passa a mente, essa é uma experiência interessante.

Para observar as mudanças que ocorrem na minha consciência, fico relaxada, em uma posição confortável, fecho os olhos, esqueço as preocupações do dia-a-dia, visualizo minha "tela mental", na parte de trás de minhas pálpebras, e presto atenção ao meu diálogo interior. Conservo uma atitude alerta porém passiva, deixo de lado o espírito crítico e aceito abertamente qualquer fenômeno que se manifeste.

Depois de observar a escuridão por um breve período — às vezes apenas por uns poucos segundos — em determinado nível de consciência entre a vigília e o sono, começo a perder o controle sobre os meus pensamentos e tenho dificuldade para concentrar minhas atividades mentais em um determinado tema. Aparecem imagens e pensamentos fugidios, aparentemente vindos de fora de minha mente e dotados de vontade própria, os quais dominam minha atenção enquanto ela se afasta do mundo físico. Aos poucos, as faculdades analíticas e críticas de minha mente se reduzem e ela aceita passivamente as imagens que surgem.

Quando a concentração é suficiente, no entanto, consigo compreender o que está acontecendo e prestar atenção aos pensamentos e imagens errantes, sem fazer com que eles desapareçam. Por exemplo: uma nuvem em movimento, cinzenta e amorfa, pode aparecer em minha tela visual interior e, então, desintegrar-se em intensas nuanças de vermelho-púrpura, azul-ferrete, verde-limão e outras cores. Todas elas podem aparecer na forma de bolhas grandes e oscilantes e assumir a forma intrincada de minúsculos diamantes, triângulos, círculos e quadrados — todos encaixando-se com perfeição para formar um desenho elaborado que, então, dissipa-se e traz de volta o vazio. A partir das profundezas da escuridão podem surgir minúsculos discos dourados giratórios e bruxuleantes, os quais, então, se destacam do fundo escuro, e desaparecem, sendo substituídos por mais bolhas coloridas. As formas são vívidas, os matizes intensos e as texturas suaves, com um ligeiro brilho. Fortes *flashes* de luz podem aparecer de forma intermitente, acabando com a escuridão ou obscurecendo outras imagens aí presentes.

Minha mente pode voltar a se ocupar de questões práticas relativas à vida cotidiana, quando o meu fluxo de consciência é interrompido bruscamente por uma visão, a qual pode ser bizarra e constituída por elementos desconexos, como um ovo quebrado, espalhando porcas, parafusos e pequenas engrenagens ao redor de si. Os meus próprios pensamentos podem ser interrompidos por um diálogo interior, sobre um tema não-relacionado, que parece provir de uma fonte exterior. Subitamente, posso sentir meu braço ou perna moverem-se bruscamente ou ter a sensação de que o meu corpo está caindo, o que faz com que todos os meus músculos contraiam-se ao mesmo tempo.

O material visual que surge diante dos meus olhos parece originar-se fora de minha consciência, além de meu controle, mas, se consigo permanecer alerta, descubro que posso manipular as formas coloridas com um esforço apenas moderado. Por exemplo, se vejo um quadro azul diante de mim, em minha tela mental, posso torná-lo vermelho simplesmente "pensando" que ele é vermelho ou, em vez disso, posso transformá-lo em um triângulo amarelo. Se permaneço distante e ouço o diálogo desenrolar-se, ele parece-me significativo, inteligente e dá-me a impressão de fazer parte de algum aspecto do meu ser; mas se penso nele, as palavras começam a fugir. Se faço um esforço concentrado para retê-las na memória e tenho sucesso na tentativa, elas parecem-me absurdas e incoerentes. É como se a minha mente consciente fosse incapaz de processar essas informações. Os espasmos e contorções involuntários, chamados de movimentos bruscos mioclônicos, são muitas vezes a última coisa de que me lembro enquanto mergulho nos estágios inconscientes do sono que precedem os sonhos REM comuns; às vezes, porém, essa atividade muscular serve para me levar de volta a um estado de vigília parcial ou total.

Se continuo prestando atenção nos meus processos mentais depois de um breve despertar, minha atenção aos assuntos do dia acaba diminuindo e os pensamentos renegados logo retornam e dominam a mente racional. Concentro-me ainda mais nas coisas que estou observando, mas, enquanto volto minha atenção para uma série de formas coloridas e abstratas, minha consciência momentaneamente se apaga. Quando ela retorna, vejo-me presa a imagens mais complexas e prolongadas. As formas abstratas podem tornar-se um bando de pássaros de histórias em quadrinhos, que esvoaçam ao meu redor, em um mundo de histórias em quadrinhos, ou, então, posso encontrar-me em uma estranha sala decorada com carpetes, cortinas e mobílias estranhas, às vezes com pessoas que parecem ter mais direito do que eu de estar ali. Subitamente, posso ver-me envolvida por uma paisagem, como uma encosta de colina batida pelo sol, com flores agitando-se à brisa ou então, sem conhecer o meu destino, ver-me dirigindo, caminhando ou flutuando em algum outro local criado pelos sonhos. Acima de tudo, diminui a minha participação como observadora de fenômenos mentais e aumenta a minha participação na ação que se desenvolve. Entro em cena, perco contato com a realidade física e continuo a ter um ciclo de sono normal.

Conforme descobriram os psicólogos, o estado hipnagógico é comumente acompanhado de fenômenos mentais espontâneos na forma de percepções visuais (visão), auditivas (sons) e cinestésicas (movimentos). Podem também aparecer sensações olfativas (cheiro), gustativas (sabor), táteis (toque), térmicas (temperatura) e somatestéticas (forma e tamanho do corpo). Tenho notado que, depois de um período de semanas ou meses de ausência de imagens hipnagógicas ou, então, no início do estado hipnagógico, as imagens podem ser vagas e indistintas, porém, posteriormente, tornam-se vívidas e brilhantes. Podem ser necessárias várias semanas de prática para se ter visões nítidas.

Os pesquisadores da atividade mental hipnagógica caracterizam-na como espontânea, penetrante, incomum, simbólica, fugaz, autônoma, variável, vívida, original, semelhante à vida real, animada, não relacionada com as experiências pessoais, desconexa, bizarra, fantástica, insólita, colorida e mutável.[5] As visões freqüentemente são claras e distintas, com detalhes sutis, contornos nítidos e cor vívida; mesmo os tons de cinza podem ser carregados. As imagens movem-se constantemente pela tela mental, mudam de forma e transformam-se em objetos diferentes. As imagens podem desaparecer e ser substituídas por imagens novas, sem nenhuma relação com as anteriores. Se mantemos um estado mental passivo, seu aspecto e variabilidade parecem autônomos, e eles parecem originar-se de fontes exteriores. Numerosos pesquisadores descobriram que as visões evoluem durante o início do sono, seguem

5. Daniel L. Schacter, "The Hypnagogic State: A Critical Review of the Literature", *Psychological Bulletin* 83 (1976): 453-475.

geralmente o padrão seqüencial de desenvolvimento que vai de simples lampejos de luz a formas geométricas, vários objetos e, depois, para fragmentos de sonhos.[6] Em qualquer etapa desse processo, as formas podem parecer abstratas ou bizarras.

As imagens visuais podem ser acompanhadas do som de pessoas correndo, buzinas, zumbidos ou de elementos auditivos de maior complexidade, como a fala ou a música.

No início do estado hipnagógico, a imaginação ocupa-se com as questões pessoais ou fica à deriva no mundo da fantasia. Depois de descer às profundezas do estado hipnagógico, os pensamentos tornam-se cada vez mais descontrolados e consistem cada vez mais em raciocínios analógicos, idéias simbólicas e representações metafóricas.[7] Recentemente, por exemplo, vi uma imagem hipnagógica de uma bela peça de joalheria — um anel com uma pedra preciosa — e as palavras "anel verdadeiro" formaram-se em minha mente. Com o tempo essas imagens e pensamentos deterioraram-se, transformando-se em associações mais abstratas. Podem aparecer verbalizações nas quais conceitos vagos formam construções gramaticamente corretas que carecem de lógica e não apresentam coerência entre sujeito, verbo e outras partes da frase, como nesta que anotei: "Nenhum brilho o colocou." Palavras absurdas, constituídas por combinações de vogais sem nenhum sentido, podem aparecer nessas sentenças ou de forma isolada.

À proporção que o estado hipnagógico se aprofunda, a orientação no espaço e no tempo torna-se mais confusa e, de quando em quando, perde-se a noção da existência física. Sem uma compreensão do tempo e do espaço, o eu também fica perdido e os limites do ego se dissolvem. A realidade interior e a exterior tornam-se uma só; realidade objetiva e subjetiva tornam-se uma só coisa. As imagens não estão mais contidas no eu; este é que está contido nas imagens.

Em um nível mais profundo do estado hipnagógico, com a consciência ainda em atividade, podem ocorrer sinestesias nas quais impressões sensoriais e imaginárias parecem ser captadas de diversas maneiras. As cores, por exemplo, podem aparecer na forma de sons, ou visões na forma de sensações. À medida que decresce o contato com o mundo físico, o corpo pode passar por alucinações cinestésicas, as quais incluem sensações de queda, de estar à deriva, dando voltas ou oscilando, ou alucinações somatestéticas, tais como a impressão de que

6. Schacter, "The Hypnagogic State", p. 60.

7. Mavromatis, *Hypnagogia*, pp. 64-65 e 160-185.

se está diminuindo de tamanho, aumentando, ou de que partes do corpo desapareceram, ou até mesmo o corpo todo.

Alguns pesquisadores atribuem os clarões e as cores geométricas do estado hipnagógico àquilo que eles chamam de fenômenos entópticos ou luzes entópticas, que são causadas por fosfenos ou por fluido intraocular e promovem a estimulação da retina. A estimulação elétrica nos olhos, causada por fosfenos, produz luz ideo-retinal na forma de visões, desenhos e tipos de luz que se assemelham muito às imagens hipnagógicas.[8] Será que essa poeira luminosa é a responsável pela formação dos sonhos?

Conquanto tenha sido objeto de menor número de estudos, o estado hipnopômpico também pode apresentar impressões sensoriais visuais, auditivas ou de outra natureza, em geral na forma de imagens oníricas persistentes de diversos tipos, mas também como outros fenômenos alucinatórios. Verbalizações efetivas ou imaginárias podem formar-se espontaneamente como poesia ou prosa, e música imaginária pode ser ouvida a partir de dentro. O material hipnopômpico pode ser rico em idéias criativas, sugestões de soluções para problemas ou avisos na forma de mensagens psíquicas.

Tanto os estados hipnagógicos como hipnopômpicos ainda requerem mais pesquisas para que tenhamos uma compreensão adequada do potencial de nossas capacidades mentais latentes sob a superfície da consciência.

A Travessia Rumo aos Domínios Invisíveis

Além de ser palco de fantasias surrealistas e de sensações anômalas, os estados hipnagógico e hipnopômpico são portas que se abrem a mundos invisíveis, domínios onde irão se desenrolar diversas aventuras na forma de experiências conscientes interiores e exteriores. Quando a consciência do estado de vigília permanece em atividade nos estados hipnagógico e hipnopômpico, podemos nos aventurar através dessas passagens, chegando a estados alternativos de consciência como a inspiração criativa, a projeção mental, a percepção extra-sensorial, a consciência dual, os sonhos lúcidos ou as EFCs, além do ciclo normal de sono-sonho e os segmentos associados do *continuum* de sonhos. Antes de passar voluntariamente através dessas passagens, porém, é neces-

8. Schacter, "The Hypnagogic State", p. 460.

sário aprender a manter o delicado equilíbrio mental entre vigília e sono.

Um método para permanecer alerta e prolongar o estado hipnagógico é sugerido por Sylvan Muldoon, um dos maiores peritos em EFCs do século XX.[9] Deite-se de costas na cama (ou em qualquer outro lugar confortável) e mantenha seu antebraço voltado para cima, equilibrado sobre o seu cotovelo. Toda vez que você passar além do estado hipnagógico, o seu braço vai cair e esse movimento irá acordá-lo, fazendo com que você se lembre de reter na memória qualquer pensamento, sentimento, visão ou idéia que você possa ter durante o estado hipnagógico. Demonstrou-se muitas vezes que esse é um método eficaz.

Mais recentemente, desenvolveram-se métodos para prolongar o estado hipnagógico por meio do treinamento de *biofeedback*. Essa técnica possibilita uma produção maior de ondas cerebrais alfa e teta e um número maior de imagens hipnagógicas. Entre outros aparelhos usados em experiências, há um anel especial com um detector inclinado, que soa quando o antebraço erguido começa a cair, e um despertador programado para tocar a cada cinco minutos, de modo que a pessoa precise permanecer alerta para, repetidas vezes, abaixar o botão que impede o relógio de tocar.[10]

Para tornar-se consciente no estado hipnopômpico, aprenda a acordar lentamente, usando, antes de ir dormir, a auto-sugestão. Logo que a consciência do estado de vigília for retomada, ponha de lado as preocupações com as questões do dia-a-dia, relaxe e deixe-se levar de volta ao sono ao mesmo tempo em que observa a experiência mental. É difícil controlar de modo eficaz o estado mental a fim de impedir que se caia no sono ou se desperte por completo, mas, uma vez obtido sucesso em uma tentativa, você saberá como fazê-lo e, na tentativa seguinte, isso lhe parecerá fácil.

Quando estiver alerta nesses estados sonolentos de semivigília, você descobrirá que, às vezes, poderá optar por passar por estados alternativos de consciência ou, então, eles poderão ocorrer espontaneamente. De qualquer forma, a irradiação da consciência iluminará os escaninhos de sua mente, que antes eram obscurecidos pelas sombras da negligência, e o caminho que conduz aos mundos invisíveis, situados mais além.

---

9. Sylvan J. Muldoon e Hereward Carrington, *The Projection of the Astral Body* (York Beach, ME: Samuel Weiser, 1977), p. 163.

10. Schacter, "The Hypnagogic State", 458-459.

A Inspiração Criativa

A inspiração criativa é uma das alternativas possíveis aos estados hipnagógico e hipnopômpico. Muitas das obras criativas e das soluções para problemas científicos e tecnológicos, analisadas no Capítulo 3, podem ter se originado do estado de consciência das fases de transição, em vez dos sonhos REM. Na literatura sobre imagens oníricas e hipnagógicas, há muita controvérsia em torno da terminologia usada; alguns autores consideram-nas uma só coisa, ao passo que outros fazem distinção entre as duas. Visto que muitas das introvisões criativas analisadas na literatura sobre os sonhos ocorreram quando os cientistas nada sabiam sobre os movimentos rápidos dos olhos e os estágios do sono, escritores e pesquisadores simplesmente referiam-se ao estado de consciência em que eles ocorreram como sendo sonhos.

Para usar os estados de transição com o propósito de ter inspiração criativa e idéias para a solução de problemas, entre no estado hipnagógico comunicando ao eu superior o trabalho a ser feito ou o problema a ser solucionado. Faça a auto-sugestão em silêncio e calmamente; fique relaxado e mantenha uma atitude passiva e receptiva. Vá dormir. Quando você começar a retomar a consciência de vigília, busque a resposta no estado hipnopômpico. Certifique-se de ter uma caneta e um bloco de notas, ou um gravador, ao alcance da mão.

A Projeção Mental

Durante os estados hipnagógico ou hipnopômpico é possível que a consciência seja projetada para longe do corpo físico, para um outro lugar ou objeto. A projeção mental é um pouco diferente das EFCs, no sentido de que a consciência parece ocupar um ponto no espaço ou um ponto em um objeto, e não uma réplica astral do corpo físico. A projeção mental pode ser uma forma de projeção astral na qual o corpo astral assume a forma de um ponto no espaço, um ponto em um objeto ou, mesmo, torna-se o próprio objeto.

A projeção mental é um dos muitos tipos de projeção que minha amiga Judi vivenciou. Eis aqui um exemplo de como isso aconteceu a ela num certo dia no final da década de 60.

Era um dia típico do começo da primavera, em Dakota do Sul. O tempo estava razoavelmente quente para a época, com uma ligeira brisa soprando ocasionalmente e a neve cobrindo intermitentemente o brilho do sol. Os flocos de neve eram grandes e deixavam-se carregar lentamente pelo vento. Eles derretiam quase que imediatamente ao atingir a superfície, formando poças de neve semiderretida no chão.

Judi saíra para fazer compras havia umas duas horas, e chegara em casa no começo da tarde. Entre suas compras estava um livro de Alan Watts. Como o tempo estava lindo, ela resolveu não entrar em casa imediatamente. Em vez disso, sentou-se no carro e ficou observando a neve cair.

Enquanto estava sentada lá, pegou o livro e começou a folheá-lo. Ela encontrou um capítulo em que Watts expressava a idéia de que devemos fluir com os nossos sentimentos, em vez de lutar contra eles. Esse trecho despertou o seu interesse e ela leu alguns parágrafos.

O conceito intrigou-a porque ela o havia praticado com muita freqüência durante um período em que estava sentindo dor física. Por ser extremamente sensível a medicamentos, Judi tinha uma reação aguda ao uso de analgésicos e, às vezes, pouco depois de tomá-los, ela apresentava algum problema. Judi evitava até mesmo o uso de medicamentos comuns, como aspirina ou injeções de Novocaína. Ela chegara à conclusão de que só tinha uma elevada tolerância à dor, mas, ao estudar as idéias de Watts relativas a fluir com os sentimentos, ela se perguntou se, por evitar os analgésicos, ela conseguia lidar com a dor física de modo diferente.

Os pensamentos de Judi levaram-na mais além, e ela achou que, como o conceito que ela vinha usando tivera sucesso no combate à dor, seria interessante experimentá-lo em outras áreas da vida. Ela sentou-se e deixou sua mente explorar as possibilidades. Fixou os olhos nos flocos de neve flutuando em direção ao solo e, depois de alguns minutos, perguntou a si mesma como seria fluir com a sensação de ser um floco de neve.

Em um instante ela estava flutuando bem alto, acima do carro, caindo lentamente e rodeada por outros flocos de neve, que caíam preguiçosamente através do ar. Ela foi carregada por suaves correntes de ar. Judi balançava-se de um lado para outro e, às vezes, flutuava para cima, sendo então levada um pouco mais para baixo.

A jornada pareceu durar um longo tempo, mas deve ter-se estendido por apenas alguns instantes. A luz do sol brilhou ao seu redor e iluminou-a e a todos os outros flocos de neve de uma forma mais vívida, como Judi nunca antes vira, enquanto todos eles caíam graciosamente. Sentiu mais prazer do que jamais experimentara antes, quando só observava a neve cair. Ela estava tomada por uma sensação de completa paz e de contentamento.

Judi olhou para baixo e, de repente, percebeu que estava a apenas cinco centímetros do chão! O pânico dominou-a, porque ela sabia que, ao atingir o chão, iria derreter e desaparecer. Imediatamente ela se viu sentada no carro, sem nenhuma lembrança da separação ou da reentrada em seu corpo, e com uma nova compreensão sobre a fugaz existência de uma cintilante configuração de cristais de gelo.

A Consciência do Estado de Transição e da Percepção Extra-Sensorial (PES)

Um outro caminho interessante que se ramifica a partir dos estados hipnagógico e hipnopômpico leva à superconsciência. A consciência do estado de transição produz condições mentais que possibilitam o funcionamento de nossas faculdades naturais de PES — precognição, retrocognição, telepatia, clarividência e clariaudição, analisados anteriormente, quando tratamos dos sonhos. A literatura que trata de estudos científicos de fenômenos paranormais e das anamneses proporciona a nós evidências de que a PES está associada aos estados hipnagógico e hipnopômpico. Para mim e para outras pessoas, com as quais falei ou sobre as quais li, basta relaxar, esquecer as preocupações mundanas, permanecer parcialmente acordado, manter uma atitude passiva e receptiva e prestar atenção. (Dito assim, isso parece muito mais fácil do que de fato é.) Quando a consciência entrou no estado hipnagógico, e depois de iniciada a "fantasmagoria" do espaço interior, um cenário realista ou alguma mensagem podem vir à luz.

Na noite de 28 de agosto de 1990, por exemplo, eu estava deitada na cama, observando os vislumbres hipnagógicos explodirem em bolhas coloridas e brilhantes, com diferentes formas e vários matizes. De repente, uma cena desastrosa surgiu espontaneamente. A cena estava em minha tela mental, sob as minhas pálpebras cerradas e reproduzida em detalhes. Tive a impressão de que uma parte de mim ficou nos limites da cena, observando, como se estivesse fisicamente presente na nova dimensão, enquanto a outra ficou na cama, observando mentalmente; conforme a visão se desenrolava, no entanto, o eu que estava na imagem era invisível ao eu que estava na cama.

Na cena, o céu da noite explodiu em chamas. Contra o brilho alaranjado delineava-se a silhueta de um imenso avião, deslizando pelo chão, movendo-se da esquerda para a direita do meu "campo de visão". Uma grande parte do avião, talvez a asa direita, quebrou-se parcialmente e deu origem a uma forma escura e mais ou menos trapezóide, à frente do restante dos destroços. Pedaços flamejantes de destroços voavam para longe a partir do avião, que era um inferno de chamas.

Meu coração bradou, "Não, não!", enquanto eu pensava nas possíveis vítimas morrendo em meio aos destroços em chamas, naquele mesmo momento, e enquanto eu observava impotente, incapaz de salvá-las nem de diminuir o seu sofrimento. Desalentada, desejei afastar-me dessa terrível cena e, de imediato, retornei plenamente à consciência de vigília, chocada com o realismo e a tragédia retratados. Fiquei acordada e tensa por um longo período, relutando em voltar para o estado hipnagógico.

Na manhã seguinte, quando liguei a televisão para assistir ao noticiário, fiquei aturdida — a mesma cena que eu testemunhara em minha visão, na noite anterior, estava sendo exibida na tela da minha televisão. Todos os detalhes eram os mesmos — o avião acidentado movendo-se da esquerda para a direita, o fogo, o pedaço separado que parecia uma asa quebrada.

O noticiário prosseguiu. Um avião de transporte da Força Aérea dos Estados Unidos acidentou-se e pegou fogo na Base Aérea de Ramstein, na Alemanha Ocidental, às 12h30, quando levava equipamentos para a Guerra do Golfo Pérsico. Havia dez vítimas fatais, cinco pessoas estavam hospitalizadas e duas desaparecidas. O avião era um cargueiro C-5, o maior avião de transporte da Força Aérea.

É difícil classificar esse caso como precognição, retrocognição, clarividência ou telepatia. Se o avião acidentou-se às 12h30 do dia 29 de agosto, horário da Alemanha Ocidental, no oeste de Dakota do Sul estaríamos no fim da tarde de 28 de agosto, pelo menos seis horas antes de eu ir para a cama. Portanto, eu visualisei o acontecimento seis horas ou mais depois de sua ocorrência, embora naquele momento eu ainda não soubesse do acidente aéreo. Se o termo clarividência é aplicado à visão paranormal de acontecimentos algumas horas depois de eles terem acontecido, isso poderia ser classificado como clarividência; todavia, um termo mais apropriado talvez seja retrocognição. Poderia também ser uma clarividência das notícias que estavam sendo transmitidas no momento em que eu tive a visão hipnagógica, precognição do momento em que eu estaria vendo o noticiário ou telepatia de alguém que tivesse visto o acidente ou a cobertura pela televisão. A PES desafia as classificações.

Os pesquisadores Daniel L. Schacter e Edward F. Kelly descobriram, em um estudo piloto realizado por eles, uma correlação positiva entre as alucinações hipnagógicas e a PES. As pessoas submetidas às experiências estavam usando um equipamento de *biofeedback* e entraram no estado hipnagógico voluntariamente. Em outra parte do edifício, um experimentador, atuando como emissor, concentrou-se em um *slide* escolhido ao acaso, enquanto as pessoas que participavam da experiência relatavam o conteúdo das imagens hipnagógicas. Analisando estatisticamente os "impactos diretos", o estudo mostrou alguns resultados significativos, que indicavam a transmissão do material visado, ao passo que as imagens hipnagógicas de um dos sujeitos apresentava "notável" semelhança com o *slide* utilizado.[11]

O estudo de Schacter e de Kelly apresenta evidências experimentais em favor da hipótese de que a PES atua no estado hipnagógico. Essa pesquisa mostra que a informação pode ser transmitida telepaticamente, de uma pessoa acordada para outra, no estado hipnagógico. Seria uma especulação tentar explicar por que motivo uma visão de um desastre aéreo, sem nenhum emissor conhecido, deveria aparecer a alguém sem um envolvimento consciente direto com quaisquer das pessoas ou dos acontecimentos relacionados ao acidente.

Na literatura sobre os sonhos, experiências semelhantes a essa são freqüentemente chamadas de sonhos psíquicos. Uma vez mais, isso poderia refletir incoerências com relação ao uso de termos associados às imagens oníricas, hipnagógicas ou hipnopômpicas. A maior parte dos sonhos psíquicos sobre os quais lemos poderia ter ocorrido no estado hipnagógico, no sono REM, no estado hipnopômpico ou em algum outro estado. A menos que a pessoa esteja em um laboratório de sono e ligado a um equipamento de monitoração e registro, tudo que podemos fazer é tecer especulações.

Na literatura sobre fenômenos paranormais, experiências como a minha visão do acidente do avião de carga freqüentemente são incluídas na mesma classificação que as viagens astrais ou EFCs. Alguns outros termos usados para nos referirmos às EFCs e a experiências semelhantes são projeção de PES, clarividência instável, telescópio psíquico

---

11. Daniel L. Schacter e Edward F. Kelly, "ESP in the Twilight Zone", *The Journal of Parapsychology* 39 (1975): 27-28.

e visão a distância, mas o uso muitas vezes é confuso e não fica claro se esses termos são usados como sinônimos de projeção astral ou EFC ou se dizem respeito à clarividência ou a algum outro tipo de PES.

Com base em minha experiência pessoal, sinto que aquilo que chamo de projeção astral ou EFC é diferente de minha PES do estado de transição, como no caso do acidente aéreo. Pouco antes de visualizar o acidente, eu tinha consciência de estar deitada na cama, no estado hipnagógico, prestando atenção às minhas imagens mentais. A cena do acidente apareceu espontaneamente na tela de minha mente, sob minhas pálpebras, enquanto eu ainda sentia estar deitada na cama, em meu corpo físico. Um instante depois, porém, o meu "eu interior" fundiu-se durante um breve instante com a cena do acidente, consciente de que uma outra parte do meu ser, agora distante, estava deitada na cama. O eu interior que entrou na visão fez isso instantaneamente, mais como um ajuste do foco mental, sem, no entanto, deixar de fato o corpo físico, embora eu tivesse percebido uma ligeira sensação de estar fora do corpo. Quando quis estar longe dos destroços em chamas, a parte de meu ser que entrara *mentalmente* na visão surgiu de novo junto ao eu que estava deitado na cama, e a visão desapareceu.

O tipo de experiência no qual testemunhei a visão do acidente aéreo talvez seja uma forma de EFC, mas, para fazer uma distinção entre isso e o que em geral sinto durante as EFCs, chamo o primeiro tipo de experiência de PES do estado de transição.

A experiência subjetiva é diferente quando tenho uma EFC "normal" — um dos outros estados de consciência possíveis a partir dos estados hipnagógico e hipnopômpico. Nas fases iniciais de uma EFC normal, tenho freqüentemente imagens nítidas e a sensação de separar-me de meu corpo físico, em um corpo subliminar, e de viajar para um local distante. Se olho, posso de fato ver minha forma astral sair de seu confinamento físico, e posso sentir o movimento desse duplo quase-material ao afastar-se, como se eu estivesse dentro dele. Às vezes, porém, simplesmente saio da cama, deixando minha forma física para trás, e afasto-me em meu corpo astral; em outras ocasiões, posso flutuar, ou sair de súbito do meu corpo, sem notar o processo de separação, mas tendo consciência de que me afasto do lugar onde estava o corpo físico e viajo para um outro lugar.

Na maior parte do tempo, durante uma EFC normal, toda a minha consciência fica no duplo astral, depois de separar-me da forma física e afastar-me dela; vejo, toco e ouço o "mundo" apenas a partir do lugar onde se encontra o duplo astral, e usando apenas os sentidos dele. Durante uma EFC, a impressão mais comum é a de que o meu corpo físico está na cama, em algum lugar, e não a de que estou nesse corpo físico enquanto faço a projeção. Uma exceção ocorre durante o curioso estado que chamamos de consciência dual.

A Consciência Dual

Quando os meus sentidos e consciência "deixam" o corpo físico e usam o "fantasma astral" como um veículo para observar o "plano astral" e interagir com ele, geralmente tenho por certo que o meu corpo físico é inconsciente porque, nos estudos de casos de EFCs, a pessoa exteriorizada freqüentemente olha para a forma física e vê que ela está inconsciente. Na maioria das vezes, durante as minhas EFCs, não sei qual é a perspectiva da forma física. Em outras ocasiões, porém, particularmente se o duplo astral se encontra próximo da forma física, posso passar a ter uma consciência dual ou a sensação de ter a consciência de ambos os corpos ao mesmo tempo. Isso pode ocorrer de diversas maneiras.

Durante um tipo de consciência dual, os sentidos do corpo físico e do corpo astral parecem funcionar simultaneamente, com informações que chegam ao mesmo tempo na mente a partir dos sentidos desses dois corpos. Tem-se a impressão de que a mente está em dois lugares ao mesmo tempo.

Durante um episódio de consciência dual, por exemplo, o meu corpo físico estava na cama, deitado de costas, e o meu corpo astral estava flutuando centímetros acima dele, também de costas. Os meus olhos físicos captaram a visão de minha forma astral por trás, ao mesmo tempo que os meus olhos astrais viam o teto. Os meus olhos físicos talvez estivessem abertos ou fechados — eu não sei. É difícil descrever essa condição em que uma mente interpreta informações que vêm de dois corpos, com a consciência existindo em dois lugares ao mesmo tempo, mas é isso o que muitos viajantes astrais dizem acontecer durante suas EFCs, e eu já tive a experiência desse intrigante fenômeno diversas vezes.

Durante um outro tipo de consciência dual, a impressão que se tem é a que a mente está só em um lugar — o local onde se encontra o corpo físico — porém, percebendo os dois lugares ao mesmo tempo. Isso pode ocorrer durante a volta para a forma física, depois de um retorno instantâneo a partir de uma jornada astral. Uma volta instantânea é aquela em que não há nenhuma sensação de movimento quando se sai do lugar em que está o corpo astral para regressar ao lugar onde está o corpo físico; em determinado momento, o corpo astral está no ambiente astral e, no seguinte, já está junto ao corpo físico. Quando a forma astral está fundindo-se com sua forma física, é possível ver tanto o ambiente astral, que era percebido no instante anterior, quanto o ambiente físico ao redor do corpo. As duas dimensões permanecem superpostas por um breve período antes de o corpo astral desaparecer aos poucos e de o corpo físico voltar a dominar a consciência.

Certa vez, quando tive a experiência desse tipo de consciência dual, eu estava em pé, na minha forma astral, na sala de estar de minha casa, olhando para uma penteadeira em outro local, a qual, na realidade física, estava de fato em meu quarto. Subitamente, em vez de estar ereta, sentindo o chão sob os meus pés, senti o colchão sustentando o meu corpo reclinado, mas ainda podia ver a penteadeira na sala de estar. O retorno instantâneo me fez receber simultaneamente dois conjuntos de estímulos — o colchão, sentido pela minha forma física, e a penteadeira fora do lugar, observada pela minha forma astral. Enquanto eu observava, a sala de estar desapareceu gradualmente e o quarto em torno da penteadeira, entrou em meu campo de visão. Vi-me de volta em meu corpo físico, acordada, tentando determinar o exato momento em que os meus olhos físicos tinham-se aberto.

Esse estado de consciência dual que ocorre quando o corpo astral se junta ao físico, do ponto de vista subjetivo, é como se a consciência estivesse em um lugar — o lugar onde se encontra o corpo físico — enquanto percebe temporariamente dois mundos, o astral e o físico.

A única maneira de compreender plenamente a consciência dual é passando por essa experiência.

Existem diversas explicações plausíveis para a consciência dual. De acordo com a teoria clássica da projeção astral, um fio prateado liga o espectro projetado ao corpo físico, e por mais longe que vá o corpo astral, o fio prateado permanece intacto, esticando-se até tornar-se tão delgado como uma linha fina.

O fio prateado tem, supostamente, o propósito de manter a forma orgânica viva através dessa ligação vital com a essência espiritual contida no corpo astral, quando ele é projetado para algum outro lugar. A comunicação entre o corpo astral e o corpo físico é feita por meio do fio prateado. Se, durante uma jornada astral, a ligação se romper, o corpo físico deverá morrer. Em circunstâncias normais, as formas astral e física permanecem ligadas até a separação final, na morte.

É possível que, às vezes, possa haver momentaneamente um cruzamento de informações trocadas ao longo do fio que une os dois corpos. As mensagens poderiam ser misturadas ou filtradas, havendo separação entre os dois conjuntos de sentidos. Teoricamente, é possível que visões, sons e sensações detectados pela forma astral possam ser transportados pelo fio até o cérebro físico, dando a impressão de consciência dual, ou as percepções da perspectiva física poderiam percorrer o caminho através do fio e chegar até a mente projetada.

Talvez esses cruzamentos sejam intencionais — eles poderiam ter um propósito. Alguns praticantes de viagens astrais afirmam que conservaram a consciência em ambos os corpos, estando aptos a realizar as atividades comuns no corpo físico enquanto o corpo astral estava fora, viajando por algum local distante.[12] Durante esse tipo de projeção, a pessoa que se projeta pode descrever, através do corpo físico, aquilo que o corpo astral está vendo ou experienciando. Talvez esses praticantes da projeção astral tenham aprendido a coordenar os dois sistemas sensoriais e a ligação existente entre eles com o propósito de preencher essa função.

Uma outra explicação plausível para a consciência dual poderia ser a de que o cérebro orgânico está automaticamente condicionado a processar informações da mente, as quais podem ser encaradas como a energia mental que mantém o cérebro ativo. Quando a mente está apenas parcialmente no corpo físico, com uma outra parte na forma astral, e percebe informações provenientes de locais longe do cérebro, este pode transmiti-las, como de hábito, a partir de seu próprio ponto de vista, dando assim a impressão de haver uma consciência dual.

Uma outra hipótese é a de que a consciência dual seja uma ilusão. Durante a transferência de uma forma para outra, quando a separação ou reunião forem incompletas, ou quando o duplo astral estiver perto do corpo físico, é razoável supor que a consciência tenha dificuldade em permanecer em apenas uma das formas. Talvez ela oscile entre o corpo físico e o corpo astral com tanta rapidez que pareça estar em dois lugares ao mesmo tempo.

As alucinações hipnagógicas e hipnopômpicas, a introvisão inspiradora, a projeção mental, a PES do estado de transição, as EFCs e a

---

12. Para obter mais informações sobre consciência dual, ver Eileen Garrett, *My Life as a Search for the Meaning of Mediumship*; Ingo Swann, *To Kiss the Earth Good-bye*; Emanuel Swedenborg, *The Spiritual Diary*; Alex Tanous e Timothy Gray, *Dreams, Symbols, and Psychic Power*; e Stewart Edward White, *The Betty Book*.

consciência dual apresentam problemas com relação à definição e à classificação. Pesquisas no campo da parapsicologia que remontam ao século XIX descobriram evidências de que o estado hipnagógico é receptivo ao funcionamento da PES,[13] mas parece haver uma série complexa de fenômenos mentais que podem ser atingidos a partir das vias pouco usadas da consciência durante os estados de entorpecimento, entre a vigília e o sono. A projeção mental, a PES do estado de transição e as EFCs têm muitas características em comum, mas também apresentam muitas diferenças entre si. Os sonhos psíquicos e a PES do estado de transição podem ou não ser a mesma coisa, e ninguém sabe com certeza se há uma diferença entre as imagens hipnagógicas e os sonhos REM comuns. Poucos cientistas tentaram explicar a consciência dual. É necessário que se faça mais pesquisas para determinar onde termina a clarividência e onde começa a projeção astral ou mental, em que ponto a realidade dá lugar aos sonhos e o que — se é que existe algo — difere um sonho das alucinações hipnagógicas e hipnopômpicas. O nosso cérebro terá de criar uma linguagem mais sofisticada para que possa compreender os conceitos de suas próprias capacidades.

Os Sonhos Lúcidos

Para complicar um pouco mais as coisas, os estados hipnagógico e hipnopômpico apresentam passagens que se abrem para uma outra estranha dimensão de consciência, os sonhos lúcidos, que apenas recentemente começaram a ser estudados em profundidade pelos pesquisadores. Os sonhos lúcidos parecem ter aplicações práticas que vão desde a melhora da saúde física e mental até o aumento das capacidades relacionadas ao desempenho profissional ou às atividades recreativas. Um sonho lúcido também pode evoluir direta ou indiretamente para uma EFC. Conforme mostram diversos estudos citados por Harvey J. Irwin, há uma relação positiva, estatisticamente significativa, entre a ocorrência de sonhos lúcidos e de EFCs. Isso significa que pessoas com tendências para ter sonhos lúcidos têm maior probabilidade de vivenciar EFCs do que as que não as têm.[14] As fontes de informações eso-

---

13. Schacter, "The Hypnagogic State", p. 469.

14. H. J. Irwin, *Flight of Mind: A Psychological Study of the Out-of-Body Experience* (Metuchen, NJ: Scarecrow Press, 1985), p. 204.

téricas há muito vêm defendendo a existência de uma ligação entre os sonhos lúcidos e as EFCs.[15]

Pode-se chegar aos sonhos lúcidos a partir de diversos estados de consciência: o estado hipnagógico, um sonho comum ou o estado hipnopômpico. Uma EFC pode também reverter a um estado mental com elementos parecidos com os dos sonhos e assemelhar-se a um sonho lúcido. Falso despertar, sonhos dentro de sonhos e alguns outros tipos de sonhos menos comuns podem atingir o terreno da lucidez.

Para chegar a um sonho lúcido a partir do estado hipnagógico, preste o máximo de atenção à sua consciência enquanto permanece acordado. Você talvez veja as suas imagens hipnagógicas formarem um sonho e englobarem parte de sua consciência, ao passo que a outra parte fica só observando. Experiências nas quais o sujeito fala continuamente em um gravador enquanto mergulha cada vez mais fundo no estado hipnagógico conseguiram induzir a percepção do processo de formação de sonhos a partir de imagens semelhantes a sonhos. Se se trata ou não de sonhos "reais", idênticos aos sonhos REM, isso é controvertido pois, como dissemos antes, não foi determinado se as imagens hipnagógicas são imagens oníricas.[16] Ademais, o ato de verbalizar pode alterar qualitativamente o estado hipnagógico, transformando-o em um outro estado de consciência, diferente e indefinido. Uma outra maneira de induzir sonhos lúcidos a partir do estado hipnagógico é através da auto-sugestão, conforme foi descrito no Capítulo 3.

Os sonhos comuns são um outro estado de consciência a partir do qual pode-se chegar aos sonhos lúcidos. Os sonhos comuns podem tornar-se lúcidos espontaneamente, ou podem ser transformados em sonhos lúcidos observando-se a ocorrência de coisas incongruentes e reconhecendo-as no conteúdo dos sonhos.

O estado hipnopômpico também nos proporciona uma oportunidade para entrarmos em um sonho lúcido. Ao transferir a consciência de um sonho comum REM para a realidade física, desperte o mais lentamente possível. No instante em que a consciência estiver chegando na realidade física, relaxe e tente voltar para o sonho anterior e prolongá-lo, aproveitando-se do fato de você saber que se trata de um sonho.

---

15. Os livros seguintes são úteis para se obter mais informações sobre esse tema: Oliver Fox, *Astral Projection: A Record of Out-of-the-Body Experiences*; Sylvan Muldoon e Hereward Carrington, *The Projection of the Astral Body*, e Ophiel, *The Art and Practice of Astral Projection*.

16. Tart, *Altered States of Consciousness*, p. 105.

O salto para um sonho lúcido a partir desses três estados de consciência requer prática e concentração para mantê-los intactos. Durante um sonho lúcido, é possível observá-lo enriquecer a experiência consciente, controlá-lo para satisfazer uma meta ou usá-lo para ter a experiência de uma projeção astral.

Assim como os estados hipnagógico e hipnopômpico, os sonhos lúcidos também servem como uma passagem mental que conduz ao plano astral. A partir dos sonhos lúcidos é razoavelmente fácil ter uma EFC, seja saindo do ambiente dos sonhos e entrando diretamente no ambiente de uma EFC, seja passando do sonho lúcido para o estado hipnopômpico e, então, para o ambiente das EFCs. Qualquer das maneiras pode ocorrer de forma espontânea ou, com a prática, deliberadamente. Quer isso aconteça de forma direta ou indireta, espontânea ou deliberada, quando um sonho REM comum torna-se lúcido e se transforma em uma EFC, a consciência passa por uma clara mudança, semelhante à que ocorre quando passamos do sonho comum para a vigília física.

De acordo com a minha experiência, quando um sonho lúcido evolui diretamente para uma EFC, tenho a impressão de que, no momento em que percebo subitamente que estou sonhando, simplesmente passo do ambiente dos sonhos para o ambiente astral. Na maioria das vezes em que isso acontece, o ambiente dos sonhos aparece na forma do interior da minha casa, com o meu corpo onírico estando a cerca de seis metros de meu corpo físico. Essas EFCs iniciam-se a partir do local onde está o corpo onírico.

Às vezes, quando um sonho lúcido evolui diretamente para uma EFC, o ambiente onírico desaparece depois que o sonho torna-se lúcido e tomo consciência do meu corpo físico no estado hipnopômpico; freqüentemente, sinto que o meu corpo está vibrando e, algumas vezes, há ruídos de buzina e trânsito em minha cabeça. A partir desse estado é possível deixar o meu corpo físico, muitas vezes consciente da separação, e vaguear pelo "plano astral" na forma astral.

As Experiências Fora do Corpo (EFCs)

Embora existam outros, as sessões anteriores indicam a existência de três estados de consciência a partir dos quais as EFCs são possíveis: o estado hipnagógico, os sonhos lúcidos e o estado hipnopômpico.

Mesmo sem um sonho lúcido, o estado hipnopômpico pode conduzir a uma EFC. É necessário prolongar o processo de despertar e, ao mesmo tempo, impedir a volta ao sono. Se a tentativa de permanecer no estado hipnopômpico for bem-sucedida, vários métodos para deixar o corpo podem resultar em uma EFC. Da mesma forma, é possível induzir EFCs prolongando o estado hipnagógico e mantendo-se consciente nele.

As EFCs também são possíveis a partir do estado de vigília. É raro uma EFC ocorrer espontaneamente, sob as condições normais de vigília, mas, veja o que aconteceu a Sue, uma amiga pela qual tenho particular apreço.

Sue e Bob foram amigos íntimos durante 25 anos — íntimos o bastante para se considerarem "almas gêmeas". Em 1976, Sue estava morando em Colorado Springs, enquanto Bob morava em West Burlington, Iowa. Apesar do forte laço que existia entre eles, fazia um ano que não tinham nenhum contato, seja na forma de visitas, telefonemas ou cartas.

Bob tinha acabado de se mudar para West Burlington, proveniente de Jacksonville, Flórida, e estava morando com uma mulher e a filha dela, quando telefonou para Sue. Com voz perceptivelmente perturbada, ele disse: "Preciso falar com você"; e, então, subitamente, "Sinto muito, preciso ir. Volto a ligar", e em seguida desligou. Pelo tom da voz de Bob, Sue achou que havia algum problema grave. Ela esperou a noite toda por sua ligação, mas o telefone não tocou.

No dia seguinte, Sue estava ainda mais preocupada; era quase meio-dia e ela ainda esperava o telefonema de Bob. Então resolveu dar uma caminhada em um parque das proximidades.

O dia estava frio e claro. Sue sentou-se em um balanço, passou o braço em torno das correntes e apertou as mãos diante do seu peito. Imóvel, sentada em silêncio sobre o velho assento de madeira do balanço, ela olhava para o *playground* rodeado de árvores. Ela pensou em Bob e resolveu usar o poder do pensamento positivo. Concentrou-se o mais que pode, na esperança de que ele fosse lhe telefonar em breve.

Depois de alguns minutos, Sue pensou que estivesse sonhando. De repente, ela estava num lugar onde nunca estivera antes, a farmácia onde Bob trabalhava. Lá estava ele, com seu *blazer* branco, de pé atrás do balcão. Sue reparou em sua gravata azul e na plaquinha em latão onde estava inscrito o nome dele. Ela também percebeu que havia outra funcionária trabalhando perto dele.

Quando Bob estava trabalhando, ele olhou diretamente para Sue e disse: "Vou ligar para você entre 5h00 e 5h30." Um instante depois Sue estava de volta ao balanço — no ar e movendo-se para a frente, com os pés fora do chão! Ela ficou tão assustada que quase caiu do balanço!

Sue foi para casa e sentou-se diante do telefone. Entre 4h00 e 4h30 (hora legal do terceiro fuso horário dos Estados Unidos), o telefone tocou. Era Bob. (Ele estava na hora legal do segundo fuso horário, ou seja, entre 5h00 e 5h30).

Bob disse saber que ela estava preocupada e desculpou-se pelo modo como havia encerrado o telefonema anterior. Então ele mencionou que, quando estava trabalhando, havia dito em voz alta: "Vou ligar para você entre 5h00 e 5h30." A outra funcionária, que estava trabalhando com ele, perguntou: "O quê?" Bob, sem ter percebido que havia falado em voz alta, retrucou: "Por que o quê?" Intrigada, a funcionária perguntou: "Por que você vai telefonar para mim entre 5h00 e 5h30?" "Hein!?", respondeu Bob.

Quando Sue ouviu isso, percebeu que de fato ela havia ido à farmácia, na forma astral. Quando contou a Bob sua experiência, ele confirmou que nesse momento estivera usando uma gravata azul e um crachá em latão. Conforme ela observou posteriormente, ao contar-me sua viagem astral: "Fiquei assustada quando isso aconteceu; pensei que tinha dormido!"

Embora Sue e Bob ainda conversem sobre sua estranha experiência com as misteriosas forças astrais, Sue nunca tentou fazer outra viagem fora do corpo.

As EFCs em estado de vigília ocorrem com maior freqüência por ocasião de uma grande surpresa ou de perigo iminente, como um acidente que possa causar ferimentos sérios. Por exemplo: uma jovem recentemente contou-me que deixara o corpo quando envolveu-se em um acidente de carro. Um instante antes do impacto ela projetou-se de seu corpo físico e passou à forma astral, ficando em um ponto situado acima do local do acidente. Embora seu acompanhante, que também estivera envolvido no acidente, tivesse comentado com ela, posteriormente, sobre o ruído impressionante de metal sendo amassado e vidro sendo quebrado, ela não ouvira nada. Um instante depois do acidente, ela voltou ao seu corpo físico, no lado de dentro do veículo destroçado e, miraculosamente, tanto ela como seu acompanhante saíram andando, sem ferimentos.

Algumas pessoas têm menos sorte e deixam o corpo após doenças ou ferimentos sérios, ou durante uma cirurgia, naquilo que ficou conhecido como Experiências de Quase-Morte (EQMs). O meu bom amigo Ross morreu dois anos antes de eu ser apresentada a ele.

Isso aconteceu em Dallas, Texas, na noite de 17 de agosto de 1990. Ross estava saindo de um restaurante com uma amiga, Cindy, quando foi atacado e espancado com uma barra de ferro por dois maníacos sob o efeito de drogas. Os paramédicos, ao chegarem, telefonaram para a Unidade de Trauma do Hospital Metodista e disseram-lhes para preparar um saco para colocar corpos, pois o sujeito estava morto. Um paramédico disse aos ajudantes para colocar Ross no veículo e levaram-no para a Unidade de Trauma do Hospital Metodista, onde são feitas as autópsias para investigações criminais.

Enquanto o corpo de Ross estava na Unidade de Serviço Médico de Emergência, diante do restaurante, Ross viu tudo como se estivesse em um ponto elevado, mais ou menos no nível do teto do restaurante.

Então, em algum lugar, ele não sabe quando nem por quê, "Foi como se, de repente, o 'filme queimasse', como acontece quando a película queima durante a exibição de um filme e a imagem se dissolve numa luz branca. Nada havia nessa brancura; nem corpos, nem pessoas, nada, no branco mais puro que já vi."

A luz branca aumentou até abarcar todas as coisas. Dentro dela, Ross encontrou uma paz que hoje não consegue explicar e nessa ocasião não conseguiu entender. Todas as coisas que na concepção dele representam paz e amor aconteceram naqueles poucos momentos em que ele estava envolvido naquela luz branca.

O fato seguinte de que Ross se lembra foi alguém dizendo: "Temos de dar pontos na cabeça dele." Ross odiou esse momento — quando passou daquela bem-aventurança à dor que seu corpo estava sofrendo. Ele preferia ter morrido e ficado no outro plano. De repente, ouviu alguém dizer: "Bem, ele mantém os sinais vitais. Vamos acabar de dar os pontos e depois o dr. Moody quer que o levemos para a câmara hiperbárica." Ross pensou: "Usufruir a sensação de bem-estar naquele mundo branco era muito melhor do que estar aqui."

Os assaltantes que o espancaram foram presos e acusados de assassinato.

Quando trouxeram Ross, o médico encarregado da Unidade de Trauma do Hospital Metodista não estava de plantão. Felizmente, por uma singularidade do destino, seu substituto era um neurocirurgião. Este, o dr. James Moody, deu imediatamente ordens para que ele fosse levado a uma câmara hiperbárica no terceiro andar, a qual seria ajustada para pressão máxima. Foi também aplicado em Ross um medicamento novo para reduzir a inflamação e o edema cerebral. O médico que entrou para ajudar o dr. Moody disse que nunca teria considerado esse tratamento; ele teria simplesmente pedido o saco para cadáveres.

Se o médico normalmente escalado estivesse de plantão naquela noite, Ross com certeza teria ido para o saco de cadáveres. Como um neurocirurgião estava presente e tomou as providências necessárias, a despeito do prognóstico sombrio, Ross está hoje vivo e andando. Muitos de nós certamente estamos felizes com esse desfecho.

As acusações de assassinato contra os agressores foram reduzidas para assalto com agravantes.

Eis alguns exemplos de outras circunstâncias nas quais as EFCs poderiam ocorrer: quando se está sob o efeito de anestesia, durante o parto, ou em estado de coma. Transe, meditação, hipnose e vários estados provocados por drogas podem ser incluídos. Alguns desses casos podem ser psicológica e fisiologicamente idênticos aos estados hipnagógico e hipnopômpico.

Há muitos tipos diferentes de EFCs. Elas podem surgir a partir do estado hipnagógico, do hipnopômpico, de um sonho lúcido ou de algum outro estado mental. As EFCs parecem existir ao longo de um *continuum*, uma parte da percepção consciente semelhante ao *continuum* de sonhos — as EFCs inconscientes estão em um extremo do *continuum*, as EFCs mescladas com conteúdos de sonhos na parte mediana e, no outro extremo, as EFCs totalmente conscientes.

No extremo mais próximo da consciência do estado de vigília estão as EFCs plenamente conscientes, nas quais a pessoa que está se projetando conserva todas as suas faculdades mentais ao entrar no mundo astral. Este pode ser um mundo semelhante ao mundo físico, livre de distorção, ou um mundo mais elevado, no qual a superconsciência é possível. Tenho EFCs tão realistas nessa extremidade do *continuum*, que às vezes acho que estou de fato agindo fisicamente, no mundo físico, até que fenômenos paranormais como flutuar no ar ou atravessar paredes me convençam do contrário.

No estágio intermediário, perto do extremo plenamente consciente, estão as EFCs nas quais o mundo astral é semelhante à realidade física, com pequenas distorções. Mais adiante, no *continuum*, estão as EFCs que são uma fusão do mundo astral e do mundo dos sonhos. Depois disso, o ambiente da EFC torna-se cada vez mais distorcido, até transformar-se em um ambiente onírico semelhante à realidade física, o qual, à medida que nos aproximamos do outro extremo do *continuum*, torna-se sempre mais bizarro até beirar o absurdo.

Ao longo do *continuum* das EFCs pode haver pontos em que estas se ligam a diferentes tipos de sonhos, ao longo do *continuum* de sonhos. A partir das EFCs plenamente conscientes, tenho passado ao ponto intermediário do *continuum* e visto mundos oníricos se sobreporem ao mundo astral. Ao entrar neles, cruzando a linha entre o ambiente de EFC e um ambiente onírico, sinto uma nítida mudança de consciência, tão nítida quanto a que ocorre quando passamos da vigília plena para a consciência onírica. Em outras ocasiões, nas quais passei pela encruzilhada desses dois *continuuns*, fiquei tão confusa, que não poderia determinar se a experiência era um sonho ou uma EFC.

Ao longo das ramificações que fazem a ligação entre o *continuum* de EFC e o *continuum* dos sonhos, mais próximo porém do *continuum* de sonhos, pode haver sonhos de que se está tendo uma EFC. Comecei a ter esses sonhos de quando em quando depois que comecei a ter EFCs conscientes. Os sonhos sobre EFCs em geral apresentam momentos de lucidez e podem ou não evoluir para EFCs reais.

Pode ser que algumas EFCs estejam tão distantes da consciência de vigília, que delas permaneçam apenas vagas lembranças, e que estas sejam incorporadas aos sonhos. É também possível que algumas experiências semelhantes a projeções sejam apenas sonhos com imagens oníricas cujo tema sejam as EFCs.

No extremo oposto do *continuum* de EFC estão as EFCs inconscientes, das quais a pessoa não tem lembrança consciente nem a percepção de estar fora do corpo. As EFCs poderiam ainda ser classificadas em espontâneas ou induzidas, e as EFCs induzidas poderiam ser subdivididas em induzidas pela própria pessoa e induzidas por fatores externos, como um procedimento experimental ou uma droga.

Assim, as EFCs inconscientes podem ser espontâneas ou induzidas. Algumas pessoas acreditam que as EFCs espontâneas inconscientes sejam uma ocorrência normal e regular. Muitos autores afirmam que durante o sono todos nós nos projetamos do corpo físico para a forma astral, embora raramente tenhamos consciência disso. Conquanto essa afirmação pareça plausível, nunca li nem ouvi dizer que isso tenha sido comprovado cientificamente.

A literatura sobre projeção astral apresenta exemplos de EFCs inconscientes, induzidas ou espontâneas, nas quais uma outra pessoa, na consciência física de vigília, vê a outra aparecer na forma astral. A pessoa que faz a projeção deixa o corpo físico e viaja, na forma astral, para um outro lugar, onde um amigo, um conhecido ou mesmo uma pessoa estranha, sente a presença de sua aparição. As EFCs inconscientes espontâneas ocorrem quando a pessoa que — de forma não-intencional

— faz a projeção aparece para outra e não tem consciência de ter feito isso; as EFCs inconscientes e induzidas pela própria pessoa ocorrem quando ela pretende aparecer para outra pessoa e consegue fazê-lo, embora não tenha consciência disso.

Sei que tive duas EFCs inconscientes, mas, como não costumo tomar nota nas ocasiões em que tento uma EFC consciente e não consigo, não tenho como saber se esses dois casos foram espontâneos ou eu mesmo os induzi. Pode ser que eu tenha tentado a projeção e obtido êxito, mas, por algum motivo, não conservei nenhuma lembrança consciente a respeito desse episódio.

Em 1990, induzi várias EFCs na tentativa de chegar até a casa de minha amiga Judi na forma astral, para verificar se poderíamos passar juntas pela experiência de uma projeção em dupla. Entre a minha casa e a casa em que Judi morava na época havia uma fábrica de cimento, onde eu já trabalhara como química. Jean, uma outra amiga íntima, ainda estava trabalhando no mesmo laboratório e, freqüentemente, estava de serviço no turno entre as 10h30 da noite e as 6h30 da manhã. Em algumas ocasiões, quando passei sobre a fábrica na forma astral, a caminho da casa de Judi, fui inadvertidamente atraída para o laboratório. Fiquei meio aborrecida com isso, e não dei muita atenção ao fato porque, em anamneses, eu já lera a respeito de outras pessoas que, durante uma projeção, foram levadas por correntes astrais de origem desconhecida (pelo que sei, essas pessoas sempre voltam), e eu já passara por esse fenômeno muitas vezes.

Jean é uma pessoa excepcionalmente inteligente, responsável e digna de confiança que, para minha sorte, é minha amiga há muitos anos. Depois que contei a Jean sobre essas experiências, ela ficou interessada e disse que iria ficar à minha espera e tomar nota de tudo o que visse enquanto estivesse trabalhando no turno da noite. Eu disse a Jean que iria tentar aparecer diante dela, já que ela estaria acordada e poderia ser capaz de observar-me na forma astral. Embora tivéssemos conseguido obter sucesso em duas ocasiões, não tenho nenhuma lembrança consciente de ter visto Jean durante minhas visitas astrais ao laboratório, e as datas de minhas anotações acerca dessas visitas diferem das datas registradas nas anotações de Jean.

Jean detectou minha forma astral em duas noites, quando estava trabalhando na fábrica de cimento. Em 21 de julho de 1990, às 11h56 da noite, Jean estava no laboratório, fazendo uma análise química, quando sentiu a minha presença. Ela disse que ou eu fiquei de pé no lugar onde ela estava ou então que ela ficou de pé no lugar onde eu estava

— Jean não sabe qual das duas possibilidades é a correta, mas o fato é que ela deu um passo para o lado. Conversamos e Jean perguntou se eu estava a caminho da casa de Judi, ao que eu respondi afirmativamente. Jean desejou-me uma boa viagem e, ao sair, pedi a Jean que não dissesse nada nem mencionasse a minha visita a M., pois achávamos que ele teria dificuldade em entender acontecimentos como as EFCs, e poderia ter opiniões preconceituosas contra alguém que mantivesse a mente receptiva a essas questões.

Não consegui lembrar-me de minha visita ao laboratório de Jean, naquela noite, mas tive uma daquelas estranhas experiências oníricas que, no Capítulo 2, descrevi como um sonho dentro de outro sonho; todavia, as lembranças que tenho desse episódio não estão relacionadas à fábrica de cimento nem a Jean.

Continuei tentando fazer uma projeção até a fábrica de cimento no período em que Jean trabalhava no turno da noite e ela continuou atenta à minha presença. Na madrugada do dia 9 de maio de 1991, às 3h21, tive uma outra projeção, cuja maior parte foi inconsciente, embora, creio eu, tenha-me ficado uma vaga lembrança do ocorrido.

Jean estava na sala contígua ao laboratório, sentada em uma mesa, redigindo um pedido para um regulador de velocidade para uma esteira de transporte de matéria-prima para moagem. Ela teve certa sensação de afeto, bondade e segurança, e achou que estava recebendo uma impressão da falecida "Vovó Thelma". Jean tirou os olhos do trabalho que estava fazendo, levantou a cabeça e viu minha forma astral flutuando e tentando atrair sua atenção. Então, fiquei de pé atrás da mesa e apoiei minha mão no tampo. Para Jean, minha forma astral tinha uma aparência normal, em cores, porém cores desbotadas e de aspecto vaporoso, em solidez. Pairei sobre ela durante algum tempo e disse: "Vejo que você está ocupada aí, na esteira, e por isso vou voltar mais tarde." Em seguida desapareci.

Essas projeções inconscientes podem ter sido espontâneas ou induzidas por mim porque, nessa época, eu estava tentando regularmente projetar-me até Jean, no laboratório. Entretanto, não mantive anotações suficientemente detalhadas para determinar se, naquelas duas noites, eu estava provocando conscientemente uma EFC.

Já tive muitas EFCs na porção média do *continuum* de EFC, incluindo as ramificações que têm ligação com o *continuum* de sonhos. Ao longo de um ramo do *continuum* de sonhos, começando por qualquer um dos vários tipos de sonhos, na extremidade mais próxima do *continuum* de sonhos, essas experiências variam desde sonhos semelhantes a EFCs, EFCs semelhantes a sonhos e, até mesmo, EFCs que contêm alguns elementos oníricos. Ao longo dos ramos entre o *continuum* de sonho e o *continuum* de EFC, do ponto de vista subjetivo, a EFC não se desenvolve completamente, e a percepção consciente pode voltar com toda facilidade ao mundo dos sonhos comuns ou, então, despertar para o mundo físico. É nessas ramificações que os sonhos podem tornar-se lúcidos e se transformar em EFCs, com ou sem as sensações ou a observação da separação da forma física.

Às vezes, quando se tem a impressão de que um sonho comum evolui para um sonho lúcido e, então, passa diretamente para uma EFC, sem a recuperação da percepção do corpo físico no estado hipnopômpico, é possível que se trate, na verdade, de uma EFC inconsciente que, de súbito, transforma-se em uma EFC consciente. Em outras palavras, aquilo que estava sendo interpretado como sonho pode na verdade ter sido uma EFC.

No extremo do *continuum* das EFCs, mais próximo ao estado de vigília, estão as EFCs plenamente conscientes, as quais também podem ser espontâneas ou induzidas. Registros de anamneses freqüentemente apresentam experiências de pessoas que estão dormindo e, subitamente, se vêem fora do corpo.[17] Minha primeira EFC espontânea consciente foi a que descrevi no começo deste livro, na qual eu estava engatinhando pela minha cabana, na forma astral, no meio da noite.

As EFCs conscientes induzidas podem ser iniciadas por uma influência subjetiva ou por um fator externo, como um procedimento experimental; pela ação de uma outra pessoa, um hipnotizador, por exemplo; um acontecimento externo, como um perigo repentino; ou por uma droga. É possível aprender a provocar em si mesmo as EFCs conscientes, e é isso que enfatizamos neste livro.

Todos esses estados alternativos de consciência — EFCs, sonhos lúcidos, consciência dual, PES do estado de transição, projeção mental e inspiração — parecem possíveis a partir dos estados hipnagógico e hipnopômpico. As complexidades do labirinto da consciência são frustrantes! O *continuum* de sonhos, o *continuum* das EFCs e outros tipos

---

17. Para mais informações sobre as EFCs espontâneas, ver estes livros: *The Enigma of Out-of-Body Travel*, de Susy Smith; *Out of Body Experiences*, de Celia Green; *The Phenomena of Astral Projection*, de Sylvan Muldoon e Hereward Carrington; *Man Outside Himself: The Methods of Astral Projection*, de H. F. Prevost Battersby; *More Astral Projection*, de Robert Crookall; *Astral Projection: Understanding Your Psychic Double*, de Janet Bord; e *The Astral Journey*, de Herbert B. Greenhouse.

de percepção parecem estar ligados uns aos outros por um emaranhado de rotas tortuosas e de atalhos. Os sonhos lúcidos podem levar ao estado de vigília, às EFCs ou ao sonho normal, enquanto as EFCs podem levar a sonhos normais, ao estado hipnopômpico ou a outros estados de consciência. O termo EFC é aplicado a uma variedade de experiências, e diversos termos referem-se a fenômenos semelhantes às EFCs.

Muitas questões aguardam resposta. Uma delas, que é muito importante, diz respeito a saber se a projeção mental, a PES do estado de transição e as EFCs constituem ou não o mesmo estado de consciência. Será que as EFCs seriam um tipo especial de PES caracterizadas por imagens mentais relativas à ocupação de um "corpo astral", separado do corpo físico e operando em um "plano astral"? Tanto as conjecturas afirmativas quanto as negativas são convincentes.

Parece provável que as EFCs e os sonhos lúcidos sejam estados de consciência diferentes. Os estudos de EEG analisados no Capítulo 1 mostraram que as EFCs são diferentes dos sonhos e, em geral, são acompanhadas por uma redução nos movimentos rápidos de olhos (REM), ao passo que, segundo determinaram os pesquisadores, os sonhos lúcidos ocorrem quando há o máximo de atividade do tipo REM. É difícil imaginar que as EFCs do estado de vigília sejam sonhos lúcidos. Mais importante ainda, a experiência subjetiva do sonho lúcido difere da projeção astral; por definição, a pessoa que tem um sonho lúcido sabe que a experiência é um sonho, mas os que fazem a projeção astral se acham convencidos de que a experiência é "real".[18]

Os sonhos lúcidos também parecem diferentes da PES do estado de transição porque imediatamente antes e durante o episódio de PES não existe nenhuma percepção de sonho comum, mas apenas imagens hipnagógicas; todavia, esse pode ou não ser o mesmo tipo de imagem dos sonhos. A PES do estado de transição parece envolver um foco exterior e os sonhos lúcidos parecem ter um foco interior, mas ninguém realmente sabe se as EFCs são interiores ou exteriores.

Os corredores emaranhados dos estados hipnagógico e hipnopômpico — cheios de buracos, becos sem saída, intersecções e cruzamentos com regiões misteriosas que têm suas próprias entradas e saídas ilusórias e enganosas — induzem-nos a estender nossa busca para dentro, para fora e para além do nosso mundo físico, com o qual estamos familiarizados, e a explorar o mundo invisível à nossa volta.

---

18. Sue Blackmore, "A Theory of Lucid Dreams and OBEs", in *Conscious Mind, Sleeping Brain: Perspectives on Lucid Dreaming*, Jayne Gackenbach e Stephen LaBerge, orgs. (Nova York: Plenum Press, 1988), p. 374.

Capítulo 5

Os Mundos Invisíveis

Onde estão os mundos invisíveis? Em um outro universo? Na imaginação? Aqui? Os mundos invisíveis existem apenas em nossa mente durante os estados alternativos de consciência? Eles são engenhosas ilusões criadas pela química de nosso cérebro por motivos que ainda desconhecemos? Ou será que eles fazem parte de nosso ambiente exterior, uma parte da realidade objetiva, que pode ser percebida por mais de uma pessoa?

Alguns psicólogos e pesquisadores científicos propõem teorias explicando a existência dos mundos invisíveis como fenômenos mentais interiores, enquanto outros apresentam teorias igualmente plausíveis que defendem o contrário, levantando a hipótese de que os mundos invisíveis sejam exteriores. Todos eles têm recebido críticas justificadas.[1] Ainda carecemos de provas de que os mundos invisíveis são exteriores ou interiores ou, mesmo, de que eles realmente existam.

Um Modelo Esotérico da Realidade

Segundo os ensinamentos esotéricos, entremeado com a dimensão física — cuja experiência vivemos durante os períodos de vigília no co-

1. H. J. Irwin, *Flight of Mind: a Psychological Study of the Out-of-Body Experience* (Metuchen, NJ: Scarecrow Press, 1985), pp. 219-259.

tidiano — há um vasto domínio contendo múltiplos mundos organizados para englobar diversos tipos de realidade e vários níveis de desenvolvimento espiritual. Esses mundos são divididos em sete níveis principais; o inferior é o plano físico, seguido pelo astral e depois pelo mental. Assim, acima desses três estão os planos causal, devânico, búdico e nirvânico, sendo que a ordem e os nomes variam segundo variadas fontes de informação. Cada um dos principais níveis é então subdividido em sete subníveis, resultando em um total de 49 níveis. Cada nível superior está mais próximo da perfeição divina do que o nível inferior a ele. A substância mais grosseira compõe o mundo físico, e a matéria que compõe cada subnível superior vai se tornando cada vez mais sutil à medida que subimos.[2]

Embora os textos esotéricos refiram-se aos sete níveis principais como planos, tais como plano físico ou plano astral, eles indicam que, em vez de consistirem em planos organizados espacialmente em uma disposição vertical, os diversos tipos de matéria que compõem os mundos invisíveis interpenetram-se e existem simultaneamente no mesmo espaço, embora alguns níveis estendam-se para além de outros.[3] O conceito de níveis refere-se a sistemas de realidade constituídos por vários tipos de matérias, cada qual com sua própria densidade, tamanho de partículas e tipos de vibrações. Vários autores esotéricos e espiritualistas usam nomes distintos para se referirem aos planos da realidade e classificam-nos de diversas maneiras, mas a estrutura básica em geral é semelhante à que foi apresentada neste livro.

Se os esotéricos estiverem certos, portanto, os mundos invisíveis estão bem aqui, neste momento; temos de usar a visão "clarividente" para enxergá-los. Para "viajar" de um plano ou subdivisão para outro é necessário passar para um estado de consciência receptiva ao novo nível e aprender a operar com o corpo apropriado para esse nível.[4] Os ensinamentos esotéricos afirmam que, por meio da proteção e orientação de um professor qualificado, de preferência, quase todas as pessoas podem aprender conscientemente a entrar nos mundos invisíveis e a explorá-los.

As filosofias esotéricas ensinam que o sétimo nível principal — o inferior — é o mundo físico. "Acima" do sétimo nível estão os níveis principais, o sexto, o quinto, o quarto, etc., cada qual interpenetrando

---

2. C. W. Leadbeater, *The Astral Plane* (Wheaton, IL: Theosophical Publishing House, 1977), pp. 16-17.

3. *Idem*, p. 15.

4. *Idem*, p. 16.

os que estão situados abaixo, exceto pelas áreas de alguns que se estendam para além dos outros níveis. O nível principal mais "próximo" do mundo físico é o sexto, o plano astral, que é subdividido em suas sete subdivisões, também numeradas de 1 a 7, sendo que a sétima é a inferior.

A sétima subdivisão do plano astral é constituída pela matéria astral mais densa e grosseira, e penetra abaixo da superfície da Terra. Trata-se de um domínio obscuro e melancólico, repleto de imagens horríveis, dor e sofrimento. Trata-se de um lugar que atrai os seres menos evoluídos e mais malignos.[5] Essa é a morada temporária daqueles que acabaram de morrer e dos que estão presos à Terra, sendo que a permanência nessa subdivisão depende da força da ligação ao mundo material, dos desejos físicos e das emoções negativas, como ódio, medo ou raiva. (Obviamente, se os níveis interpenetram-se, como diz o esoterismo, então é lógico presumir que os outros níveis também penetrariam abaixo da superfície da Terra, a não ser que isso seja um exemplo em que a área de um se estende para além da área dos outros.)

A sexta, a quinta e a quarta subdivisão do plano astral correspondem, de modo muito próximo, à realidade física e contêm os equivalentes astrais de todo objeto do mundo físico; as partes superiores da quinta e da quarta subdivisão tornam-se cada vez menos materiais. Todos os minerais, plantas, animais e formas humanas têm equivalentes no plano astral, constituídos por matéria astral.[6]

Todavia, o plano astral estende-se para muito além desses equivalentes. Ele tem locais que carecem de existência física e contém reflexos tanto do passado e do futuro quanto do presente. A terceira, a segunda e a primeira subdivisão são os mundos celestiais de todas as religiões. Estão tão distantes da realidade física, que pouco têm em comum com ela.[7]

Os Habitantes dos Mundos Invisíveis

Nos mundos invisíveis, nós não estamos sós! Segundo a literatura esotérica, as anamneses e a minha própria experiência pessoal, uma estranha mistura de entidades habita os mundos invisíveis, existindo em formas que parecem humanas, animais ou algum outro ser.

5. Leadbeater, *The Astral Plane*, pp. 18, 30.
6. *Idem*, pp. 18-21.
7. *Idem*, p. 31.

As mais simples existem como nuvens amorfas de matéria não-física e sem nenhuma individualidade. As várias criaturas individualizadas que vagueiam pelos mundos invisíveis variam desde formas de luz simples e inteligentes, passando por uma grande variedade de arranjos anatômicos mais complexos e chegando aos seres celestiais mais desenvolvidos. Alguns aparecem como pessoas comuns, outros como majestosos seres de matéria radiante, vestidos com túnicas tremeluzentes, e outros surgem como vilões demoníacos de fisionomia agressiva e gestos ameaçadores, que chegam até mesmo a atacar. A variedade de formas parece infinita.

De acordo com os sistemas de crenças existentes no mundo — ou que existiram ao longo da História —, os vários tipos de entidades ocupam diversos níveis e subdivisões dos mundos invisíveis. Alguns são descritos como monstros hediondos que se deleitam em atormentar os seres humanos em lugares inferiores. Outros são vistos como divindades benevolentes em recantos paradisíacos, esperando gestos de apaziguamento da parte dos seres humanos e retribuindo com a concessão de graças e benefícios. A literatura esotérica apresenta uma elaborada hierarquia de seres, em vários níveis de desenvolvimento espiritual, que habitam os mundos invisíveis e administram os atos realizados em cada plano.

As formas mais simples são as essências elementares, simples massas nebulosas de tipos e densidades variadas, que aguardam o momento de adquirirem individualidade por meio de descensão do espírito. Existem essências elementares nos três reinos da teoria esotérica — os reinos mineral, vegetal e animal. As essências elementares de cada reino podem ainda ser classificadas, conforme a densidade, em quatro categorias de elementos — terra, água, ar e fogo. Fogo, que é um outro termo para designar aquilo que os ensinamentos esotéricos tradicionais chamam de éter, é subdividido para incluir quatro densidades próprias, dando um total de sete elementos. O resultado é um arranjo septenário de sete elementos em sete níveis de realidade. (A literatura esotérica não emprega os termos "elemento" e "éter" da mesma forma que os químicos, portanto esses dois usos não devem ser confundidos.)

A essência elementar é sensível a pensamentos e irá assumir temporariamente a forma de qualquer pensamento que eventualmente entre em contato com ela. Essas formas-pensamento são chamadas de elementos artificiais e logo se dissipam, voltando a ser uma essência elementar. A duração dessas formas-pensamento depende da nitidez, da intensidade e da duração do pensamento. Uma forma-pensamento pode ser conservada ou intensificada pela repetição do pensamento, seja pela pessoa no qual ele ocorreu originalmente ou por outras pessoas. Os elementos artificiais são formados, tanto passiva como deliberadamente, pelos pensamentos de uma pessoa de entidades coletivas nos mundos físico e invísivel.

Constituídos pelas mesmas substâncias das essências elementares, porém com uma organização mais complexa, existem ainda os "espíritos da natureza", como os chamam os esotéricos. Esse conceito que inclui os espíritos da terra, da água, do ar e do fogo (éter), que são freqüentemente mencionados. Os espíritos da natureza são entidades astrais inteligentes e individualizadas, conhecidas na literatura esotérica como gnomos (terra), ondinas (água), silfos (ar) e salamandras (fogo/éter).[8] Esses espíritos são os elfos, duendes, *gremlins*, fadas, *trolls* e outros seres fantásticos que aparecem no folclore, nas lendas, nos mitos, na poesia e na prosa de todas as épocas e lugares. Os espíritos da natureza normalmente são invisíveis para os seres humanos do nível físico, mas, quando querem ser vistos, conseguem se materializar numa forma que pode ser percebida pelo olho físico. Em sua maior parte, são caracterizados como seres brincalhões e travessos, às vezes prestimosos e, ocasionalmente, malévolos. Embora o mundo deles ocupe o mesmo espaço que o nosso, o seu desenvolvimento se dá ao longo de um caminho diferente. Eles nunca serão humanos.

Os seres humanos podem existir em mundos invisíveis. De acordo com uma crença esotérica generalizada, o corpo físico tem partes correspondentes não-físicas, a ser descritas na próxima seção, criadas especificamente para atuar em diversos níveis. Os habitantes humanos dos mundos invisíveis incluem as partes etérea, astral, mental e causal daqueles que também existem na forma física, daqueles que deixaram a vida física e, ainda, de outros que estão se preparando para entrar na vida física. Os animais também têm suas formas subliminais nos mundos invisíveis.

Existem também outros tipos de formas míticas, algumas humanóides, outras semelhantes a animais, e outras ainda em parte humanas, em partes animais. Esses seres podem estar em diversos estágios de desenvolvimento espiritual e intelectual. Além de poderem ser extremamente desenvolvidos em todos os aspectos ou de carecerem de desenvolvimento significativo de qualquer tipo, alguns podem ser

---

8. Ver *The Astral Plane*, pp. 92-125 para referências às essências elementares.

avançados espiritualmente mas ter pouca inteligência, enquanto outros podem ser criaturas altamente inteligentes, porém malévolas. Quer as entidades astrais sejam criaturas diabólicas e horrendas, quer sejam seres divinos de magnífica beleza, entre elas estão as que ainda não apresentam desenvolvimento suficiente para existir no plano físico, as que estão passando por uma fase entre duas vidas terrenas, as que já transcenderam o plano físico e também as que nunca viverão no plano físico.

Os ensinamentos esotéricos nos advertem de que certas formas com aparência humana ou semelhante à humana são na verdade algo inteiramente diverso, ainda que tenham as mesmas características de personalidade e maneirismos de um amigo ou ente querido. Alguns desses impostores podem ser apenas formas-pensamento evocadas a partir das essências elementares, por seres humanos ou por outras entidades. Outros podem ser corpos subliminares de pessoas mortas, ocupados por outras entidades. Além disso, muitos seres têm a capacidade de aparecer em vários níveis na forma humana ou em qualquer outra forma que quiserem. Nessa categoria estariam incluídas as pessoas "familiarizadas" com a magia negra e com a feitiçaria.

As entidades mais evoluídas dos planos astral e mental são formas angelicais de encantadora beleza. Esses seres celestiais glorificados estão muito acima do mal e só são capazes de atos e pensamentos bondosos. Situação semelhante é a dos sete governantes dos sete elementos da matéria (terra, água, ar, e as quatro gradações do fogo). Os três governantes mais elevados do elemento fogo encontram-se tão acima da humanidade, que nós os ignoramos. Os outros quatro, no entanto, são simbolizados pelos quatro reis do baralho de Tarô, e são chamados de guardiães dos quatro cantos da Terra.

Embora as subdivisões mais elevadas do plano astral — a terceira, a segunda e a primeira — ocupem o mesmo espaço que as subdivisões inferiores, elas parecem muito distantes do mundo físico. A matéria que constitui esses níveis superiores e seus habitantes é tão sutil, que eles praticamente não tomam conhecimento do mundo físico. Os habitantes desses mundos celestiais criam o seu próprio ambiente em forma de pensamento — lindas cidades com edifícios bem projetados e jardins cheios de cores, além de regiões rurais com florestas, lagos e montanhas. Embora criados mentalmente a partir de matéria extremamente sutil, esses ambientes são suficientemente substanciais para existir na realidade objetiva, podendo ser percebidos por outras entidades do plano astral superior bem como pelos seres das subdivisões inferiores que tenham o necessário grau de visão clarividente.[9]

Nos domínios situados acima do plano astral vivem seres tão avançados, que estão praticamente além da capacidade de compreensão de nosso intelecto e de descrição da nossa linguagem.[10]

Os ensinamentos esotéricos descrevem uma vasta série de funções para esse grande número de entidades. Muitos são espíritos-guia, prontos a prestar auxílio imediato a quem quer que necessite de ajuda ao longo do caminho do desenvolvimento espiritual; outros são agentes de um deus e trabalham para satisfazer a vontade divina; e alguns, cheios de maldade, vivem para realizar os propósitos maléficos dos praticantes da magia negra. A maioria deles, assim como nós, está lutando para progredir em alguma parte do caminho do desenvolvimento espiritual.

Os Corpos Invisíveis

Segundo a crença esotérica, da mesma forma como temos um corpo físico que nos permite viver e atuar no plano físico, temos também outros corpos, não-físicos, que nos permitem existir nos mundos invisíveis. Essas diversas formas coexistem no mesmo espaço e da mesma maneira, como níveis de realidade que se interpenetram; todavia, elas podem se separar e atuar como veículos independentes.

A matéria física comum constitui o corpo físico, que é a mais densa das nossas formas. Considerado como parte do corpo físico, o corpo etéreo é constituído por vários graus de éter e serve como um molde para o corpo físico.[11] O corpo etéreo é também chamado de corpo vital, porque absorve do ambiente a energia da vida, o *prana.*

Mais sutil do que a matéria física ou etérea, a matéria astral forma o corpo astral. Textos esotéricos tradicionais descrevem o corpo astral como uma réplica mais ou menos exata do corpo físico, dependendo do desenvolvimento da pessoa.[12] Supõe-se que o corpo astral de uma pessoa muito evoluída é bem definido nos menores detalhes, ao passo que o de uma pessoa intelectual e menos desenvolvida espiritualmente

---

9. Leadbeater, *The Astral Plane*, p. 32.

10. C. W. Leadbeater, *The Devachanic Plane* (Londres: Theosophical Publishing Society, 1896).

11. Leadbeater, *The Astral Plane*, p. 24.

12. *Idem*, p. 40.

será difuso e vago. Isso parece contraditório porque as entidades malignas, por exemplo, podem atuar como perfeitos impostores, assumindo o lugar de terceiros. Nesses casos, porém, aquilo que vemos talvez seja alguma outra coisa que não os seus corpos astrais.

O corpo astral tem três funções: transmite o pensamento entre o corpo físico e os corpos superiores, transforma as emoções e desejos de um modo que possamos senti-los e atua como um veículo para possibilitar a ação independente no plano astral.[13] Em virtude de seu papel na formação das emoções e desejos, o corpo astral freqüentemente é chamado de corpo de desejo.

De acordo com a teoria da repercussão, os danos causados ao corpo astral são transferidos para o corpo físico. Por exemplo: se uma feiticeira aparece na forma astral como um lobo e este é baleado, o corpo físico sofrerá um ferimento a bala. Nunca tive nenhuma evidência em primeira mão desse tipo de repercussão.

Segundo alguns autores esotéricos, estudiosos do assunto e pessoas com grande experiência em viagens astrais, ao redor do duplo astral há uma aura oval constituída por matéria sutil e luminosa proveniente do plano astral e dos planos superiores.[14] A aura estende-se por cerca de 15 a 45 centímetros para além do corpo físico, nas pessoas comuns, e mesmo um pouco mais naquelas que são bastante desenvolvidas em termos espirituais. Muitos desses autores concordam que, no plano astral, existem coisas semelhantes a formas-pensamento, emoções e desejos. Eles constituem o corpo astral e muitas vezes o aspecto e o brilho de sua aura muda à medida que novas cores e formas vão sendo assumidas a cada mudança de humor. A saúde física, o intelecto e o desenvolvimento espiritual se refletem nas intricadas camadas e no colorido dos padrões da aura.

Ainda mais sutil que o corpo astral é a matéria que constitui o corpo mental, no plano mental inferior. O corpo mental é a parte imortal de uma pessoa que entra na vida física e então, depois da morte, retorna aos níveis superiores. A aparência do corpo mental também muda, porém isso ocorre de forma muito mais lenta do que no corpo as-

---

13. Arthur E. Powell, *The Astral Body* (Wheaton, IL: Theos. Publishing House, 1973), p. 23. [*O Corpo Astral*, publicado pela Editora Pensamento, São Paulo, 1983.]

14. Para obter mais informações sobre esse assunto, ver os seguintes títulos: Susy Smith, *The Enigma of Out-of-Body Travel*; Arthur E. Powell, *The Astral Body*; Benjamin Walker, *Beyond the Body: The Human Double and the Astral Planes*; Herbert B. Greenhouse, *The Astral Journey*; Oliver Fox, *Astral Projection: A Record of Out-of-Body Experiences*; C. W. Leadbeater, *The Astral Plane*; e Joe H. Slate, *Psychic Phenomena*.

tral. O corpo mental vai adquirindo novas características, de acordo com as mudanças que vão ocorrendo a longo prazo na personalidade.

Num nível ainda mais elevado, no plano mental superior, está a mais sutil de todas as formas: o corpo causal. De acordo com ensinamentos esotéricos, esse é o veículo do eu superior. O corpo causal reflete as mudanças ocorridas durante as diversas encarnações físicas, ou existências vividas na dimensão física.[15]

O ego, que na terminologia esotérica compreende o verdadeiro indivíduo, é expresso em todas essas formas, cada uma constituída pelo material apropriado para atuar no nível específico para o qual foi feita. Talvez os estados de consciência (EFC, sonhos lúcidos, PES do estado de transição, inspiração criativa) devam-se ao funcionamento desses diversos "corpos" interiores, e a consciência dual mostra que a capacidade de percepção pode atuar simultaneamente em mais de um deles. Pode ser que, com a prática, a capacidade de atuar conscientemente em todos os corpos invisíveis possa ser desenvolvida e controlada.

Conquanto os autores que escrevem a respeito de temas sobrenaturais usem terminologias diversas para se referir às formas anatômicas que atuam em cada um dos níveis, o esboço apresentado aqui representa, com certa fidelidade, as crenças esotéricas, psíquicas e espirituais. O corpo astral, também chamado de corpo-alma, corpo de luz, fantasma, duplo astral e de muitos outros nomes, é a forma na qual estamos mais interessados no contexto das EFCs.

As Percepções Contrastantes

Embora, ao longo de minha odisséia astral pessoal, muitos dos fenômenos do mundo das EFCs tenham aparecido conforme os esotéricos os descrevem, jamais consegui ver alguns desses fenômenos, como, por exemplo, a complexidade da aura de forma oval. Os viajantes astrais, assim como os clarividentes, dizem tê-la visto com todo o colorido e esplendor mencionado pelos escritores esotéricos.

Quer os mundos invisíveis existam na realidade objetiva exterior, conforme ensina o esoterismo, quer na realidade interior, como muitos outros acreditam, parte do plano astral parece na verdade uma réplica

---

15. Leadbeater, *The Astral Plane*, p. 22. [*O Plano Astral*, publicado pela Editora Pensamento, São Paulo, 1976.]

do nosso mundo físico. As casas, fábricas e edifícios de escritórios, as calçadas e ruas cheias de sinais de tráfego, ou as paisagens naturais são muito semelhantes àquelas com as quais estamos familiarizados no estado de vigília do nosso dia-a-dia. Quer esses lugares sejam equivalentes astrais da dimensão física, os verdadeiros locais físicos vistos através das visões astrais, quer um tipo de PES ou uma invenção da imaginação, o fato é que tudo isso permanece um mistério. O que quer que eles sejam, durante uma EFC, essas áreas do mundo astral parecem tão substanciais quanto o mundo físico — cada fragmento é tão real quanto o papel em que são impressas estas palavras. Todavia, as "contrapartes astrais" são freqüentemente uma visão distorcida da realidade física, muitas vezes com objetos a mais ou a menos, com formas alteradas ou colocadas no lugar errado.

O correspondente astral de um ambiente físico familiar pode conter um ou dois objetos a mais, sem correspondente no ambiente físico. Certa vez, quando eu estava fora de meu corpo, em uma EFC descrita em detalhes no Capítulo 7, encontrei uma gravura emoldurada sobre a minha lareira. Fisicamente a gravura não estava lá, e eu nunca possuíra uma gravura como aquela.

Além de conter objetos instáveis, o mundo astral pode deixar algumas coisas de fora. Durante uma outra EFC, deslizei para o andar de baixo e fui para a sala de estar. A sala estava lá, exatamente como se esperava que estivesse: o seu assoalho de tábuas de bordo, as paredes ásperas, o teto alto e uma grande janela; toda a mobília, porém, desaparecera. Obviamente, alguns minutos depois, quando fui para lá fisicamente, tudo estava como de costume.

Pequenas alterações também são comuns, tal como aconteceu quando o equivalente astral da janela de meu quarto tinha uma veneziana, enquanto a janela física tinha um estore. Também pode ocorrer um outro tipo de distorção. Nesse caso o objeto parece o reflexo dele mesmo num espelho, com os lados direito e esquerdo invertidos. Durante uma aventura astral, por exemplo, os mostradores de meu relógio estavam invertidos.

Às vezes, os objetos astrais estão colocados em um local diferente do local em que se encontra o objeto físico, como certa vez em que, no ambiente astral, apareceu na varanda o alcochoado que, na realidade física, estava em minha cama.

Todos os detalhes dessas EFCs são também relatados nos capítulos posteriores.

Algumas dessas singularidades do plano astral podem ser resultado da atividade de nossa mente. De acordo com os ensinamentos esotéricos, como as essências elementares são sensíveis às energias mentais, os pensamentos e idéias adquirem estrutura e substância e passam a existir temporariamente no plano astral, do mesmo modo como os objetos físicos existem de forma mais permanente no plano físico. Se isso for verdadeiro, então, através da reversão do processo, a nossa mente talvez possa fazer os objetos astrais desaparecerem. Desse modo, no plano astral, pensar em um objeto pode fazer com que ele apareça e esquecer dele pode fazê-lo desaparecer. Essa teoria, no entanto, não serve para a maior parte dessas distorções; em geral, as pessoas que fazem a projeção astral só percebem a distorção quando alguma coisa é acrescentada, esquecida, alterada ou colocada fora de lugar.

Se os pensamentos são coisas reais constituídas de matéria astral, eles poderiam ter uma influência ainda maior sobre as estruturas e fenômenos no mundo astral. Durante as EFCs, nossas crenças, emoções, atitudes e expectativas poderiam criar formas-pensamento que, posteriormente, talvez pudessem afetar a formação e os fenômenos do mundo astral. As características de nossa personalidade poderiam afetar o nosso comportamento com relação a essas imagens dessa forma criadas, bem como com relação a qualquer imagem objetiva que o mundo astral possa conter.

Uma outra explicação para essas estranhas distorções talvez seja a possibilidade de que a consciência astral esteja percebendo um aspecto passado ou futuro do ambiente físico, ou uma sobreposição de mais de um mundo, como acontece na consciência dual.

Os esotéricos nos informam de que existem três razões pelas quais podemos não perceber o plano astral exatamente da forma como eles o descrevem. Uma razão pode ser o fato de que não temos experiência suficiente para desenvolver a visão astral de forma que as percepções sejam acuradas. Uma outra razão é que muitos neófitos são deslumbrados, confusos ou descuidados demais para interpretar e lembrar aquilo que eles viveram no mundo astral. Por fim, como algumas entidades astrais têm capacidades e tendências extraordinárias para enganar, todos nós podemos estar sujeitos a ilusões.[16]

Às vezes, porém, os equivalentes astrais de lugares familiares parecem estranhos porque são vistos a partir de uma perspectiva diferente. Como o corpo astral pode atuar em qualquer posição e a partir de qualquer ponto de observação, um praticante de projeção astral que tenha

---

16. Leadbeater, *The Astral Plane*, pp. 28-29.

pouca experiência ou, até mesmo, um viajante astral com experiência pode facilmente desorientar-se, porque toda posição pode parecer normal e com o lado certo para cima. Um ambiente comum, que tiver sido freqüentado quase todos os dias, durante anos, pode parecer estranho quando visto a partir de um corpo astral, suspenso no ar pairando a alguma distância; os objetos perdem a sua familiaridade e podem ser facilmente confundidos com alguma outra coisa.

Embora a maioria dos praticantes de projeção astral perceba um ambiente astral semelhante ou idêntico ao seu verdadeiro ambiente físico,[17] no mundo astral é possível viajar para lugares misteriosos que podem ou não ter correspondentes físicos. Tenho me projetado para lugares completamente estranhos à minha mente consciente e encontrado pessoas desconhecidas que, para minha surpresa, me reconhecem. Até o momento, os lugares visitados, as pessoas com as quais me encontrei e as razões para ir até lá continuam sendo um enigma.

Se o mundo astral oferecer a oportunidade de fazer viagens tanto através do tempo como através do espaço e dos níveis de realidade, afirmam muitos viajantes astrais,[18] talvez algumas viagens para lugares pouco familiares sejam, na verdade, visitas ao passado ou ao futuro. Houve pelo menos um caso em que tive a impressão de ter viajado para um lugar no futuro — quando projetei-me para um cassino, cheio de gente se divertindo, dez dias antes da sua inauguração.

Há também evidências de que o sombrio mundo das profundezas — a subdivisão mais inferior do plano astral, a sétima — possa existir. Alguns praticantes de projeção encontraram uma área feita de matéria astral escura, densa e estagnada, semelhante a um fluido pesado e sufocante, constituindo uma região fervilhante de entidades demoníacas que atormentam aqueles que por ela passam.[19] Embora essas vis criaturas aparentemente não façam nenhum mal, elas perturbam os praticantes de projeção, pois empurram, mordem, obstruem a passagem, zombam deles, importunando de algum modo.

Em geral, boa parte do mundo astral parece mais radiante, em graus variáveis, do que o mundo físico. No escuro, quando seria difícil en-

---

17. Irwin, *Flight of Mind*, p. 102.

18. Herbert B. Greenhouse, *The Astral Journey* (Garden City, NY: Doubleday, 1975), pp. 18, 245, 320.

19. Os livros que se seguem contêm material a respeito desse "sombrio mundo das profundezas": Robert Crookall, *Out-of-the-Body Experiences: A Fourth Analysis*; Robert A. Monroe, *Journeys Out of the Body*; Herbert B. Greenhouse, *The Astral Journey*; Douglas M. Baker, *Practical Techniques of Astral Projection*; e Yram, *Practical Astral Projection*.

xergar fisicamente alguma coisa, tudo parece estar iluminado no mundo astral. Quando este se mostra mais brilhante, dá a impressão de ser constituído por matéria luminescente, onde os objetos brilham como se emitissem luz, em vez de apenas refleti-la. A luz solar e os objetos naturais, como as plantas, as rochas e o céu, brilham com uma beleza resplandecente, invisível para os olhos físicos; as cores adquirem uma vividez inimaginável para o cérebro orgânico; e toda a atmosfera está cheia de vivacidade energizada e brilhante.

Aventuras Astrais

Em todas as épocas e em todos os lugares do mundo material, pessoas viajaram para os mundos invisíveis e trouxeram de volta informações que serviram de base para a criação de mitos, fantasias, religiões e filosofias. A viagem astral é um tema comum, encontrado em culturas antigas, na História contemporânea e nas culturas primitivas da atualidade, bem como nas sociedades modernas.

Pesquisas científicas encontraram evidências do caráter universal das EFCs. Os pesquisadores estimam que um em cada cinco ou dez adultos normais vai passar pela sensação de deixar o corpo pelo menos uma vez durante a vida. Com base na análise de setenta culturas diferentes em todo o mundo, estima-se que 95% delas consideram as EFCs uma experiência paranormal válida.[20] Além disso, relatos independentes, originários de diferentes culturas e de pessoas que não têm contato entre si, fazem descrições semelhantes a respeito desses fenômenos.[21]

Algumas pessoas têm dificuldades em aceitar o fato de que é natural ter a sensação de haver um duplo astral capaz de existir fora do corpo físico. Algumas se desesperam quando tomam consciência do que parece ser uma separação involuntária, acreditando que estão perdendo a razão ou morrendo: entram em pânico com a idéia de não conseguir retornar ao seu corpo físico, preocupando-se com os efeitos prejudiciais com relação à saúde física, temendo o desconhecido ou receando que uma outra entidade demoníaca assuma o controle de seu corpo físico enquanto estiverem fora.

Algumas pessoas também têm medo de ser atacadas por entidades

---

20. Dr. Scott Rogo, "Traveling Light", *Human Behavior* (Out. de 1978): 37.

21. Robert Crookall, *Out-of-the-Body Experiences: A Fourth Analysis* (Secaucus, NJ: Citadel Press, 1970), pp. 11-38.

astrais maléficas e têm boas razões para isso; praticantes de viagens astrais têm sido atacados no mundo astral por criaturas que são descritas de várias formas. Certa vez, eu flutuava imersa em meus pensamentos quando fui agarrada e quase capturada por duas entidades astrais humanóides. Enquanto eu lutava para escapar, olhei para uma das caras mais estranhas que já vi — uma cara animal peluda, com focinho comprido e olhos arredondados!

A melhor forma de defesa contra qualquer situação de pânico parece ser acalmar-se, respirar lenta e profundamente e relaxar. (Obviamente, isso é muito mais fácil de se dizer do que de se fazer.) Procure assegurar-se de que o eu superior sabe lidar com todos os tipos de circunstâncias e de que fará o corpo astral retornar em segurança ao corpo físico, assim que perceber qualquer perigo real ou imaginário. Quando sentimos alguma emoção intensa — como o medo, por exemplo — a EFC em geral termina imediatamente, e a pessoa volta ao corpo físico.

Embora talvez eu esteja muito curiosa ou confiante demais, acredito que — com base em minha experiência pessoal e em relatos orais e escritos feitos por outras pessoas — o medo acima mencionado não tem, na verdade, muito fundamento. Muitas pessoas já saíram e voltaram, algumas por diversas vezes, sem nenhuma dificuldade nem efeitos contrários conhecidos. Obviamente, não existe prova de que as EFCs sejam completamente seguras.

Em uma pesquisa feita com pessoas que tinham passado por EFCs, descobriu-se que 85% dessas pessoas relataram sentimentos agradáveis. Mais da metade dos entrevistados consideraram as EFCs agradáveis, e 43% acharam que foi a experiência mais importante que já tiveram.[22]

Os estudos de casos de EFCs incluem, de fato, relatos em que as pessoas sentiram medo, mas apresentam também muitos relatos de sensações positivas, como exultação, contentamento, vitalidade e lucidez. Os praticantes de projeção freqüentemente relatam que, quando estavam fora do corpo físico, tiveram uma sensação nova de liberdade, sentiram certo desinteresse pelo corpo físico e, mais tarde, passaram a ter menos ou nenhum medo da morte. Um dos sentimentos mais fortes durante uma EFC consciente é a sensação de que aquilo por que se está passando é de fato real.

Se não houver medo, a projeção astral pode ser a experiência mais emocionante da nossa vida, pois o mundo astral é um lugar maravilho-

---

22. Dr. Scott Rogo, *Leaving the Body* (Upper Saddle River, NJ: Prentice Hall, 1986), p. 18.

so, cheio de beleza, de magia, de arrebatamento e de surpresas. Todo o domínio do mundo astral oferece oportunidades de aprendizado incomparavelmente maiores do que as proporcionadas exclusivamente pela experiência física consciente.

Na primeira vez em que deixei voluntariamente o meu corpo físico e entrei no plano astral plenamente alerta, fiquei admirada por minha consciência poder de fato existir fora da minha forma física. Assim como acontece com outras pessoas que tiveram uma EFC, ainda que breve, eu já não *acreditava* que tinha uma "alma", eu *sabia* da sua existência. Fiquei surpresa com o aspecto sólido e real do plano astral — tão convincente como a realidade física — e com o modo pelo qual eu poderia sofrer as impressões do ambiente à minha volta tão vividamente a partir de um ponto de vista afastado do corpo físico. Que fantástica sensação essa descoberta me proporcionou!

O Corpo Astral

Quando estão passando por uma EFC consciente, a maioria dos praticantes de projeção encontra-se em um corpo não físico.[23] Parece que, envolto pelo corpo físico e imperceptível à consciência comum, há um corpo inteiramente diverso, o corpo astral, tão magnífico e real quanto o seu correspondente físico, e capaz de atuar de forma independente, como um veículo no qual podemos navegar pelo plano astral.

Quando estão na forma astral, separados da forma física, os praticantes de projeção às vezes tomam consciência de estar em um corpo cujas capacidades vão muito além das do corpo físico. Ao fazer a projeção astral, a pessoa pode participar ativamente, tocar em objetos astrais e deslocá-los, andar, tendo a mesma sensação de solidez sob os pés. Ela também pode conversar com os habitantes astrais ou mudar de lugar usando os diversos métodos de locomoção. Conquanto sejam muito raros, há casos de objetos físicos movidos por formas astrais.[24]

A sensação de estar no corpo astral, separado do corpo físico, em geral assemelha-se à de estar no corpo físico. Em ambas as situações, a imagem do corpo é formada a partir da interpretação dos dados obtidos por meio de vários órgãos sensoriais internos e externos, que transmitem informações táteis, cinestésicas e visuais. Assim como o corpo

---

23. Irwin, *Flight of Mind*, p. 114.
24. Greenhouse, *The Astral Journey*, pp. 56-65.

físico, o corpo astral pode estender uma das mãos e sentir a textura e a firmeza da outra mão. O movimento de um braço através do espaço, a movimentação dos músculos, produz a mesma sensação tanto no corpo físico como no corpo astral. É possível segurar uma das mãos astrais diante dos olhos astrais e observá-la, embora ela mude de forma mais prontamente do que seu correspondente físico. Os proprioceptores — os sensores internos que nos informam condições como fome, mal-estar e as posições e movimentos de diferentes partes do corpo — funcionam da mesma maneira tanto no plano físico como no plano astral. A dor afeta o corpo astral na mesma medida em que afeta o corpo físico. O corpo astral parece ter os mesmos sentidos externos que o corpo físico: visão, audição, tato, olfato e paladar.

Quer estejamos na forma física ou na astral, a imagem corporal resultante da combinação dessas percepções vem acompanhada dos mesmos componentes psicológicos: a impressão espacial de ocupar o corpo, o significado pessoal do fato do eu estar nesse corpo e a sensação de posse com relação a ele. Assim como no corpo físico, no corpo astral a pessoa pode ter consciência da aparência, da posição e da sensação do corpo, e também ter a experiência do vínculo emocional, resultante da convicção de ocupação, de existência e de posse com relação ao corpo.

Todavia, as estruturas, as capacidades e os sentidos do corpo astral mudam com grande freqüência. A estrutura do corpo projetado assume formas surpreendentemente diversas em diferentes ocasiões. As capacidades do corpo astral também variam; às vezes ele pode facilmente realizar atos que, em outras condições, seriam difíceis ou impossíveis. Muitas vezes, os sentidos astrais agem de forma idêntica aos sentidos físicos, mas, às vezes, são mais limitados e, em outras ocasiões, suas capacidades ultrapassam as do corpo físico. A constituição, o desempenho e as funções do corpo astral mudam com freqüência, e apresentam várias diferenças com relação ao seu invólucro físico, pois o primeiro foi projetado para agir nos mundos invisíveis à nossa volta.

A maioria dos praticantes de projeção relata a existência de algum tipo de corpo astral, e este manifesta-se em uma grande variedade de formas morfológicas. Em geral, ele assemelha-se a uma duplicata do corpo físico, mas parece ser constituído de uma matéria que se apresenta em uma série de densidades. Alguns praticantes da projeção dizem que suas formas astrais consistem numa bola de luz, e uns poucos dizem não ter nenhum corpo astral, mas só um ponto de consciência.

O corpo astral passou a ser chamado provavelmente "corpo de luz" porque ele quase sempre tem um aspecto luminescente, em geral branco ou dourado brilhante, mas pode também apresentar outras cores. Com freqüência, ele tem o aspecto de uma silhueta resplandecente de um corpo humano e carece de detalhes e de solidez. No entanto, em outras ocasiões, parece uma imagem tridimensional do corpo físico, com uma luminescência misteriosa. Quando está perto da forma física, ou durante a consciência dual, o corpo astral às vezes parece um humanóide abstrato, fantasmagórico, bidimensional, luminescente, achatado e destituído de solidez. A forma luminosa é muito mais elástica do que o corpo físico, e tem a capacidade de estender-se e curvar-se, com movimentos que são impossíveis para as estruturas orgânicas.

Muitas vezes, o duplo projetado parece apático, dá a sensação de ser substancial, e é uma réplica exata do corpo físico, com todos os detalhes intactos, incluindo cores, roupas, a sensação da carne e dos ossos. Mas o corpo astral pode também ter o aspecto do corpo físico e provocar as sensações causadas por ele, mas com alguns detalhes modificados, às vezes de forma bizarra.

Qualquer que seja o aspecto do corpo astral, seu peso e sua densidade podem variar; às vezes, ele é pesado e denso e, em outras, leve e enevoado.

Com raras exceções, em que aparece nu, o corpo astral apresenta-se vestido de diversas maneiras, geralmente com o estilo usual do praticante da projeção. Muitas vezes o corpo astral traja o que a pessoa realmente está usando, no mundo físico, uma roupa semelhante ou um outro traje que ela tenha em seu guarda-roupa. Ocasionalmente, o corpo astral veste longas e graciosas túnicas, que se assemelham às imagens comuns no espiritualismo. Normalmente, quando o corpo astral se afasta da forma física adormecida, ocorre uma mudança apropriada na roupa — ao que parece, a maioria dos praticantes da projeção não gosta de ir muito longe nus ou usando pijamas, camisolas de dormir ou roupa íntima. Na maior parte do tempo, a escolha do vestuário da forma astral é feita de maneira inconsciente.

Muitas vezes reparei no modo como o meu corpo astral estava vestido e notei que ele em geral usa roupas idênticas ou semelhantes às peças do meu guarda-roupa físico, mas com freqüência, está com roupa diferente daquela usada pelo corpo físico naquele momento. Certa vez, eu realmente saí usando pijama na forma astral, mas estava em uma cabana afastada, longe das pessoas. Curiosamente, o pijama não era o mesmo que eu usei para ir dormir. Às vezes, o meu corpo astral usa roupas que eu usei até gastar, no mundo físico, e depois joguei fora. Durante algumas poucas projeções, o meu corpo astral foi coberto por lindas túnicas diáfanas, que brilhavam com uma luminosidade astral; elas criaram um estilo de moda só rivalizado pelos fabricantes de roupa do mundo físico.

Tem-se em geral a impressão de que o corpo astral é constituído pela matéria astral mais sutil, leve e difusa, descrita pelos esotéricos. Quando o duplo astral não tem peso, ele pode flutuar, divertir-se por aí, voar de um lugar para outro e fazer acrobacias no ar. Paredes e portas fechadas raramente representam obstáculos para essa forma difusa, pois ela tem a fantástica capacidade de passar através de objetos aparentemente sólidos.

Em outras ocasiões, o corpo astral parece tão pesado e carregado de matéria que fica sujeito às leis físicas. Nesses casos, ele fica preso ao chão ou encontra resistência ao tentar passar através de material sólido.

Alguns viajantes astrais afirmam que, quando estão fora do corpo físico, passam pela experiência da sinestesia, ou por fenômenos transensoriais, em que os sentidos astrais adquirem múltiplas funções, como a capacidade de sentir uma cor, de ver um tom musical ou de ouvir uma luz. Outros viajantes dizem que sua visão astral se dá a partir de qualquer parte do corpo astral; eles têm um campo visual de 360 graus e podem analisar um objeto por todos os lados, tanto de dentro como de fora.

Na primeira vez em que abri intencionalmente os olhos do meu corpo astral, achei que estava abrindo os meus olhos físicos, já que a sensação pareceu-me idêntica. Às vezes, nas primeiras fases da projeção, ainda acho difícil dizer se são os olhos físicos que estão abertos ou os astrais. Durante algumas projeções, o mundo astral parece indistinto, borrado ou enevoado, mas, em outras ocasiões, a visão astral é tão clara quanto uma perfeita visão física. Com freqüência, o sentido de visão do corpo astral é mais apurado; os meus olhos astrais demonstraram a capacidade de ver através de objetos sólidos. Às vezes, os objetos do plano astral parecem mais brilhantes do que os seus equivalentes físicos, cintilando como se emitissem luz própria, em vez de refletirem a luz vinda de alguma outra fonte.

O mundo astral está repleto de sons, alguns estranhos e outros bem conhecidos.

Com base em minha experiência e na leitura de estudos de casos, aprendi que é comum a presença de certos ruídos, freqüentemente descritos como zumbidos, zunidos ou como um fluxo rápido e ruidoso, semelhante ao sopro do vento entre as árvores. Como muitas de minhas projeções ocorreram a partir de uma floresta, eu poderia ter ouvido um vento astral soprar através de árvores astrais, ou poderiam ter sido os sons físicos normalmente presentes nesse lugar. Eles também poderiam ter alguma outra origem. Às vezes, ouço zunidos, estrépidos e zumbidos agudos; em outras ocasiões, porém, não há nenhum ruído ou, então, eu não fui capaz de ouvi-los.

No plano astral, tenho ouvido o alvoroço cotidiano que identificamos com o mundo físico, como pessoas conversando, latidos de cachorros e ronco de motores. Tenho ouvido sons comuns distorcidos por uma ressonância estranha, lúgubre e fora do tom; minha voz e meu piano pareceram fracos e desafinados.

Durante muitas projeções percebi um cheiro forte, como acontecia quando eu passava através do teto e entrava em sótãos. O velho cheiro de mofo também impregnava com igual intensidade os sótãos astrais.

Da mesma forma que o corpo físico, o corpo astral também pode apresentar sensações táteis. A sensação do vento soprando em meu rosto enquanto eu me elevava através do mundo astral parece ser tão real quanto o vento físico quando toca a minha pele. As minhas mãos astrais podem sentir texturas ásperas e lisas com a mesma facilidade que as minhas mãos físicas.

Os meus nervos astrais são sensíveis ao frio e ao calor, assim como aconteceu quando toquei uma rocha fria e úmida ou quando, no interior da minha cabana, o correspondente astral da atmosfera parecia quente e abafado. Em geral, porém, o mundo astral parece ter justamente a temperatura certa. Mesmo quando eu estava na forma astral, usando calças jeans e camisa, senti-me bem confortável ao voar durante uma noite fria de inverno em Dakota.

Senti fome e sede na minha forma astral, no ambiente de uma EFC, sendo que esses impulsos correspondiam ao modo como o meu corpo físico sentia-se nessas mesmas ocasiões.

Além dos sentidos semelhantes aos do corpo físico, o corpo astral possui sentidos instintivos e outro peculiares às formas mais difusas. A capacidade de voar e de passar através de objetos sólidos vem até mim de forma automática, embora, no início, tenha sido necessário praticar um pouco para controlar melhor esses fenômenos. Ao passar lentamente através dos objetos, o meu corpo astral apresenta uma sensação peculiar, cuja melhor descrição é um formigamento molecular, como se eu pudesse sentir cada molécula de minha carne astral vibrar e roçar nas partículas do objeto através do qual eu estivesse passando. Ao passar rapidamente, não sinto absolutamente nada; os objetos não apresentam maior resistência do que o ar.

Alguns dos sentidos astrais são inconscientes. É como se uma parte instintiva do corpo astral estivesse sempre consciente da condição do corpo físico, sendo informada possivelmente por meio do cordão prateado. Obviamente, se algo perturba o corpo físico ou exige que a consciência retorne imediatamente a ele, os sentidos interiores são imediatamente alertados e o corpo astral retorna automaticamente ao corpo físico, por maior que seja a distância entre os dois.

O corpo astral se move com muito mais liberdade do que o corpo físico, podendo dispor de vários métodos de deslocamento.

Ele pode andar sobre uma base sólida, como faz o corpo físico; os movimentos dos músculos e o equilíbrio necessários são exatamente os mesmos. Embora outros métodos sejam mais rápidos e emocionantes, eu prefiro andar, porque assim posso observar detalhadamente o interessante e admirável ambiente astral. Quando a composição do corpo astral é leve e difusa, ele pode dar passos largos e vigorosos, parecidos com os que os astronautas dão na Lua.

Se o praticante de projeção preferir se locomover com mais rapidez, conservando, porém, uma perspectiva normal, o corpo astral pode manter a posição ereta e deslizar alguns centímetros acima da superfície.

Voar, obviamente, é mais rápido. Às vezes, o duplo astral pode voar facilmente através do ar, sem a ajuda de asas, de avião ou de naves espaciais. Pode-se dispor de uma grande variedade de velocidades e alturas.

Para dar início ao vôo, quando as condições são favoráveis, basta pensar nisso e o corpo astral logo vai elevar-se sem esforço. Esse fantástico duplo astral consegue pairar perto do teto de uma sala ou no alto do céu, de onde pode observar atentamente objetos e entidades que estão embaixo. E o que é mais emocionante ainda: ele pode voar através da paisagem, contemplando o cenário a partir do ponto de vista de uma águia.

É espantoso como o mundo parece diferente quando visto de alturas a que não estamos acostumados. Quando deslizamos algumas centenas de metros acima da copa das árvores, é fácil perder o senso de direção. Podemos ficar perdidos se formos privados da perspectiva normal dos sinais familiares ao longo das calçadas, das ruas e das estradas. Os edifícios podem perder sua identidade se tudo o que pudermos ver for pouco mais do que telhados.

É emocionante cruzar os ares a 600 metros de altura, confiante na força que mantém o corpo astral no alto e o impele para a frente, através do céu, com tamanha velocidade que o vento faz pressão contra o corpo astral. Nenhum parque de diversões se compara à emoção de olhar para a paisagem que passa por nós, com suas colinas, suas florestas e seus marcos proeminentes. Isso se assemelha à visão que se tem da janela de um pequeno avião, porém é mais panorâmica porque não está obstruída por asas, caixilhos de janelas nem painéis. O vôo astral também é mais agradável, pois é tranqüilo e não tem o ruído de motores.

O corpo astral pode subir muito mais alto do que um avião; ele pode chegar a altitudes tão grandes, que a superfície da Terra chega a parecer um mapa geográfico vivo. Nunca permaneci nessas alturas extremas por mais de alguns breves momentos, mas isso foi o suficiente para ter uma impressionante visão global, que oferece uma alarmante perspectiva acerca das limitações e da vulnerabilidade do planeta.

Além de caminhar, de deslizar, de flutuar ou de voar, o duplo astral pode alcançar velocidades tão incríveis que os objetos tornam-se indistintos, e tudo passa correndo, como um borrão de cores. Às vezes, tem-se a impressão e a sensação de que uma poderosa força exterior impele o corpo astral através de um estreito túnel constituído por uma atmosfera nebulosa. As forças exteriores parecem controlar a velocidade, a direção e, muitas vezes, o destino. Dessa forma, os viajantes astrais podem poupar grandes distâncias em um ou dois breves minutos, às vezes indo para uma outra cidade, às vezes para outro lado do planeta e, também, para os fantásticos reinos habitados por estranhas e exóticas criaturas astrais.

Por mais incríveis que sejam essas velocidades, o corpo astral tem capacidades ainda maiores: nós podemos alcançar um destino simplesmente pensando nele; nós pensamos no lugar ou na pessoa, e o corpo astral pode nos levar até eles instantaneamente, sem sequer termos a sensação de ter feito uma viagem.

Encontros Astrais

O que quer que seja o mundo astral e onde quer que ele esteja, seja no cérebro de cada pessoa ou como parte de um sistema de mundos exteriores invisíveis, trata-se de um lugar movimentado, com muitas criaturas ativas em suas várias formas. Os espiritualistas afirmam que, da mesma forma que podemos entrar nos mundos invisíveis e viajar através deles, as entidades astrais também podem entrar no domínio físico — e freqüentemente fazem isso — com diversos propósitos, tais como trazer mensagens de pessoas falecidas, dar orientação pessoal ou atormentar os habitantes do mundo físico. Pessoas que desenvolveram a clarividência ou a clariaudição (ou ambas as faculdades) podem perceber os seres astrais e, às vezes, comunicar-se com eles. Os praticantes da projeção muitas vezes encontram estranhas e interessantes entidades no mundo astral. Em minhas experiências na odisséia astral, já tive contato com algumas das categorias de seres não-físicos mencionados nos livros esotéricos.

A maior parte das entidades astrais detectadas pelos praticantes de projeção e pelos paranormais, seja no plano astral seja no físico, tem forma semelhante à humana: amigos, parentes, colegas, personalidades famosas e pessoas estranhas à mente consciente. Tenho visto "formas astrais" de algumas pessoas familiares e de muitos estranhos, bem como de animais, de criaturas míticas e de formas abstratas. Durante as EFCs, tenho visto formas de homens e de animais, astrais ou físicas, e durante os estados hipnagógico ou hipnopômpico vi outros, que podem ter sido formas astrais tanto no mundo astral como no mundo físico, dependendo de qual mundo a minha consciência estava percebendo.

Na primeira vez em que abordei conscientemente seres no plano astral, eu estava numa casa desconhecida, embora parecida com outras casas, cujos ocupantes, de aparência comum, eram estranhos à minha memória consciente. Eu tinha quase certeza de que estava invisível, mas estava errada. Para minha surpresa e constrangimento, as pessoas da casa não apenas me reconheceram como também falaram comigo! Até o momento não sei quem eram eles nem por que motivo fiz uma projeção até lá.

Durante minhas tentativas de projetar-me no mundo astral para encontrar minha amiga Judi, obtive sucesso duas vezes; em duas EFCs eu fiquei em minha forma astral, de pé ao lado de sua cama, enquanto ela dormia. Porém, há um enigma. Eu estava olhando para sua forma astral ou para sua forma física? E a minha forma astral estava de fato no quarto de Judi ou no "plano astral"?

Depois de uma outra EFC, ao retornar ao meu quarto, voltando de uma jornada astral, encontrei um jovem (um estranho) de pé perto de minha cama, como se estivesse observando o meu corpo físico. Presumi que se tratasse do meu anjo da guarda ou de algum tipo de auxiliar, mas não consegui obter dele muitas informações.

O ser mais impressionante que já vi durante qualquer uma de minhas projeções astrais (ou durante minha vida física) apareceu uma noite, depois de eu sair flutuando na forma astral pela janela de meu quarto. Vi claramente, de pé no telhado de minha varanda, um vulto que se parecia com Jesus Cristo, segundo a descrição que dele se faz.

Contudo, a maioria das entidades de forma semelhante à humana que observei no plano astral parecia ser pessoas comuns, cuidando de seus assuntos num mundo comum, habitando as ruas, os parques e os edifícios do plano astral. Elas conversam, dirigem carros, usam ternos ou outras roupas apropriadas, preparam refeições, acionam máquinas automáticas, passeiam por parques e realizam muitas outras atividades, assim como nós fazemos no mundo físico. Talvez eles sejam seres físicos no mundo físico, vistos a partir de uma perspectiva astral.

Muitos dos seres mencionados nos capítulos sobre as minhas EFCs ou em relatos de outras pessoas poderiam ser habitantes comuns do mundo astral, os correspondentes astrais dos seres físicos, ou, então, formas físicas vistas a partir do ponto de vista astral. Outros são definitivamente seres não-físicos. As formas astrais observadas psiquicamente a partir da perspectiva física poderiam também ser habitantes do plano astral ou, então, os duplos astrais projetados de pessoas fisicamente encarnadas. Talvez as entidades encontradas durante as EFCs — ou por meio da percepção clarividente ou clariauditiva — sejam formas-pensamento, quer do praticante da projeção quer de outras pessoas. Também é possível que algumas delas, ou mesmo todas, sejam imaginárias.

Quando a forma física do próprio praticante da projeção é vista da perspectiva do duplo astral, é impossível saber se ela é a forma física de fato ou uma imagem mental — ou se é vista a partir de um mundo astral ou de um ponto de vista exteriorizado no mundo físico. É difícil acreditar que a "forma física" vista possa ser um "duplo astral", quando a pessoa está, na verdade, "dentro" do duplo astral, a alguns metros de distância. Qualquer que seja a verdade, para aquele que faz a projeção astral ele certamente se assemelha ao seu verdadeiro corpo físico, que está deitado lá, respirando silenciosamente, mergulhado no sono; as pessoas realmente sentem calafrios ao se verem assim.

No caso de uma projeção em estado de vigília, muitas vezes quando o corpo físico é ferido, o corpo astral vê — calmamente e sem sentir dor — o corpo físico sofrer o trauma sem se perturbar nem mesmo quando o corpo físico está se contorcendo e berrando de dor, em meio a um grande sofrimento. Uma exceção a isso é o caso de Sylvan Muldoon: o seu duplo astral projetado sofreu uma terrível agonia, enquanto o seu corpo físico era eletrocutado, num acidente que sofreu na infância e ao qual sobreviveu.[25]

Pacientes de cirurgias, quando anestesiados, freqüentemente deixam o corpo físico, observam a cirurgia a partir de cima e, posteriormente, deixam perplexos os médicos e enfermeiras com relatos precisos do que foi feito e dito durante a operação.

Se as pessoas na forma astral têm a possibilidade de observar o seu próprio corpo físico — deitado,. contorcendo-se de dores ou sofrendo uma cirurgia — parece lógico que elas sejam dotadas da capacidade de ver o corpo físico de outras pessoas a partir do ambiente das EFCs.

Durante as EFCs tenho visto também formas humanóides que sei não serem físicas. Certa vez, pouco depois de ter deixado o meu corpo físico e passado através da parede de meu quarto, vi, em minha sala de estar, as formas indistintas e translúcidas de vários homens lutando. Eles se esquivavam e desferiam golpes com movimentos realistas e eu podia ouvir seus grunhidos e o barulho do impacto dos socos no corpo dos adversários. Às vezes, me pergunto se eles eram imagens hipnopômpicas, elementos oníricos, formas-pensamento ou algum tipo de entidade astral.

Quer elas sejam seres astrais, seres físicos ou duplos astrais de seres físicos, muitas das formas humanas encontradas durante as EFCs têm o aspecto humano e se comportam do mesmo modo que os seres humanos no estado de vigília da realidade física; elas apresentam muita semelhança com o que fazemos em nossa vida cotidiana. Cada uma delas tem suas próprias características, sua compleição, sua cor de cabelo, seu modo de se vestir e seus maneirismos, assim como as pessoas que vemos em nossa consciência física normal.

Os animais também são observados durante a projeção astral. Tenho visto meu cachorro e meu gato quando estou fora de meu corpo, e eles pareceram normais, consistentes e tridimensionais, às vezes reagindo da maneira usual diante da minha presença e, em outras ocasiões, dando a impressão de não a perceberem. Na maioria das vezes em que observei os meus animais de estimação a partir da forma astral — e de forma semelhante ao que acontece quando observo do mundo astral alguns seres humanos — foi impossível determinar se eu estava vendo o corpo astral, físico ou imaginário dos animais. Em uma ocasião,

25. Sylvan J. Muldoon e Hereward Carrington, *The Projection of the Astral Body* (Londres: Rider, 1951; York Beach, ME: Samuel Weiser, 1977), pp. 259-261. [*Projeção do Corpo Astral*, publicado pela Editora Pensamento, São Paulo, 1976.]

porém, os meus gatos acompanharam-me em uma jornada astral e, portanto, presumi que eles fossem formas-pensamento ou, então, que estivessem na forma astral.

Talvez seja possível que as formas astrais de animais sejam detectadas a partir do plano físico. Certa vez, a partir da consciência hipnagógica, senti a presença de meu gato preto, Zephyr, que estava fora havia vários dias. Eu estava deitada na cama e senti ele pular sobre o colchão, no seu lugar de costume, deitar-se e enterrar as garras nas cobertas, como fazem os gatos quando se espreguiçam. Fiquei aliviada e feliz ao ver que ele voltara para casa em segurança, retornando de onde quer que ele tivesse ido, mas perguntei-me como ele havia conseguido entrar na cabana, pois as duas portas estavam fechadas. Quando sentei-me para dar-lhe as boas-vindas, o lugar estava vazio. Nunca mais voltei a ver Zephyr, seja na forma astral, seja na forma física, mas essa experiência me deu a esperança de que os gatos, depois de mortos, possam ter formas astrais que continuam a viver em alguma parte.

As criaturas mais assustadoras que já vi no ambiente astral foram as que mencionei anteriormente neste capítulo, na seção intitulada "Aventuras astrais". Eram elas as duas monstruosidades com corpos humanos e rostos de animais, cobertos de pêlos, que tentaram raptar-me. Elas eram diferentes de qualquer outra criatura que evoluiu em nosso planeta físico e que me é familiar.

Todavia, ainda mais distantes das formas biológicas comuns eram as formas que apareceram em minha cabana altas horas numa noite amena. Eu estava na cama e mantinha-me consciente, no estado hipnagógico ou na forma astral, quando vi o que pareciam entidades que não tinham forma humana nem animal. Quatro ou cinco esferas douradas e resplandecentes, cada uma com cerca de dez centímetros de diâmetro, flutuaram através da janela, entrando em meu quarto. Conquanto parecessem simples globos de luz, essas esferas pareciam ter inteligência, objetivo e vontade. Enquanto elas flutuavam da janela para o espaço acima de minha cama, senti que eram amistosas e pacíficas, de modo que me sentei para observá-las melhor. Elas dançaram graciosamente no ar à minha volta, pousaram suavemente em meus braços e, depois, lentamente, começaram a oscilar de um lado para outro. Depois de alguns momentos, os globos brilhantes desapareceram pela janela e penetraram na escuridão da floresta tão silenciosamente como haviam entrado.

* * *

Através dos séculos, temos reunido muitas impressões a respeito dos mundos invisíveis e das entidades que neles habitam. Muito do que foi aprendido com as tradições esotéricas é complementado pelos relatos dos que ultrapassaram os limites preconcebidos e se aventuraram para além das restrições familiares da dimensão física. Ainda nos perguntamos, todavia, se os mundos invisíveis e seus habitantes fazem parte de um plano maior da realidade, colisões caóticas de domínios superpostos ao acaso ou, ainda, se eles existem apenas em nossa imaginação.

Talvez qualquer um possa cruzar os limites entre os mundos e embarcar numa odisséia astral. Se um número maior de pessoas aprenderem a fazer EFCs conscientes, usando os métodos descritos no próximo capítulo, ou métodos semelhantes, algum dia talvez possamos solucionar o mistério.

Capítulo 6

Entre os Mundos

Será que uma pessoa que queira visitar os mundos invisíveis é capaz de fazer isso? Onde está a fronteira entre o mundo físico e o astral? Como podemos cruzar essa fronteira? A passagem entre mundos é indistinta, intangível e impalpável, mas podemos nos aproximar dela através dos entroncamentos e atalhos de consciência encontrados nos estados hipnagógico e hipnopômpico. O Capítulo 4 mostrou que, nos estados de transição entre a vigília e o sono, existem mudanças enigmáticas de consciência que podem nos levar para o mundo dos sonhos, para a consciência expandida da inspiração criativa, para a projeção mental, para as PES dos estados de transição, para os sonhos lúcidos e para o plano astral. Embora todos freqüentemente passemos através desse labirinto mental, em geral o ignoramos. Assim, dispomos apenas de estudos limitados, nomenclatura confusa, sistemas de classificação numerosos e incompletos e poucos fatos confiáveis em que basear o nosso conhecimento. Necessitamos de hipóteses que possam ser testadas por experiências passíveis de ser reproduzidas e que resultem em definições claras e princípios fundamentais que sirvam de base para aplicações práticas e possam aumentar o conhecimento humano.

É paradoxal que os cientistas modernos saibam mais a respeito do mundo físico exterior e de como manipulá-lo do que sobre a imaginação que cria as complexas tecnologias que dominam o mundo de hoje. Aprendemos muito sobre a psicologia, a anatomia e a fisiologia do cérebro, mas pouco sabemos sobre a força vital que o anima. Sabemos como viajar para o espaço exterior, mas temos muito o que aprender acerca das viagens em nosso eu interior.

Em algum lugar ao longo dos *continuuns* interdimensionais da consciência, nos esquivos e transitórios estados hipnagógico e hipnopômpico, está a fronteira entre os mundos. Fragilmente equilibrado em um ponto entre a vigília e o sono está o nível de consciência que encerra a chave para o mundo astral. É extremamente raro uma pessoa usar deliberadamente essa chave, mas creio que a maioria das pessoas pode aprender a projeção astral, se souber que ela existe e tiver alguma idéia de por onde começar. Os pesquisadores contemporâneos estão comprovando com inúmeros estudos que as pessoas podem ser treinadas para alcançar e reconhecer o estado de consciência no qual é possível liberar uma parte do eu e ter a experiência da existência a partir de um local exterior.[1]

Embora as EFCs provocadas sejam extremamente raras, as espontâneas são um pouco mais comuns. Às vezes, as pessoas acordam de repente e se vêem fora de seu corpo físico, flutuando na forma astral e se perguntando como e por que chegaram a uma condição como essa. Foi isso que aconteceu a Ben, uma pessoa admirável tanto na forma física como na forma espiritual, em sua EFC consciente e espontânea ocorrida na noite de 26 de maio ou na madrugada de 27 de maio de 1993.

Nas horas mais escuras da noite e em algum estágio de um sono aparentemente desprovido de sonhos, Ben cruzou involuntariamente, de alguma maneira, a linha divisória entre o mundo físico e o mundo astral. A consciência retornou, mas ele não sabia ao certo se estava dormindo ou acordado.

Ben tinha consciência de que estava deitado de costas em sua cama. Ele olhou para o alto e, pairando no ar, numa distância de apenas poucos centímetros, viu seu próprio rosto, pescoço e ombros, os quais, tal como sua forma física, estavam desnudos. Ele podia ver claramente o seu corpo astral, porque este brilhava com uma "luz etérea", uma luminescência azulada emitida por uma fonte indeterminada e que lançava um brilho lúgubre sobre a forma que levitava e dentro dela. Quando Ben olhava para o rosto de seu duplo astral, os olhos astrais estavam abertos, olhando para ele. Os ombros estavam mais escuros e a parte inferior de seu corpo desaparecia nas sombras.

Então, instantaneamente, ele estava na imagem luminosa! Ben olhou para baixo, para o seu rosto físico adormecido sobre o traves-

1. Dr. Scott Rogo, *Leaving the Body* (Nova York: Prentice Hall, 1986), p. 15.

seiro. Ele tinha uma aparência normal, a um tempo concreto e de contornos indefinidos, sem a radiação azulada. Enquanto ele olhava para o seu rosto adormecido, uma lágrima caiu de seu olho astral sobre suas pálpebras físicas fechadas. Ele sentiu uma lágrima cair em seu olho e "acordou" chorando e se perguntando qual era o motivo do choro. A imagem luminosa desaparecera.

Por que o corpo astral às vezes separa-se involuntariamente do corpo físico? O que faz o corpo astral dissociar-se de seu envoltório físico? De que forma pode-se aprender a separar o corpo astral do corpo físico? Numerosos escritores ocultistas, espiritualistas, místicos e metafísicos explicam os métodos de projeção astral. Infelizmente, muitos deles, em especial os mais antigos, são reservados e misteriosos, apresentando instruções vagas e incompletas e apenas insinuando que se trata de "informações confidenciais" que teriam um forte impacto sobre o público em geral ou seriam perigosas demais se aprendidas por alguém mal-intencionado.[2] Supõe-se que essas informações, que provavelmente se originaram em sistemas místicos de ioga e de tradições religiosas pré-históricas, tenham sido conhecidas e usadas desde tempos imemoriais por grupos seletos de teólogos e ocultistas.

Ainda que, segundo os textos mais antigos, seja preferível aprender a projeção astral sob a cuidadosa orientação de um perito[3] também é possível fazer isso sozinho. Sempre existem gurus, mestres e instrutores que dizem ter um conhecimento superior do mundo astral e afirmam que suas técnicas são a única maneira segura e confiável de deixar, de forma voluntária e consciente, o corpo físico. Em geral, eles advertem para a possibilidade de conseqüências funestas se um iniciante deixar de seguir com exatidão as suas instruções.

Alguns autores deram indicações de que consideram a projeção astral em geral aceitável e razoavelmente segura para a maioria das pessoas, mas desencorajam a sua prática por parte dos que sofrem de doenças cardíacas ou são de temperamento "nervoso", têm alguma instabilidade mental ou emocional, falta de autocontrole, são inclinadas a atos imorais ou propensos a usar drogas ou álcool.[4] Os possíveis peri-

---

2. Ophiel, *The Art & Practice of Astral Projection* (York Beach, ME: Samuel Weiser, 1977), pp. 15-17.

3. Benjamin Walker, *Beyond the Body* (Londres: Routledge & Kegan Paul, 1974), pp. 118-120.

4. Para mais informações sobre a projeção astral, ver *Practical Astral Projection*, de Yram; *Beyond the Body: The Human Double and the Astral Planes*, de Benjamin Wal-

gos por eles apontados incluem ataque cardíaco, histeria, insanidade, coma, congestão, hemorragia cerebral, paralisia, dores de cabeça, tontura, hipocondria, desmaios, alucinações, pesadelos, perda de memória, más influências por parte de entidades astrais hostis, rompimento do cordão prateado, doença ou lesão do corpo astral, repercussão de lesão do corpo astral no corpo físico, rompimento da ligação entre a alma e a psique, entrada de entidades astrais maléficas no domínio físico, obsessão espiritual, influência de forças inferiores, preocupação excessiva com a projeção astral, perda de interesse pela vida física e morte. Nenhuma parte dessa impressionante e formidável lista fundamenta-se em pesquisas científicas. Com base em análises estatísticas, sabemos na verdade que, possivelmente, milhões de pessoas tiveram EFCs espontâneas ou induzidas e retornaram com segurança, aparentemente sem nenhuma conseqüência nociva.

Há ainda um risco de natureza diferente — ser alvo de comentários zombeteiros ou de "ostracismo" caso as EFCs sejam mencionadas a pessoas com mente estreita ou a alguém que use o conhecimento de tal atividade contra uma outra pessoa. Um caso semelhante e, felizmente, bastante raro, foi analisado por Herbert Greenhouse em *The Astral Journey*.[5] Uma jovem universitária mencionou sua EFC a um médico-residente ignorante, o qual imediatamente acionou a polícia para que a encaminhasse a um hospital psiquiátrico. O trauma da experiência inibiu o posterior desenvolvimento de seu potencial psíquico.

Desde a publicação das obras dos três mais renomados peritos do século XX — Oliver Fox, Sylvan Muldoon e Robert Monroe — muitos livros, numerosos demais para serem arrolados, apresentam instruções explícitas para aqueles que queiram praticar EFCs voluntárias.

Métodos de Indução de EFCs

Dispomos atualmente, na literatura especializada, de muitos métodos para o aprendizado de EFCs conscientes e induzidas pelo próprio praticante de projeção. Esses métodos apresentaram uma eficácia va-

---

ker; *Astral Projection: A Record of Out-of-Body Experiences*, de Oliver Fox; e *The Projection of the Astral Body*, de Sylvan Muldoon e Hereward Carrington. [*Projeção do Corpo Astral*, publicado pela Editora Pensamento, São Paulo, 1976.]

5. Herbert Greenhouse, *The Astral Journey* (Garden City, NY: Doubleday, 1975), pp. 308-310.

riável para pessoas de diversas épocas. A maioria dos métodos para induzir EFCs baseia-se no treinamento da mente para permanecer alerta ou nos estados hipnagógico ou hipnopômpico, tendo como ponto de partida o estado de vigília, a vigília parcial ou o sonho. O truque consiste em deixar o corpo dormir e conservar a mente alerta, perfeitamente equilibrada no ponto exato entre a vigília e o sono. Creio que a maioria das pessoas que tenha força de vontade e persistência suficiente podem aprender a deixar seu corpo físico usando um ou mais desses métodos, os quais podem ser modificados ou combinados para compensar as diferenças e preferências individuais.

Um dos métodos requer a "criação" — por meio da visualização mental — de uma "forma astral"; ela é colocada no ambiente exterior e, então, a pessoa projeta-se conscientemente para dentro dela.

Depois de transferir a consciência para a forma astral, pode-se levá-la então, para longe do corpo físico. Alguns escritores revelam rituais exóticos de magia usados para manifestar a forma astral.[6] Nunca experimentei esses métodos, mas eles são plausíveis. De modo inconsciente e espontâneo, Ben pode ter criado sua forma astral e, em seguida, projetado sua consciência para dentro dela. Se isso pode acontecer espontaneamente, por que não poderia ocorrer também de forma voluntária?

Todavia, também é possível que a forma astral já exista, sobreposta ao corpo físico, sendo necessário apenas exteriorizá-la e transferir a consciência para ela ou, então, afastar da forma física, simultaneamente, tanto a forma astral como a consciência. Muitos métodos lançam mão dessa última abordagem.

Alguns desses métodos usam a invocação de seres astrais para ajudar a pessoa a se projetar para fora do corpo e a orientar-se na jornada através dos mundos invisíveis. Tenho obtido algum sucesso dessa maneira, e o mesmo aconteceu com outras pessoas com as quais conversei ou sobre as quais li.

Certa vez, quando eu estava deitada na cama, no ponto de equilíbrio entre o sono e a vigília, tentando projetar-me, senti mãos astrais pressionando minhas costas e impelindo o meu corpo astral para a frente, fazendo-me sentar e, assim, sair de minha forma física. Nessa ocasião, eu solicitara a ajuda de "guias espirituais"; todavia, essa ajuda pode ser prestada sem solicitação!

---

6. Para obter mais informações acerca de rituais mágicos exóticos, ver *The Art and Practice of Astral Projection,* de Ophiel; *The Llewellyn Practical Guide to Astral Projection,* de Melita Denning e Osborne Phillips.

Lyla, uma velha amiga minha, contou-me ter em sua casa um "espírito" amigo, uma enorme entidade masculina que tinha o aspecto de um típico "fantasma" de lençol branco. Certa noite, ele tentou persuadi-la a deixar o seu corpo. Depois de ela haver recusado a sugestão, ele tentou segurar a mão dela e puxá-la para fora, mas Lyla ficou com medo — não dele, mas de sair de seu corpo. Após o grito astral de Lyla, a grande entidade com aspecto de lençol ondulante desapareceu, restituindo-lhe a confiança na idéia de que temos controle sobre o modo como as personalidades não-físicas comportam-se com relação a nós.

Na literatura, existem muitos exemplos de "auxiliares" que se colocaram prontamente à disposição da pessoa que desejava fazer uma projeção. No entanto, eles quase sempre parecem estar longe quando a ajuda é solicitada.

Há muito tempo que os estudiosos do esoterismo consideram a glândula pineal como um elemento importante na iniciação de fenômenos paranormais de todos os tipos, incluindo as EFCs. Essa glândula tem a forma de um pequeno cone e está localizada no centro do crânio, diretamente atrás dos olhos. Descartes, o filósofo e matemático francês, considerava ser ela a "sede da alma racional" e freqüentemente ela tem sido chamada de "terceiro olho". Curiosamente, em muitos répteis, a glândula pineal está localizada perto do topo da cabeça e, em alguns, formou uma estrutura semelhante a um terceiro olho rudimentar, com uma lente simples e fotorreceptores. Conquanto haja muitas conjecturas, ninguém sabe ao certo qual é a função da glândula pineal em seres humanos, embora em outros animais ela tenha a função de regular atividades relacionadas com luz e escuridão, tais como vigília e sono, ou comportamentos e colorações baseados em mudanças sazonais, produzidas por diferenças na quantidade de luz do dia.

Nas disciplinas sobrenaturais, a glândula pineal é usada em alguns métodos de indução de EFCs. Depois de um relaxamento físico, supõe-se que o ato de se concentrar na glândula pineal ative o chakra da coroa, o mais poderoso dos sete chakras, os quais funcionam como centros de energia ou pontos de ligação entre os corpos físico e astral. Quando o chakra do topo do crânio é ativado, a energia é direcionada de modo a elevar o nível de vibração do corpo astral, permitindo que ele se separe de suas amarras físicas.

Talvez seja mais prudente evitar todos os métodos de indução de EFCs que tentem ativar os chakras. A maioria dos textos que contêm informações sobre esses chakras ou centros de energia adverte que é extremamente perigoso ativar os chakras prematuramente, o que poderia "despertar a kundalini" antes que a pessoa estivesse suficientemente desenvolvida em termos psíquicos ou espirituais. Segundo o dr. Scott Rogo, existem algumas evidências, obtidas a partir de estudantes de ioga que tentam "despertar a kundalini" através da prática de técnicas respiratórias, de que essas advertências devem ser levadas a sério, de modo a evitar perturbações psicológicas e fisiológicas.[7]

Alguns dos métodos mais freqüentemente descritos para provocar a exteriorização são os que usam a projeção a partir de sonhos lúcidos. Eles usam a auto-sugestão de uma EFC, e a combinam com alguns dos quatro passos do Capítulo 3: recordação, interpretação, indução e intervenção nos sonhos. Os métodos de projeção de sonhos usam uma grande variedade de técnicas na aplicação de cada passo, e estão entre os mais bem-sucedidos.

Uma outra maneira de alcançar o tipo de experiência conducente a EFCs voluntárias consiste em permanecer acordado no estado hipnagógico. Diversas técnicas hipnagógicas são aplicadas, incluindo auto-sugestão, concentração em imagens interiores ou exteriores, ou rituais mágicos. Alguns métodos hipnagógicos são comumente chamados de transe, meditação e auto-hipnose.

O hipnotismo — feito por outra pessoa — ou fitas cassete especialmente preparadas, podem também ser úteis para induzir as EFCs.

Existem outras técnicas eficazes que ajudam a pessoa a ficar acordada no estado hipnopômpico. Logo que a consciência desperta começa a ser estimulada, de modo que nem acorde totalmente, nem emerja de novo no sono. Conforme foi analisado no Capítulo 4, essa consciência intermediária pode automaticamente levar a um estado propício para que a EFC consciente aconteça.

Muitas técnicas para induzir uma EFC baseiam-se na magia. Os rituais mágicos podem ser aplicados a qualquer tipo de método de projeção e em geral constituem-se de posturas, posições, movimentos, cânticos, mantras, visualizações mentais ou símbolos específicos. As combinações e variações parecem infinitas. Além dos rituais de magia, ou rituais associados a eles, existem muitos métodos de relaxamento, exercícios respiratórios[8] e práticas de concentração. Em alguns métodos chega-se mesmo a recomendar dietas especiais ou estilos de vida as-

---

7. Rogo, *Leaving the Body*, pp. 83-84.

8. Os exercícios de respiração "cruzada", uma técnica específica usada na ioga, não devem ser usados durante a indução de EFCs, pois eles podem acidentalmente, "elevar a kundalini". Ver nota 7 acima.

céticos — destituídos de materialismo, desejo ou apegos — para aumentar sua eficácia.

Cruzando as Fronteiras

Assim como acontece com outros aspectos da projeção astral, existem muitas opiniões diferentes e, às vezes, conflitantes em relação ao verdadeiro processo de separação entre o corpo astral e o corpo físico.

Para induzir a saída do corpo astral, a postura mais recomendada para o corpo físico é aquela em que a pessoa se deita de costas; todavia, as evidências indicam que qualquer posição confortável, no qual se possa relaxar totalmente, tornará possível a indução voluntária. Conforme foi visto no Capítulo 4, a projeção voluntária pode ocorrer durante atividades comuns, como sair de um restaurante, sentar-se em um balanço ou dirigir um carro.

Conquanto algumas fontes afirmem que é necessária uma iluminação moderada para se fazer a projeção do corpo astral, esta também pode ser realizada em ambientes com outros tipos de iluminação, inclusive ao ar livre, sob a luz do sol.

A literatura sobre EFCs contém muitas divergências com relação ao estado de saúde física que mais favoreça a exteriorização da forma astral. Algumas autoridades no assunto recomendam saúde e forma física quase perfeitas, enquanto outras afirmam que a forma astral separa-se com mais facilidade quando a saúde está debilitada. Ao contrário do que dizem muitos autores, o corpo astral tem a capacidade de fazer uma projeção consciente quer o corpo físico esteja clinicamente morto, enfraquecido por doenças ou ferimentos ou gozando de excelente saúde.

A separação efetiva entre a forma astral e o corpo físico pode ocorrer de várias maneiras. Um livro sobre EFC pode descrever um processo e afirmar que esta é a única maneira de realizar EFCs, enquanto outro irá descrever um modo de separação totalmente diferente. Ambos os processos podem ser bem-sucedidos. O corpo astral talvez deixe a forma física pelo plexo solar, pela cabeça e pelos pés ou, então, talvez saia através de todos esses pontos ao mesmo tempo.

Muitos livros sobre EFCs apresentam descrições pormenorizadas do caminho tomado pelo corpo astral quando ele deixa o corpo físico. Em um dos exemplos apresentados com mais freqüência, o corpo físico está reclinado e o corpo astral eleva-se ao mesmo tempo em que se mantém paralelo ao seu correspondente físico. De acordo com a minha experiência, o corpo astral pode deixar o corpo físico em qualquer direção. Uma das coisas que mais me surpreendeu durante a minha primeira separação consciente foi o fato de meu corpo astral cair e atravessar a minha cama e o assoalho, indo parar no chão de terra sob o meu quarto.

Segundo diversos relatos, o processo de separação pode ser acompanhado por muitos fenômenos. É bastante comum a ocorrência de um breve período de inconsciência mas, se a pessoa que faz a projeção permanecer consciente durante alguma parte do processo de separação, numerosas e peculiares experiências são possíveis.

Efeitos visuais e auditivos são freqüentes. Sons incomuns podem ocorrer, como o badalar de sinos, buzinas, os zunidos, ou mesmo melodias, frases e canções. Em determinado ponto, quando parece possível enxergar através das pálpebras fechadas, podem ocorrer imagens de seres humanos, monstros assustadores, efeitos de luz especiais, formas fantásticas, túneis ou qualquer outra coisa.

A pessoa pode ter estranhas sensações táteis ou cinestésicas, tais como mãos invisíveis empurrando ou puxando o seu corpo, ou forças energéticas fazendo a forma astral se deslocar, virar-se, balançar, sacudir-se ou até saltitar. Formigamentos, tremores, vibrações, entorpecimentos, paralisia, ou catalepsia também podem ser sintomas temporários. Também pode-se sentir frio ou calor.

Alguns praticantes da projeção astral descreveram experiências na qual sentiram como se todo o seu eu se precipitasse para dentro da cabeça, ou perceberam uma pressão dentro do cérebro e, então, essas sensações foram aliviadas no instante em que, com um som de "click" ou "pop", a forma astral foi liberada.

Às vezes, a despeito de árduos e prolongados esforços, o corpo astral permanece firmemente preso dentro do invólucro físico. Amiúde, quando cessam os vigorosos esforços para promover a separação, a forma astral eleva-se suavemente, como que por sua própria iniciativa. Em outras ocasiões, tem-se a impressão de que uma poderosa energia externa a impele para fora, fazendo-a afastar-se de seu duplo físico.

Alguns praticantes da projeção astral sentem confusão, dor, medo ou angústia com relação a muitos dos fenômenos da separação, mas eu mesma sempre fico perfeitamente à vontade ao lidar com esse fenômeno, exceto pela frustração que sofro quando a forma astral recusa-se a deixar o invólucro físico.

Dentre todos os fenômenos de separação com os quais tive contato, o mais impressionante foi o das vibrações. Elas parecem literalmente como uma corrente elétrica fluindo através do corpo. Descobri que posso facilmente controlá-las por meio do pensamento — afastá-las, deslocá-las para diversas partes do meu corpo, moderá-las ou acelerá-las. Tive muitas EFCs que começaram com essas vibrações ao passo que, em outras, esse curioso fenômeno estava ausente. Embora eu sinta nitidamente essas fortes vibrações, elas não produziram nenhuma dor ou mal-estar. Ao contrário, elas parecem trazer tranqüilidade e constituem uma confiável indicação de que estou mental e fisicamente preparada para uma EFC.

A pessoa que faz a projeção também pode permanecer inconsciente durante toda a separação e despertar para a consciência no corpo astral exteriorizado, pairando acima do corpo físico adormecido ou mantendo-se de pé, próximo a ele. A separação inconsciente também pode ocorrer a partir de um sonho, e nesse caso, a pessoa torna-se subitamente lúcida durante o sonho; em seguida, acorda no corpo astral, em um ambiente astral semelhante ou contínuo com relação ao local do sonho.

A separação também pode ocorrer naturalmente e ser uma surpresa total, como acontece quando a pessoa que se projeta senta-se, sai da cama, começa a caminhar e, de repente, percebe que está na forma astral, enquanto o corpo físico continua deitado na cama, dormindo.

Depois da separação entre o corpo físico e o astral, eles ainda continuam ligados pelo "cordão prateado". Embora alguns praticantes da projeção astral descrevam esse cordão como sendo cilíndrico, outros o vêem como uma fita, uma faixa, um fio ou uma corda formada por diversos cordões. Alguns o vêem como um feixe de luz ou como um filamento extremamente fino, semelhante ao fio de uma teia de aranha. Ele freqüentemente é visto juntamente com uma luz pulsátil que corre ao longo de sua extensão, entre o duplo projetado e a forma física. Ele é extremamente elástico e parece ser constituído pelo mesmo material do corpo astral.

Existem também muitas descrições acerca do local em que o cordão prateado se fixa. Um autor poderá insistir em dizer que ele emana do plexo solar do corpo físico e vai até algum ponto do corpo astral, enquanto um outro diz que o cordão liga ambos os corpos pela cabeça.

Na única vez que investiguei o meu próprio cordão prateado, apalpei a parte de trás de meu pescoço, um ponto de fixação descrito em vários livros, para verificar se ele estava lá. De fato, estava! Parecia cilíndrico, liso e firme, com um diâmetro de aproximadamente 2,5 centímetros. Antes de se ligar ao meu corpo astral, ele ramificava-se em muitos segmentos mais finos e penetrava em numerosos pontos em meu pescoço e na parte superior de minhas costas.

Assim como a forma astral pode separar-se do corpo físico através de diversos pontos, é possível que o cordão possa ligar as duas formas de várias maneiras. Conforme eu disse antes, o plano astral está repleto de surpresas. Essa pode ser uma razão pela qual a literatura a respeito está cheia de contradições.

Retorno ao Plano Físico

As pessoas que nunca passaram por uma projeção consciente talvez se perguntem como fazer para voltar ao corpo físico. De acordo com a minha experiência, isso nunca foi um problema; o retorno é quase sempre automático. Para mim, a maior dificuldade não é a volta para a existência física, mas continuar exteriorizada por um período mais longo.

Choque, medo ou qualquer emoção forte em geral farão com que o duplo retorne automaticamente, assim como qualquer perturbação nas vizinhanças do corpo físico. Segundo minhas próprias experiências, bem como relatos escritos e orais feitos por outras pessoas, uma força exterior ou um controle inconsciente parece trazer subitamente o corpo astral para junto de sua forma material. Se alguém quiser retornar de uma projeção astral, basta pensar no desejo de voltar para a forma física e, por mais distante que seja o lugar para o qual a forma astral se aventurou a ir, a projeção se encerra automaticamente.

Todavia, se alguém não conseguisse retornar de uma projeção, como é que isso poderia vir a ser conhecido?

O retorno do corpo astral e da consciência ao corpo físico pode ocorrer de várias maneiras.

O retorno mais lento dá-se quando a forma astral está perto do corpo físico. O duplo espectral tem uma afinidade natural pelo seu invólucro físico e a reunião ocorre automaticamente, com o perfeito realinhamento das partes astrais com as partes físicas. A pessoa pode permanecer calma e relaxada e observar as duas formas voltarem a se unir. Já pude observar minhas partes astrais refulgentes alinharem-se com seus equivalentes físicos e, então, desaparecer dentro deles.

Quando isso acontece, a misteriosa força superior atrai rapidamente o corpo astral de volta para o corpo físico. A pessoa que faz a projeção sente uma tração nas costas ou em alguma outra parte do duplo exteriorizado e, em seguida, na volta para o corpo físico, tem a sensação de estar atravessando um túnel nevoento. Esse método para retornar ao corpo físico pode ocorrer em velocidade impressionante, através de longas distâncias, ou de um extremo a outro da casa, com o duplo sendo puxado, sem sentir nenhuma dor, através de paredes, móveis, aparelhos domésticos ou de qualquer outro obstáculo entre ele e seu correspondente físico.

Quando a forma astral está na mesma sala ou casa da forma física, o retorno pode ocorrer de maneira quase instantânea. A consciência volta como um relâmpago para o corpo físico mas há uma pausa momentânea quando as duas formas se unem, como se a consciência ficasse suspensa por um breve período na fronteira entre os mundos. A pessoa passa pela experiência da consciência dual, enquanto os mundos astral e físico se sobrepõem e, então, o mundo astral desvanece-se enquanto o mundo físico entra em foco.

Às vezes, o retorno ao corpo físico ocorre instantaneamente. O duplo astral pode estar em qualquer parte — na mesma sala do corpo físico ou explorando domínios distantes — quando, subitamente, percebemos que a consciência está localizada no cérebro físico, os olhos físicos se abrem e o mundo astral fica para trás.

No momento em que o duplo astral volta a se juntar à forma física, alguns praticantes da projeção astral sentem um choque, uma paralisia temporária ou catalepsia, ouvem sons e têm visões semelhantes àquelas do fenômeno de separação.

Embora seja comum conservar a plena consciência do plano astral durante o retorno ao mundo físico, ocasionalmente há um breve intervalo inconsciente entre os dois estados. Depois do retorno, pode-se usar a capacidade de concentração para manter o correto equilíbrio entre a vigília e o sono, de modo que a forma astral possa se separar novamente. É também possível ir de uma EFC para um estado onírico e, então, acordar normalmente ou passar por um falso despertar.

Procedimentos Específicos para Projetar o Corpo Astral

Na primeira vez em que consegui deixar o meu corpo de forma voluntária e consciente, usei a auto-sugestão e um conjunto em parte alterado de técnicas descritas por Sylvan Muldoon em *The Projection of* *the Astral Body*;* por Hugh Callaway — que escreveu com o pseudônimo literário de Oliver Fox — em *Astral Projection: A Record of Out-of-the-Body Experiences*; e por Robert Monroe, em *Journeys Out of the Body*. Eis aqui cinco procedimentos específicos que usei com sucesso para provocar EFCs.

Procedimento Um

Para aplicar esse procedimento, o primeiro com que obtive sucesso, deito numa cama como de costume, em qualquer posição confortável, coberta o suficiente para manter-me aquecida. Fecho os olhos.

Para iniciar o relaxamento físico e mental, respiro fundo várias vezes, lentamente, até os pulmões estarem quase completamente cheios, e expiro até eles ficarem inteiramente relaxados. Ao inspirar, imagino o *prana* — ou energia psíquica — fluindo para dentro de meu corpo e impregnando-o completamente; ao expirar, imagino todo o *stress* da vida diária fluindo para fora de meu corpo.

Para aprofundar o relaxamento mental e provocar um estado semelhante ao de transe, faço uma lenta contagem regressiva, começando do 10 ou do 20, concentrando-me em um número por vez. Em cada número, imagino minha mente descendo para um estado de consciência mais profundo e de maior relaxamento. Quando chego ao zero, minha mente em geral está tranqüila e relativamente livre das preocupações cotidianas.

Para aprofundar o relaxamento físico, faço um exercício progressivo de relaxamento muscular, começando pelos pés e indo até o topo da cabeça. Flexiono os músculos dos dedos, observando a sensação de tensão que isso causa e, depois, deixo-os relaxar, prestando atenção na diferença entre as sensações. Então, de forma semelhante, reteso e relaxo os músculos da perna, da coxa, dos quadris, das mãos, dos braços, do tórax, do pescoço, da face e da testa. Quando todos os grupos musculares estão relaxados, aprecio em silêncio a agradável sensação de total relaxamento.

Com a mente e o corpo em estado de profundo relaxamento, passo ao estágio seguinte do procedimento, que consiste na aplicação simultânea de três técnicas: auto-sugestão de uma EFC, visualização de uma tela preta e imaginação de vibrações.

Quanto à auto-sugestão, digo a mim mesma várias vezes que vou

---

* *Projeção do Corpo Astral*, publicado pela Editora Pensamento, São Paulo, 1976.

deixar o meu corpo. Penso na sensação de minha forma astral separando-se do invólucro físico e, em seguida, na sensação de estar fora, viajando pelo mundo astral. Note que eu apenas penso nas *sensações*. Se alguma emoção se manifestar eu a reprimo e penso nas sensações de deixar o meu corpo.

Enquanto imagino essas sensações, visualizo uma tela preta por trás de meus olhos. Focalizo minha visão interior na escuridão e, se alguma imagem hipnagógica aparecer, afasto-a com o meu pensamento, de modo que a minha tela mental permaneça escura.

Enquanto faço a auto-sugestão e visualizo a tela escura, imagino vibrações sendo emitidas a partir de um ponto situado a uns dois metros do topo da minha cabeça e formando um ângulo de aproximadamente 30 graus acima da linha do eixo do meu corpo. Se o vértice do ângulo estiver no topo da minha cabeça, o primeiro lado do ângulo é uma extensão do eixo do meu corpo, prolongando-se a partir da cabeça, e o segundo lado, diretamente acima, forma o ângulo de 30 graus. O ponto está a 1,8 metros de distância do vértice, no segundo lado do ângulo. Eu imagino as vibrações entrando em minha cabeça e espalhando-se pelo restante de meu corpo.[9]

Em regra, pego no sono durante a aplicação simultânea dessas três técnicas. Quando começo a acordar, porém, os meus pensamentos às vezes ainda estão concentrados em minha tentativa de ter uma EFC, e as vibrações estão se propagando pelo meu corpo. Conforme mencionei anteriormente, a sensação que elas produzem é muito semelhante à de uma corrente elétrica passando pelo corpo, sendo, porém, indolor. Quando as vibrações são fortes, é possível separar a forma astral de meu corpo físico.

Às vezes, após o início do Procedimento Um, adormeço, caio em um sono comum que se torna lúcido e, então, projeto-me a partir desse sonho lúcido. Além disso, conforme foi analisado no Capítulo 4, posso ir de um sonho lúcido para o estado hipnopômpico e, depois, para uma EFC.

Procedimento Dois

Tenho um procedimento que às vezes funciona bem no estado hipnopômpico. Ao acordar, e antes que a consciência tenha voltado in-

9. Li sobre essa técnica em *Journeys Out of the Body*, de Robert Monroe (Garden City, NY: Anchor Press/Doubleday, 1973).

teiramente para o mundo físico, relaxo e volto a dormir, concentrando-me no desejo de ter uma projeção astral e nas sensações que ela proporciona. Imagino a sensação de meu eu interior oscilando enquanto o meu corpo físico permanece imóvel. Eu "balanço" cada vez mais rápido, e logo a sensação de movimento interior transforma-se automaticamente nas mesmas vibrações produzidas no Procedimento Um. Quando isso acontece estou em um estado de consciência propício para ter uma EFC.

Em algumas ocasiões, depois de tentar o Procedimento Um e pegar no sono ou fracassar por falta de concentração, consigo induzir uma EFC com o Procedimento Dois.

Procedimento Três

Tentei esse procedimento porque, muitas vezes, mesmo quando consigo chegar ao estado de vibração, é difícil liberar a forma astral de sua prisão física. Descobri que a dissociação pode ser mais fácil a partir de um sonho lúcido.

Para usar o Procedimento Três, começo da mesma forma que no Procedimento Um. Respiro fundo diversas vezes, faço contagens regressivas partindo do 10 ou do 20, vou passando para estados mentais cada vez mais relaxados e então, executo o exercício progressivo de relaxamento. Quando estou mental e fisicamente relaxada, passo à autosugestão, dizendo a mim mesma que terei um sonho lúcido e me projetarei no plano astral depois de atingir a lucidez.

Algumas vezes, quando estava seguindo esse método, peguei no sono durante os primeiros passos; mesmo assim, porém, cheguei a um sonho lúcido e prossegui para uma EFC, seja diretamente ou passando antes pelo estado hipnopômpico.

Procedimento Quatro

Uma outra abordagem para se chegar a um estado de consciência que leve às EFCs é passar diretamente da consciência física desperta ao estado hipnagógico. Ao observar os fenômenos mentais durante o estado hipnagógico, costumo encontrar naturalmente o estado correto de consciência para uma EFC, quer diretamente quer a partir de um sonho lúcido que se desenrola a partir da consciência desperta. Esse procedimento pode ser complicado porque, neste caso, as vibrações costumam estar ausentes. Nas ocasiões em que tive sucesso, separei-me sem esforço em minha forma astral ou, então, pensava estar em minha forma física quando, de fato, já me encontrava na forma astral.

A eficácia do procedimento hipnagógico pode ser ainda maior se fizermos uma respiração profunda, a contagem regressiva e as técnicas de relaxamento do Procedimento Um e, em seguida, observarmos a passagem através do estado hipnagógico ao mesmo tempo que, passivamente, mantemos viva em nossa mente a intenção de ter uma EFC.

Procedimento Cinco

O estado hipnopômpico também pode ser usado para se atingir naturalmente o estado de consciência necessário para a projeção astral. Uso as técnicas analisadas anteriormente (respiração profunda, relaxamento físico e mental, auto-sugestão) para imergir a consciência no estado hipnopômpico; depois disso, é possível chegar naturalmente às condições necessárias para seguir rumo a uma EFC, tal como se faz no estado hipnagógico.

Depois de obter algum sucesso com esses procedimentos, incorporei a eles a auto-sugestão com o propósito de projetar-me para lugares específicos ou atingir metas específicas, tais como estudar uma estrutura do corpo astral, tentar desenvolver habilidades específicas ou ir à procura de entidades astrais.

Para aumentar a eficiência desses procedimentos, convém saturar a mente consciente e inconsciente com o tema da projeção astral. Esse objetivo pode ser alcançado por meio de leituras e conversas, ou direcionando-se o pensamento para esse tema sempre que possível, durante as horas de vigília, e também durante os estados hipnagógico e hipnopômpico.

Fantasie a respeito da possibilidade de viajar no mundo astral para qualquer lugar aonde você queira ir — qualquer local da Terra, para outros planetas, estrelas ou domínios invisíveis — ou de avistar-se com alguém, como, por exemplo, um amigo, parente, ente querido ou entidade cósmica. O ato de fantasiar, quando acompanhado de imagens mentais fortes, vívidas e precisas, desenvolve as ondas cerebrais teta — e as pessoas com mais ondas teta têm uma maior propensão para ter EFCs.[10]

Pense na projeção astral e imagine como ela seria; e mais importante ainda: tenha vontade de fazer essa experiência. A saturação nos

---

10. Rogo, *Leaving the Body*, pp. 13-14.

níveis consciente e subconsciente influenciará o inconsciente e o superconsciente, de modo que poderão surgir sonhos comuns com projeção astral, juntamente com sonhos lúcidos e experiências de falso despertar ou, talvez, uma EFC espontânea, indicando que está próximo o momento em que você terá uma verdadeira EFC consciente, voluntária e controlada. Quando isso acontecer, você saberá.

Desde que comecei a usar esses procedimentos e a descobrir que eles de fato favorecem EFCs voluntárias conscientes, passei a ter EFCs conscientes espontâneas com mais freqüência. Elas em geral surgem a partir de sonhos lúcidos ou de um falso despertar.

Uma vez atingido o estado de consciência que leva a uma EFC, descubro que em geral é necessário separar ou afastar do corpo físico, deliberadamente, a forma astral. Às vezes, apenas expresso mentalmente o desejo de elevar-me no ar, flutuando, e o corpo astral obedece; em outras ocasiões, rolo de um lado para o outro e, outras vezes, emerjo através do topo da cabeça. Nas poucas ocasiões em que essas técnicas falharam, consegui tirar uma parte do corpo astral para fora, como o braço, e o resto da forma astral seguiu pelo mesmo caminho até ser completamente liberada. Outras vezes, o meu corpo astral exteriorizou-se sem nenhum esforço consciente, como se tivesse subitamente caído do corpo físico ou sido atirado para fora dele e, em outras ocasiões ainda, a despeito da utilização de todas essas técnicas, permaneceu confinado aos grilhões físicos.

* * *

Lembre-se de que esses métodos podem demorar um pouco para surtirem efeito. Poderão passar-se semanas ou meses sem que esses procedimentos dêem algum resultado, exceto uma boa noite de sono, uma soneca reparadora ou pensamentos errantes. Não tenho nenhuma idéia do tempo que, supostamente, seria normal esperar, mas apostaria que sejam necessários de três semanas a dois meses — ou talvez menos, no caso de pessoas que já tenham um estado de vida que favoreça esse tipo de desenvolvimento. Creio que as EFC são como qualquer outra habilidade ou disciplina mental — quanto maior o nosso esforço, maior o seu desenvolvimento.

Ao longo dos próximos três capítulos são apresentados registros detalhados de minha odisséia nos mundos invisíveis, aos quais cheguei mediante a utilização desses procedimentos. Com base em anotações detalhadas, feitas depois de cada EFC, descrevo minha passagem do mundo físico para o mundo astral, aquilo que vi, pensei, senti e fiz, bem como a maneira como retornei. Considerando que às vezes não era conveniente registrar de imediato as informações em meu diário, podem ter ocorrido alguns pequenos erros com relação à duração e às datas, mas a maioria das informações são precisas.

Com prática e determinação, esses métodos funcionam. Depois que isso acontece, mudam para sempre as idéias que a pessoa tinha acerca de si mesma, da realidade e da natureza do universo.

O conhecimento obscurece a crença.

Capítulo 7

As Projeções na Cabana

A primeira vez em que consegui deixar conscientemente o meu corpo, eu vivia em uma cabana isolada na floresta, perto da pequena cidade de Keystone e a apenas alguns quilômetros do monte Rushmore, nas Black Hills da Dakota do Sul. A vida em minha pequena cabana revelou-se a cada dia mais iluminadora. Eu vivia em um ambiente impregnado pela natureza, onde eu observava as mudanças nas estações refletirem-se nas criaturas silvestres, no céu e na floresta. Lá, eu achava fácil voltar-me para dentro de mim mesma e explorar estados de consciência que anteriormente eram ignorados.

Aninhada em meio às árvores da vertente de uma colina, ao longo de uma estrada íngreme, esburacada e cheia de marcas de pneus, a rústica cabana, com as paredes cobertas de cedro e com teto verde, harmonizava-se bem com o ambiente em que estava. Sendo uma construção modesta, eu não dispunha de água corrente, nem de encanamento. Eu dependia de um fogão a lenha e de uma lareira para manter aquecido o cômodo principal durante o inverno, mas, às vezes, mesmo com ambos acesos, a cozinha contígua ficava tão fria que a água na vasilha de meu cachorro congelava.

Uma descrição da localização da cabana e de seus arredores facilitará a compreensão dos eventos apresentados neste capítulo.

A cabana fica quase oculta em um denso bosque de pinheiros altos, entremeados de choupos, bétulas e carvalhos. O chão da floresta é coberto por pés de amoras silvestres e, durante a primavera, por samambaias, flores silvestres e sumagre venenoso. Uma estrada estreita e enlameada passa perto da cabana antes de bifurcar-se e, fazendo uma acentuada curva à esquerda, voltar até a cabana. Depois que a estrada se bifurca, ela continua a subir a colina, fazendo uma curva à esquerda ao longo de 15 ou 18 metros, onde uma outra estrada, mais parecida com uma trilha, também se bifurca à esquerda e contorna a crista da colina, acima da cabana.

A cabana, distante e sossegada, em meio à tranqüilidade da floresta, é uma construção modesta mas bem cuidada. Se você ficasse de pé, diante dela, veria uma varanda ao longo de toda a frente e indo até a metade do lado direito, onde termina em uma porta que leva à cozinha. A varanda é toda coberta, exceto na extremidade esquerda, em que ela foi aberta para dar lugar a um solário.

A entrada principal fica no centro da parte da frente. Ao abrir a pesada porta de madeira e entrar, você estará de pé em uma sala de estar com paredes cobertas por painéis de pinho cheio de nós e diante de uma lareira de pedras lisas, marrom-escuras e pretas, na parede do lado oposto. De cada lado da lareira há uma janela de guilhotina, com quatro vidraças, do tipo usado em celeiros. À esquerda da lareira, na parede perpendicular àquela diante da qual você está, há uma entrada que leva ao quarto onde eu geralmente durmo. Também nessa parede lateral, porém mais perto, há uma outra porta que dá para o quarto de hóspedes, o qual tem beliches na parede que divide este quarto com o primeiro. À direita da lareira, na outra parede perpendicular àquela diante de você, encontra-se uma entrada que dá para a cozinha — e da cozinha, uma outra porta, dividida ao meio horizontalmente, dá para a parte da varanda que corre ao longo da parede lateral da cabana. Em cada um dos lados da porta da frente há uma janela com seis vidraças e, imediatamente à direita, um fogão a lenha.

Durante os anos em que lá morei, eu geralmente trabalhava à noite, e muitas vezes o dia estava quase nascendo quando eu passava rapidamente pela estrada íngreme, pedregosa e irregular que me levava de volta para casa. Às vezes, eu também trabalhava de dia e, portanto, o meu horário de sono era irregular. A maioria das EFCs ocorria no meio da manhã ou durante a tarde. Segue-se um relato cronológico dessas experiências.

5 de maio de 1978, 9h15

Deitei na cama, respirei fundo várias vezes, bem devagar, e fiz uma contagem regressiva de dez a um, imaginando estar em um estado de consciência cada vez mais profundo. Procurei não pensar em nada especificamente e relaxei todas as partes de meu corpo, uma de cada vez, começando pelos dedos do pé e continuando em direção à parte de cima de meu corpo, retesando e relaxando sucessivamente cada grupo de músculos, até que flexionei o meu músculo frontal (da testa) e deixei todos os músculos relaxarem. Todo o meu corpo parecia lasso e relaxado.

Eu disse mentalmente a mim mesma, repetidas vezes, que iria deixar o meu corpo e, para impedir que os meus pensamentos se dispersassem, concentrei-me em uma tela negra imaginária por trás de minhas pálpebras e da testa. Sempre que se formava uma imagem mental sem relação com o meu propósito, eu voltava a concentrar-me na tela vazia. Ao mesmo tempo, imaginei vibrações vindo de um ponto no espaço a uns 2 metros da minha cabeça e 30 graus acima do eixo do meu corpo, uma técnica descrita por Robert Monroe.[1]

Depois de algum tempo, adormeci. Entrei e sai diversas vezes de um estado onírico, mas lembrei-me de meu propósito quando minha consciência chegou mais perto do despertar. Então, consegui manter o estado hipnopômpico.

As vibrações começaram. Era como se uma corrente elétrica estivesse correndo por todo o meu corpo, fazendo cada célula vibrar de energia, uma sensação muito semelhante à que se tem quando um membro fica "dormente", mas de modo nenhum desagradável. As vibrações eram variáveis, espasmódicas, tornando-se cada vez mais fortes e, depois, abrandando-se. Mantive os olhos fechados e tentei acelerá-las e direcioná-las para fora; descobri que era fácil controlá-las.

Eu me perguntava como fazer para deixar o corpo e resolvi verificar se poderia tirar apenas um braço para fora. Com os meus olhos ainda fechados, ergui o meu braço, que se moveu com facilidade; todavia, era impossível determinar se eu estava controlando o meu braço físico ou astral. De repente, saí de meu corpo, atravessando a cama e o assoalho e indo parar no chão de terra, sob a cabana. De alguma

---

1. Robert A. Monroe, *Journeys Out of the Body* (Garden City, NY: Anchor/Doubleday, 1973), p. 212.

maneira, caí sobre minhas mãos e joelhos. Assustada, abri os olhos e, com a visão turva, vi nitidamente o solo úmido, pedras e detritos, a maioria consistindo em restos de cones de pinheiros deixados pelos esquilos. Estendi as mãos para uma das pedras, espantada com o quanto ela parecia ser real; ela era dura, fria, úmida e áspera.

Resolvi tentar sair da parte inferior da cabana para ver como era o "mundo astral" lá em cima, mas eu não queria erguer-me de uma vez porque tinha receio de reentrar em meu corpo físico e encerrar a EFC. Achei que seria preferível erguer-me em diagonal, em um ângulo de 45 graus, de modo que eu pudesse atravessar o assoalho e a parede e, esperava eu, posicionar-me do lado de fora da janela de meu quarto. Tão logo mentalizei minhas intenções, elevei-me sem esforço pelo caminho pretendido.

Ao sair de debaixo da cabana, voltei para o sonho que eu tivera. A única mudança no sonho foi o lugar; em vez de ocorrer em um mundo onírico separado das outras realidades, ele estava se desenrolando do lado de fora da janela do meu quarto, superposto ao "ambiente astral". No sonho, pedi desculpas aos meus amigos, por minha breve ausência, e continuei com o drama quimérico a partir de onde ele fora interrompido, até o momento em que o telefone tocou, trazendo-me de volta à consciência física. Eram 10h45.

Era nítida a diferença entre a EFC e o sonho; eu estava perfeitamente consciente da natureza do drama onírico sobreposto à "imagem astral" de minha cabana, vista do lado de fora do meu quarto. A EFC era exatamente como estar acordada, só que eu sabia que o meu corpo físico estava inconsciente em minha cama enquanto uma outra parte de mim via, sentia e atuava sob a cabana. Das duas, uma: ou certa parte não-material de mim mesma estava de fato sob a cabana, ou o meu subconsciente criou uma ilusão convincente. Depois de um breve momento de lucidez, ao entrar no sonho, o drama onírico tornou-se um sonho comum no qual eu desempenhei passivamente o meu papel, aceitando isso como realidade no momento em que o sonho estava acontecendo.

18 de maio, 1978, 8h00

Tendo acordado bem cedo, fiquei deitada para induzir a projeção astral. Uma garoa encharcava a floresta, e uma neblina densa toldava as colinas e a copa das árvores do lado de fora da minha janela.

Relaxei cada parte de meu corpo, começando pelos pés e subindo até a cabeça, como fizera antes. Quando todos os meus músculos estavam relaxados, mantive os meus olhos fechados e "focalizei" a escuridão atrás de minhas pálpebras, enquanto eu pensava na projeção astral. Involuntariamente, peguei no sono.

Sonhei com gigantescas máquinas de terraplanagem rugindo estrada acima e pelas encostas da colina, derrubando as árvores novas, esmagando as flores silvestres e revolvendo a terra para construir uma rede de novas estradas com vistas a um grande empreendimento habitacional. Fiquei profundamente perturbada enquanto as observava rasgando a terra e destruindo as belezas naturais em torno da minha cabana, e aborreci-me por perder minha tranqüilidade e solidão.

De repente, o sonho tornou-se lúcido, e entrei no estado hipnopômpico. Senti vibrações fortes através de todo o meu corpo, uma sensação semelhante à de um choque elétrico, só que apaziguadora e energizante. Ao mesmo tempo, em minha cabeça, ouvi um ruído de zumbidos e roncos de motores que se assemelhava à continuação do clamor do equipamento de construção de estradas que eu ouvira em meu sonho. Concentrei-me em deixar o meu corpo imaginando minha consciência em meu corpo astral, dentro de meu corpo físico, empurrando para cima e para fora.

Senti o meu ser interior sair pelo topo de minha cabeça, como se a minha consciência estivesse em um novo corpo, capaz de sair do antigo. Passei facilmente através da parede de pinho nodoso na cabeceira de minha cama.

Flutuei em minha sala de estar durante alguns breves momentos, e olhei para os móveis familiares porém indistintos. Quando tentei mover-me, voei aleatoriamente através da sala, sem controle sobre meu destino ou posição. Tentei imobilizar-me e permanecer ereta, mas perdi o equilíbrio e inclinei-me, afastando-me como se estivesse sendo impelida por uma força exterior. Então, subitamente, mudei de direção e rumei para uma outra parte da sala, dando voltas e girando no ar.

Fui arremessada para dentro da cozinha e resolvi tentar ir para fora. Logo que o pensamento se formou, fui lançada diretamente contra a parede e vi-me do lado de fora, flutuando no nível do telhado, próximo à minha cabana.

Parei de ziguezaguear de um lugar para outro. Minha visão estava consideravelmente mais nítida. Olhei em torno e estudei esse ambiente astral, ou ambiente físico visto a partir de um mundo astral, ou um nível de consciência singular, ou o que quer que aquilo fosse.

Fiquei maravilhada com a vividez das cores e com o esplendor da floresta ao redor da minha cabana. As folhas novas e verdes do choupo e dos arbustos da floresta cintilavam com as magníficas cores que se irradiavam a partir de dentro, e com o brilho do sol refletido pelas gotas de chuva que ainda aderiam às folhas. As copas dos pinheiros também tinham cores mais fortes, embora mais escuras, e os agrupamentos de hastes delgadas conservavam um número ainda maior de gotas que brilhavam ao sol — uma miríade de minúsculos globos cintilantes.

Lembrei-me da densa neblina que cobria as colinas quando deitei-me para dormir. Instantaneamente, ao pensar em meu corpo deitado na cama, voltei rapidamente para minha forma física, embora desejasse permanecer fora por um tempo maior e ver mais coisas.

Senti o calor da cama de pena sob meu corpo e a pilha de acolchoados em cima de mim. Fiquei imóvel e mantive os olhos fechados; meu corpo ainda estava vibrando. Eu queria projetar-me novamente e, assim, tentei sair de meu corpo, como se pudesse rolar na cama e deixar meu corpo físico para trás; todavia, a minha forma física estava firmemente presa ao seu duplo astral. Esforcei-me para sair e, depois de alguns minutos, desisti.

Resolvi simplesmente ficar deitada de costas e sentir as vibrações, estudá-las e concentrar-me nas sensações que elas produziam. Subitamente, sem fazer nenhuma tentativa de projetar-me, eu estava fora novamente, flutuando ao lado de minha cama. Senti-me sem peso e não mais limitada pela gravidade, pela cama e pelos acolchoados.

Abri cautelosa e parcialmente a pálpebra de um dos olhos e vi diante de mim o que parecia uma porta com duas folhas separadas por uma abertura vertical. Como minha cabana não tem esse tipo de porta, perguntei-me se estava entrando em outro sonho, embora eu soubesse que o meu corpo físico estava a poucos passos de distância, inconsciente, enquanto eu flutuava em outra dimensão.

Eu queria manter a lucidez e, por isso, olhei para as minhas mãos[2] e vi dois braços incandescentes, semitransparentes e um tanto informes, que terminavam em pastas amorfas, carecendo dos traços fundamentais dos braços e mãos físicos. Surpreendi-me com a luz dourada e brilhante que emanava de meus braços astrais. Involuntariamente, comecei a reentrar em meu corpo físico e, por causa disso, resolvi tentar voltar aos poucos, uma parte de cada vez, para ver se eu poderia observar as partes física e astral se reunirem.

---

2. Isso me havia sido sugerido por um amigo que lera os livros de Carlos Castañeda.

Os meus pensamentos estavam de volta ao meu cérebro físico, a partir do qual eu podia ver as minhas pernas astrais reluzentes pairarem acima dos acolchoados que estavam em cima de minhas pernas físicas. Estiquei as pernas para ver se elas iriam mover-se.

Minha consciência retornou ao meu corpo astral, que atravessou a parede, nos pés de minha cama, e entrou no armário, onde vi rapidamente as roupas penduradas enquanto passava para o lado de fora da cabana. Várias pessoas estavam lá fora, e tive a impressão de que elas faziam parte de um sonho, o meu sonho, um sonho ao qual estava faltando a personagem principal: eu.

De repente, eu estava de volta à minha cama, de onde eu saíra, e regressei ao meu corpo. Observei o meu braço astral, dourado e indistinto, alinhar-se com a posição do meu braço físico e desaparecer; em seguida, eu estava lá deitada na cama, no estado normal de quem está acordada. Abri os olhos físicos e olhei para o meu relógio — eram 9h40. Olhei pela janela. No período de uma hora e quarenta minutos, decorrido desde que adormeci, o nevoeiro havia se dissipado e o sol da manhã brilhava intensamente, produzindo reflexos nas gotas de chuva que ainda aderiam aos choupos e pinheiros do lado de fora da minha cabana, tal como eu vira no plano astral.

Enquanto eu estava deitada na cama, refletindo a respeito da experiência, percebi que, se eu flutuasse ao lado do meu corpo físico, perto de minha cama, com o eixo do corpo paralelo ao assoalho e de frente para uma das janelas, esta, do tipo guilhotina e com vidraças pequenas, daria a impressão de ser uma porta de duas folhas, especialmente se eu acreditasse estar em posição ereta.

O que mais me impressionou nessa experiência foi que, fora do meu corpo, eu me deslocava de forma descontrolada, às vezes de cabeça para baixo, outras vezes de lado e, em certa ocasião, em posição normal, com a cabeça para cima. O estranho é que em todas as posições eu me sentia como se estivesse com a cabeça para cima, confundindo minhas noções de perspectiva e ponto de vista. Admirei-me por ter ficado tão desorientada em minha própria casa, onde eu morara durante a maior parte dos cinco anos anteriores.

Enquanto estava fora de meu corpo, a visão era enevoada mas com períodos intermitentes de extrema nitidez. As árvores eram bastante nítidas, mas a imagem mais vívida era a das janelas tipo guilhotina, sendo perfeito o foco e a cor da madeira que emoldurava as vidraças. Muito embora essa fosse a imagem mais vívida, não as reconheci simplesmente porque não estava acostumada a vê-las a partir da posição em que eu me encontrava no momento.

Não senti nenhum medo de morrer, de demônios ou de ser incapaz de retornar, e tampouco tive qualquer sentimento negativo que algumas pessoas têm durante as EFCs. Senti justamente o oposto: liberdade, alegria, curiosidade, emoção e entusiasmo — tudo ao mesmo tempo. Eu queria ir a vários lugares, ver o meu corpo físico a partir de fora, ver o meu corpo astral e outras coisas, visitar pessoas e explorar esse mundo "diferente", ou estado alternativo de consciência e queria fazer todas essas coisas simultaneamente.

21 de maio de 1978, meio da manhã

Eu estava bem acordada, deitada na cama, e resolvi ver se podia gerar vibrações. Depois do procedimento para relaxar os músculos e de um pequeno período para concentrar-me na escuridão, o meu corpo pareceu estar tremendo — algo muito semelhante ao tremor involuntário causado pelo frio, embora eu estivesse perfeitamente aquecida, no aconchego de meu colchão de plumas, debaixo de pesados acolchoados. Relaxei e as vibrações diminuíram, até serem percebidas como um choque elétrico moderado passando por cada célula de meu corpo.

Imaginei-me em meu corpo astral, separada de meu corpo físico e afastando-me dele. Quanto mais eu me concentrava nisso, porém, mais pesada e densa eu me sentia. Finalmente, depois de muito persistir, consegui! Saí flutuando para o lado esquerdo da cama, o lado próximo à parede, e deixei-me levar para baixo. Pousei sobre o assoalho, debaixo da cama e encostada na parede, de onde eu podia ver claramente a poeira e tufos de pêlos de cachorro e gato cobrindo as tábuas do assoalho.

Eu queria elevar-me e olhar em volta e, um instante depois, estava flutuando acima da cama e olhando para baixo e vendo Shunka, meu cachorro pastor alemão, quando ele subiu na cama, deu duas voltas em torno de si mesmo e deitou-se. Eu estava olhando para os pés da cama, onde Shunka estava deitado, e deixei de ver o meu corpo físico, que estava debaixo dos cobertores e acolchoados; na verdade, simplesmente não prestei muita atenção a ele.

Eu queria sair para fazer uma exploração e, assim, voei para fora do quarto, ansiosa por descobrir um mundo invisível, um novo e interessante domínio ou um plano superior de existência; todavia, só consegui ir até a cozinha, onde pairei acima de um balcão, perto da porta que dá para a varanda. Olhei em torno, tentando analisar e compreender esse estranho estado de existência, e logo a minha atenção foi atraída para algo que havia sobre o assoalho, um objeto vermelho e arredondado, com cerca de 12 centímetros de diâmetro, que parecia um pedaço de papel amarfanhado. Perguntei-me se eu esquecera de apanhar um saco de compras ou algo parecido.

De repente, contra minha vontade consciente, fui rapidamente puxada de volta para minha cama, atravessando móveis e paredes. Eu estava em meu corpo físico. Olhei para o meu relógio, para poder tomar nota da hora mas os números me eram indistintos e, por mais que eu tentasse, foi impossível colocá-los em foco; aparentemente eles também apresentavam alguma irregularidade, e, por isso, concentrei-me nos ponteiros, cujo aspecto era mais bem definido, embora fosse difícil distinguir o mais longo do mais curto. O máximo de precisão a que cheguei vendo o relógio foi 5h10, mas eu sabia que esse horário não era correto porque eu me deitara no meio da manhã e ficara na cama por um curto período.

Descansei a cabeça no travesseiro e fiquei surpresa ao sentir que as vibrações ainda estavam presentes. Para fazer uma experiência, resolvi ver se poderia direcioná-las para diversas partes do meu corpo. Primeiramente, concentrei-me na cabeça, onde elas fizeram o meu cérebro e couro cabeludo "formigarem". Em seguida, direcionei-as para baixo. Senti-as descer pelo braço direito e chegar até minha mão, onde tornaram-se particularmente fortes, como se a minha mão estivesse "adormecida" em conseqüência da falta de circulação.

Alguns segundos depois, "acordei", embora sentisse que tivesse estado completamente acordada durante toda a experiência. No momento de total reintegração à realidade física, no entanto, senti uma clara mudança de um estado alternativo de consciência para um "despertar comum". Minha mão parecia normal. Se a circulação tivesse sido interrompida, não teria havido tempo para voltar à normalidade; ademais, minha mão estava posicionada transversalmente sobre o meu peito, sem sofrer nenhuma pressão de parte alguma.

Lembrei-me de meu relógio e olhei novamente para ele; dessa vez ele indicava claramente 10h40. Cinco minutos antes a leitura teria sido 10h35, que, por acaso, é a imagem ao espelho de 5h10, se desconsiderarmos as diferenças de tamanho entre os ponteiros, coisa que foi impossível de distinguir quando "olhei" o relógio da primeira vez. As posições e os ângulos dos ponteiros que mostravam esses horários eram imagens especulares exatas um do outro — assombroso!

Levantei-me e dirigi-me à cozinha para ver se havia alguma coisa sobre o assoalho; tudo o que pude ver foi o linóleo de "ladrilhos de argila" e o pequeno tapete felpudo no estilo navajo. Então, achei que talvez tivesse ficado novamente desorientada no espaço e visto algo numa parede, ou teto, a partir de uma posição que fazia isso parecer o piso. Reparei cuidadosamente em tudo o que havia sobre as paredes e prateleiras de minha cozinha para ver se podia encontrar algo que se parecesse com o "papel vermelho amarfanhado" que vi durante a EFC. Notei a figura do calendário; era uma grande flor vermelha com muitas camadas de pétalas separadas por sombras escuras nos locais onde elas se sobrepunham. Semicerrei os olhos e o fiz perder o foco a fim de embaçar a visão, e, então, estudei a imagem daquela flor vermelha; ela parecia exatamente aquilo que pensei ter visto sobre o assoalho quando estava fora de meu corpo.

6 de junho de 1978, 8h00

Acordei lentamente de um sono normal e, em vez de pensar no dia que tinha pela frente, resolvi voltar para os estágios mais profundos do estado hipnopômpico e tentar provocar uma EFC. Eu já estava profundamente relaxada e, por isso, deixei de lado a contagem regressiva e os exercícios de relaxamento. Para soltar o meu corpo astral, fiz meu eu interior "oscilar" mantendo o meu corpo físico imóvel e, mentalmente, movendo-me com rapidez para a frente e para trás, criando uma sensação muito semelhante à de uma "oscilação imaginária".

Dentro de pouco tempo, senti as vibrações. Durante alguns breves momentos, simplesmente oscilei com as vibrações e esperei que pudesse encontrar-me flutuando em alguma parte, mas a minha consciência permaneceu unida ao meu corpo físico. Tentei flutuar mas não consegui, então, tentei rolar para o assoalho. Continuei em minha forma orgânica, mas as vibrações prosseguiram. Tentei sair através da minha cabeça e, em seguida, através de meus pés, mas permaneci firmemente ligada ao mundo material. Desapontada, cochilei por alguns instantes.

Quando comecei a acordar, fechei os olhos novamente e fiz o meu eu interior oscilar. Em questão de minutos, as vibrações voltaram. Tentei sair do meu corpo, senti um movimento descendente e, depois disso, tive a impressão de estar envolvida por um enchimento de algodão. Por um momento, parte da minha consciência estava dentro do meu colchão, impedida de ir mais além, enquanto uma outra parte estava em minha cabeça física. Depois disso, minha cognição foi novamente unificada na realidade física "normal".

Resolvi tentar uma nova exteriorização através da cabeça. Uma vez mais, passei pela experiência da consciência dual, que é a impressão de estar ao mesmo tempo no corpo e fora dele. Parte de minha percepção consciente estava em minha forma física, deitada na cama, enquanto uma outra parte estava em minha forma astral, de pé e com a parte anterior pressionada contra a parede na cabeceira da cama. Tentei flutuar através da parede, a sensação era de o meu corpo estar simultaneamente colado à parede e deitado na cama. Senti o frio painel de pinho nodoso ao longo do meu corpo astral, mas a resistência da madeira era demasiado forte e não me deixaria passar sem esforço através da parede, conforme eu fizera antes.

Achei que talvez conseguisse atravessar se empurrasse primeiro as mãos, depois os braços e, então, o restante do corpo. (Em retrospecto, perguntei-me por que razão eu estava tão decidida a atravessar a parede; provavelmente, teria sido mais fácil simplesmente sair andando pela porta.) Pressionei as palmas das mãos contra a parede. Ela me parecia fria e sólida, como antes, mas a resistência desaparecera e fiz passar por ela mãos e braços. Apalpei em torno e pude sentir a madeira e os espaços vazios. A parede tinha espessura normal e, assim, suponho ter estendido a mão para o meu piano, que estava na sala de estar, encostado na parede do lado oposto. Parte de minha consciência ainda permaneceu na porção física de meu ser, que estava deitado na cama.

Subitamente, passei pela parede e vi-me dentro de meu piano, cercada por cordas e pelos complicados mecanismos de madeira dos martelos e alavancas que formavam suas peças internas. A minha consciência estava inteiramente na forma astral.

A partir do interior do piano eu conseguia enxergar vagamente a sala de estar, onde três ou quatro vultos de homens trocavam socos. Eles eram tridimensionais e pareciam apenas parcialmente feitos de matéria. Eram formados pelas sombras de uma substância cinza com aspecto semelhante ao de fumaça. Ouvi-os gritando, trocando golpes e caindo no chão. Caíam sobre a mobília, que permanecia intacta, sem se quebrar em virtude do impacto do corpo. Perguntei-me se essas eram imagens oníricas ou impressões originárias de algum outro lugar, mas, naquele momento, eu estava por demais preocupada em sair de dentro do piano e não pensei mais sobre o assunto. Antes de poder prosseguir, porém, "acordei" no mundo físico.

As prolongadas vibrações, aos poucos desapareceram completamente. Abri os olhos e apurei os ouvidos; silêncio na sala de estar, bem como nos demais cômodos da cabana. Eram 9h30.

13 de junho de 1978, 9h00

Eu estava deitada na cama e queria projetar-me. Antes de tentar, no entanto, resolvi arquitetar cuidadosamente um plano para que, esperava eu, pudesse obter mais controle e melhor orientação. Resolvi permanecer calma e prosseguir devagar, um passo de cada vez, observando cuidadosamente o meu ambiente, eu mesma e as minhas capacidades no mundo astral. No início, em vez de atravessar objetos "sólidos", flutuar, voar ou executar "aeroginástica" em minha forma astral, decidi simplesmente descer pela minha estrada e estudar a existência a partir de um ponto de vista exteriorizado. Embora eu supusesse que grandes façanhas seriam muito mais divertidas e empolgantes do que o simples ato de caminhar, acreditei que a minha estratégia me permitiria acostumar-me gradualmente ao ambiente astral e obter um controle mais eficaz.

Fechei os olhos e, lentamente, respirei fundo várias vezes; relaxei cada grupo de músculos; usei a auto-sugestão para imprimir em minha mente o propósito de alcançar um estado vibracional e deixar o meu corpo. Fiz então uma contagem regressiva a partir de vinte, visualizando cada número enquanto imaginava meu corpo e minha mente mergulhando em um estado de profundo relaxamento. Depois de chegar ao zero, focalizei a escuridão enquanto me concentrava no desejo de projetar-me. Dentro de poucos minutos eu estava dormindo.

A coisa seguinte de que me lembro foi acordar de um sonho com o desejo de projetar-me ainda em minha mente. Antes de despertar por completo, comecei a balançar o meu corpo interior, me espichando mentalmente para fora a cada movimento, de forma muito semelhante ao gesto de fazer um balanço ir mais alto. As vibrações estavam ausentes, mas ouvi um zumbido agudo que parecia originar-se de dentro de meu crânio. Logo depois, eu estava em meu corpo astral, fora de minha forma física.

Eu estava flutuando à esquerda do meu corpo físico, de modo que, para evitar uma reentrada precoce, voltei-me para a esquerda e vi-me parcialmente na parede e parcialmente no pequeno espaço de cinco centímetros entre a cama e a parede. Muito embora mantivesse os meus olhos fechados, eu podia perceber o que se passava ao meu redor; ou as coisas apareciam na forma de uma imagem embaçada que se formava de maneira espontânea em minha mente ou, em certa medida, eu conseguia enxergar através das minhas pálpebras. Tentei determinar a melhor maneira de lidar com aquele contratempo porque, a partir do lugar onde eu me encontrava, era inconcebível simplesmente sair andando de acordo com o plano traçado previamente.

De repente, caí e fui parar no chão abaixo da minha cabana. Bati com o lado esquerdo do rosto em uma pedra, e senti dor por alguns segundos, até eu pensar em fazer uma exploração do ambiente. Tateei em torno e pude sentir outras pedras, frias e pontiagudas, juntamente com sujeira e detritos que constatei serem ramos de pinheiros e pedaços de pinhas deixados pelos esquilos.

Abri os olhos para procurar uma saída e vi uma área de luz a cerca de 1,8 metros de distância. Ela tomou lentamente a forma retangular da janela de meu quarto de dormir, a cerca de 1,8 metros de meu corpo físico. Eu estava de volta ao mundo material.

Eu queria projetar-me novamente, de modo que me imaginei impelindo com força o meu eu interior, esperando levar para fora o meu corpo astral. Escapuli facilmente, dessa vez pelo lado direito da cama, onde havia espaço suficiente para caminhar. Consegui ficar de pé sobre o assoalho, ao lado da cama, e dei alguns passos em direção à porta. Estava muito fácil manter o equilíbrio e permanecer ereta, de modo que continuei a caminhar fora do quarto, passando pela sala de estar e pela cozinha, a caminho da porta que dava para a varanda.

Segurei a maçaneta, puxei e abri a pesada porta de madeira e, ao oscilar para dentro, a tela de proteção contra insetos soltou-se e caiu na varanda, com um forte estrondo. Isso me pareceu estranho, mas não deixei que esse fato me distraísse; simplesmente caminhei sobre ela, atravessei a varanda e tomei a estrada, procedendo estritamente de acordo com os meus planos.

Caminhei ao longo da estrada, que era apenas uma trilha de terra batida. Pelo fato de eu estar descalça, de o chão ser duro e áspero, de haver estróbilos e rochas pontiagudas, eu feria os pés ao caminhar, até que parei de pensar na dor e contemplei a beleza que havia em volta de mim.

O sol brilhava intensamente sobre a floresta, iluminando o meu caminho enquanto eu caminhava, vestida com o meu pijama amarelo. A sensação que eu tinha parecia bastante real. Eu me perguntava se estava na verdade andando como sonâmbula e preocupei-me com a possibilidade de que alguém me visse por aí andando de pijama. Então, lembrei-me de que estava usando o pijama azul quando fui para a cama, de modo que fiquei um pouco mais segura de estar no corpo astral e absolutamente certa de que eu estaria invisível para alguém do plano físico que casualmente passasse por mim. Entretanto, tudo parecia tão autêntico, que eu tinha ainda algumas dúvidas. Fiquei muito mais tranqüila quando senti meu corpo astral erguer-se no ar alguns centímetros; pousar suavemente e, então, lançar-se ligeiramente para cima a cada passo, tal como acontece com os astronautas quando andam na superfície da Lua.

A longa estrada estendia-se diante de mim. No seu final, eu poderia ver a junção onde a estrada ramificava-se para a direita e voltava a descer a colina. Pretendi virar à esquerda na bifurcação, caminhar por uma curta distância ao longo da estrada que continuava a subir a colina e, então, virar novamente para a esquerda e tomar a trilha que se ramificava e voltava para minha cabana, passando pelo topo da colina.

Uma ribanceira íngreme separava essa trilha da passagem para veículos que conduz até a minha cabana; num impulso, resolvi tomar um atalho, escalando-a. Ao subir pela ribanceira, agarrei com as mãos as raízes protuberantes de alguns pés de amora silvestre que cresciam no barranco e, sem esforço, subi até a trilha, quase levantando vôo. Isso reforçou a minha crença de que eu estava na forma astral.

Segui a trilha, avançando lentamente com passos leves de uma tranqüila caminhada astral. Estava mais quente que o normal no fim daquela manhã de primavera e a luz do sol incidindo sobre a profusão de folhas verdes e novas produzia cintilação. Uma suave brisa agitava os choupos e fazia-os tremeluzir, com cada folha emitindo um halo de luz brilhante. Caminhei pelo que me pareceu ser uns 800 metros ou mais.

Ouvi vozes masculinas atrás das árvores, de modo que parei e fiquei ouvindo atentamente. Fui incapaz de distinguir suas palavras, mas as inflexões da fala e a imagem mental deram-me a impressão de que os homens eram afro-americanos. Perguntei-me se eles eram pessoas físicas reais, presentes no bosque, ou se eram entidades astrais. O que quer que eles fossem, senti-me embaraçada por estar usando pijama.

Pensei em meu corpo físico, na cabana, e imediatamente tive a impressão intuitiva de que iria ser arrastada de volta a ele, embora eu quisesse permanecer fora mais tempo.

Antes que uma força exterior me levasse para longe, porém, eu queria olhar para as minhas mãos. Segurei a mão esquerda diante de meus olhos e ela pareceu-me notavelmente diferente das mãos físicas que eu conhecia tão bem; as minhas mãos astrais estavam cobertas com uma pele branca e lisa, nelas o polegar era minúsculo e o indicador excessivamente longo e delgado, se projetando da palma fina e estreita. Os outros dedos eram ligeiramente mais curtos, mas também anormalmente longos e finos. Não há nenhuma dúvida de que prefiro as minhas mãos físicas!

Uma força irresistível, contrária à minha vontade consciente, levou-me de volta. Eu tinha certeza de que ia voltar ao meu corpo físico e, assim, relaxei o corpo, entregando-me a essa força. Sem nenhum esforço da minha parte, o meu corpo astral ficou na horizontal, deitado de costas, e comecei a mover-me em direção à cabana, com a cabeça à frente. Tive a sensação de estar sendo impelida através do espaço a uma grande velocidade; as coisas ao meu redor davam a impressão de compor uma atmosfera azul-clara, fina e diáfana, passando rapidamente por mim em uma mancha indistinta. O processo deu a impressão de demorar um tempo excessivo, dada a curta distância e a alta velocidade com que eu estava sendo impelida. Por fim, eu estava de volta à minha cama e no estado hipnopômpico — consciente mas não totalmente acordada.

Durante o tempo em que permaneci assim, relaxei por alguns momentos e analisei a aventura astral. Senti-me apática e sonolenta, mas queria levantar-me para registrar a EFC em meu diário. Ao sair da cama, tive sensações estranhas; minha pele "formigava", eu estava confusa e meu corpo chegava quase a desafiar a gravidade.

Senti-me lentamente atordoada e desequilibrada ao caminhar até a cozinha para ferver água para o chá. Notei que o meu fogão tinha um aspecto diferente; pequenos pedaços de papel com anotações de LeeAnn, uma amiga minha, estavam presos com fita adesiva ao ressalto que se elevava atrás dos queimadores. Como, na realidade física, eu não vira essas notas fixadas em meu fogão e, pelo que eu sabia, LeeAnn não estivera em minha cabana, suspeitei que aquilo estivesse ocorrendo em algum tipo de sonho ou estado alternativo de consciência.

Voltei para o meu quarto e LeeAnn estava lá, também presente na ilusão, preparando café em uma cozinha de aspecto fantasmagórico sobreposta ao meu quarto de dormir. Ela estava despejando o café de uma grande vasilha na máquina de fazer café, e perguntou-me: "Você faz uma garrafa cheia, não?"

Eu lhe disse que estava fazendo chá mas que não haveria problema em substituí-lo pelo café, e foi então que na verdade acordei para o estado normal da consciência desperta.

Olhei para o meu relógio e vi que eram 10h40. Levantei-me e fui para a cozinha e, obviamente, o fogão e a tela contra insetos estavam em seus lugares. Olhei então para o espelho e confirmei que não havia nenhuma marca no lugar onde eu batera o rosto na pedra; passei a ter sérias dúvidas a respeito da teoria da repercussão. Saí para a varanda e contemplei a silenciosa serenidade da floresta primaveril. A manhã estava clara e ensolarada, incomumente quente para essa época do ano, tal como estivera durante a minha caminhada astral. Depois, caminhei até o barranco e vi as raízes protuberantes das amoras silvestres, da mesma forma como acontecera antes, no plano astral, em minha mente ou onde quer que eu as tenha visto anteriormente.

21 de junho de 1978, entre 6h00 e 10h00

Eu tinha ido para a cama, exausta, pouco antes da meia-noite, e acordara às 4h30. Fiquei deitada até por volta das 6h00, sonolenta mas não fisicamente cansada. Relaxei, valendo-me da contagem regressiva, e dei a mim mesma sugestões a respeito de diversas questões, incluindo uma sobre a possibilidade de ter uma EFC durante aquele período de sono. Adormeci logo em seguida e a coisa seguinte de que me lembro é a minha consciência emergindo de um sonho normal; eu ainda estava parcialmente adormecida, no estado hipnopômpico.

Conquanto as vibrações estivessem ausentes, comecei a "oscilar" interiormente, para a frente e para trás, e de um lado para o outro, e então saí com facilidade do meu corpo, pelo lado, e flutuei acima do lado direito de minha casa. Olhei para Tanya, minha gata de pêlo malhado, que estava deitada na cama, sem perceber que a minha forma astral a estava observando. Involuntariamente, dei uma cambalhota no ar e pousei suavemente dentro do meu corpo.

Abri os olhos, vi a janela e perguntei-me se a estava vendo com os olhos astrais ou com os olhos físicos. Pensei que me encontrasse no estado hipnopômpico e, por isso, tentei deixar o meu corpo projetando-me através da parede, na cabeceira da minha cama, mas continuei firmemente ligada à forma física.

Tão logo parei de tentar exteriorizar-me, flutuei deitada de costas, na horizontal, mas com a cabeça astral posicionada acima dos meus pés físicos. Naquele momento, isso parecia perfeitamente normal e, portanto, voei deslizando para trás, na esperança de poder sair pela janela.

Eu tinha a sensação de estar movendo-me rapidamente para trás, mas pareceu-me que, em vez de entrar em um novo cenário, o meu ambiente imediato, o armário aos pés da minha cama, estava movendo-se junto comigo. De repente eu senti fome e, num instante, estava de volta ao meu corpo, totalmente desperta na consciência física. Eu estava com fome mas rolei para o lado e, imediatamente, voltei a dormir — um sono comum.

30 de junho de 1978, 13h30

Deitei-me na cama, fiz a contagem regressiva começando de vinte e, sentindo-me ainda tensa, fiz mais uma contagem a partir desse número. Em seguida, relaxei sucessivamente cada parte do meu corpo, conforme o processo já descrito. Concentrei-me em ficar acordada e manter o corpo relaxado, mas logo adormeci.

A impressão seguinte que tive foi a de estar sentada à mesa do cômodo principal, escrevendo. A cabana estava abafada e, por isso, levantei-me para abrir a porta, deixando que o ar entrasse. Atrapalhei-me com o trinco, e não consegui abrir a porta. Em seguida, tentei pressionar o interruptor de luz, que ficava ao lado do trinco, mas a sala continuou escura. Por que eu estivera escrevendo no escuro?

De repente, compreendi — eu me encontrava em um estado alterado de consciência! Com a empolgação provocada por essa descoberta mas perguntando a mim mesma se eu estava no mundo dos sonhos ou no mundo astral, vi-me de pé na varanda, por um breve momento, e depois de volta à minha cama, consciente de que estava prestes a acordar porém ainda no estado hipnopômpico.

Balancei o meu eu interior, tentando deixar o meu corpo, e começaram as vibrações — as quais, para minha surpresa, fizeram-me sentir frio. Eu ouvia um zumbido agudo dentro da minha cabeça.

Abri um pouco os olhos, apenas o suficiente para ver a sala; o meu corpo relaxou-se e o zumbido parou. Fechei os olhos, balancei-me um pouco mais, e as vibrações e o zumbido voltaram.

Comecei a projeção a partir da minha cabeça e passei através da parede na cabeceira da minha cama — ansiosa por explorar o plano astral — mas, logo em seguida, retornei. As vibrações enfraqueceram-se novamente, de modo que "me balancei" algumas vezes para fortalecê-las. Depois que sua intensidade aumentou, tentei elevar-me flutuando e, a seguir, procurei sair rolando pelo lado direito da cama, mas senti-me confinada dentro de minha forma física. As vibrações pararam, e entrei imediatamente na consciência normal do estado de vigília.

Durante esse episódio, a porta ao lado da mesa, onde eu havia "sonhado" estar escrevendo, encontrava-se na verdade aberta.

Deduzi que a minha surpresa, empolgação e entusiasmo por estar ou em um sonho lúcido ou fora de meu corpo podem ter desfeito o relaxamento mental necessário para manter o precário equilíbrio do estado de consciência favorável às EFCs, de modo que reafirmei minha determinação de permanecer calma da próxima vez em que eu me tornasse consciente no estado hipnagógico ou hipnopômpico e entrasse em um mundo invisível.

2 de julho de 1978, 8h00

Deitei-me, fiz a contagem regressiva a partir de vinte, completei o exercício de relaxamento, adormeci e, ao acordar, percebi que o meu corpo estava vibrando. Consegui sair em meu corpo astral. Então descobri que eu estava de pé, ao lado da cama e, com a visão enevoada, examinava o quarto de dormir. Evitei olhar para o meu corpo físico porque eu estava preocupada com a possibilidade de que, ao vê-lo, meus pensamentos pudessem voltar-se para ele e fazer a minha forma astral entrar de novo no corpo físico antes que eu aproveitasse essa oportunidade para explorar o mundo astral.

Dei um pulo para cima, a uma altura de 60 centímetros e, suavemente, caí em pé. Saltei de novo, dessa vez da altura do teto e, mais uma vez, pousei com segurança. Fazendo um esforço maior, saltei novamente e atravessei o teto e o telhado, terminando por flutuar a cerca de 30 metros acima da minha cabana.

A minha visão estava consideravelmente mais nítida. Circulei em uma posição horizontal e, voltando a cabeça para baixo, olhei para o meu telhado, que estava em vários estágios de reparos. Ele estava dividido em retângulos bem arrumados de diversas cores — castanho-amarelado onde as tábuas estavam nuas, preto onde o novo papel alcatroado tinha sido pregado, e verde onde as telhas de ardósia haviam sido fixadas.

Resolvi tentar ir à Califórnia e visitar minhas tias, Patti e Midge; por isso, parei de mover-me em círculos, fiquei em posição vertical e concentrei-me em meu desejo. Dentro de pouco tempo, senti que estava acelerando a uma velocidade muito mais alta, mas tudo que pude ver foi uma nebulosidade escura e espectral. Quando parei, estava de volta à minha cama, "despertando" no corpo físico.

Continuei no estado hipnopômpico; senti-me profundamente relaxada, alerta e centrada em mim mesma, longe da realidade física. Procurei "sentir" as vibrações e elas começaram novamente, mas eu não consegui sair de meu corpo físico. As vibrações desapareceram gradualmente e voltaram umas poucas vezes enquanto eu entrava e saía do estado hipnopômpico. Depois disso eu dormi até as 9h30, quando então acordei para a consciência física normal.

9 de julho de 1978, 15h00 ou 15h30

Eu chegara em casa um pouco depois do amanhecer e entrei na cabana pela porta da cozinha, conforme de costume. Dormi durante a maior parte do dia. Eu absolutamente não havia estado na varanda da frente desde o dia anterior.

Levantei-me por algum tempo mas depois deitei para meditar. Lentamente, respirei fundo várias vezes e completei os procedimentos de contagem regressiva e de relaxamento; depois, pedi ao meu eu superior um sonho com a solução de um problema específico que me aborrecia. Dentro de pouco tempo, eu estava dormindo. Sonhei que pessoas estavam na minha cabana e que a estradinha de terra fora substituída por uma rodovia asfaltada que corria paralela a uma trilha de *jogging*, por causa do turismo em expansão e do crescimento populacional.

O sonho tornou-se mais vívido e, nele, eu estava em Rapid City, uma cidade das proximidades, dirigindo o Chevy azul de meus pais por um pitoresco bulevar, uma rua que eu usava quase todos os dias na realidade física, embora geralmente em meu próprio carro. Eu estava acelerando e olhei para o velocímetro para ver a velocidade em que estava indo — 96 quilômetros por hora! Relanceei os olhos ao espelho retrovisor e vi o reflexo das luzes vermelhas cintilantes de um carro de patrulha policial; então diminuí a velocidade e parei em uma esquina com tantas latas de lixo que só havia espaço para um carro estacionar. O carro de polícia que vinha atrás de mim teve de passar à esquerda, fazer a volta e retornar, de modo que, enquanto isso estava acontecendo, virei à direita e acelerei por duas quadras, chegando a uma rua que levava para fora da cidade.

Eu estava subindo a colina na periferia da cidade e a cena que se desenrolou diante de meus olhos deixou-me abalada; imediatamente, fiquei apreensiva. Bem no meu caminho havia diversos meninos indígenas que tinham caído de suas bicicletas e estavam estendidos no meio da estrada. Desviei-me deles, evitando-os por pouco, e segui em frente. Olhei pelo espelho para ver se os policiais estavam me seguindo e esperando que, se estivessem, conseguissem ver os meninos a tempo de não atropelá-los. Tudo o que vi foram os pequenos indiozinhos pegando suas bicicletas e indo para as margens da estrada.

Continuei em frente, muito mais devagar, extremamente grata pelo fato de as crianças não se terem machucado e, então, notei um lindo laguinho rodeado de árvores esparsas, no fundo de uma ravina à minha direita. Olhei para a límpida água azul e pensei em como seria interessante projetar-me para dentro daquele lago durante uma EFC.

Então percebi que estava em um sonho e que, em virtude de minha lucidez, poderia provocar uma EFC.

Senti o meu corpo astral; consciente, ele emergiu de seu equivalente físico. Com a visão enevoada, voei para fora do quarto e flutuei erraticamente em torno da sala de estar, atirando-me de um lado para outro, girando no ar, dando cambalhotas e arremessando-me para cá e para lá, completamente fora de controle.

Notei ao meu lado um objeto metálico branco, com quatro pernas compridas, que me pareceu familiar; estendi a mão, virei-o e descobri que se tratava da lâmpada que ficava sobre as minhas plantas para fazê-las crescer mais. Perto da lâmpada havia uma das janelas com seis vidraças, que davam para a varanda. Desejei sair pela janela mas permaneci na sala de estar. Estendi os braços acima da minha cabeça, na posição de quem vai mergulhar, e saí voando. Eu estava na varanda, ao lado da janela, pretendendo passar através do teto da varanda e ir até um ponto situado acima da cabana, quando a minha atenção foi atraída para uma janela com quatro vidraças, que vi no telhado.

De fato, eu dissera aos carpinteiros que estavam consertando minhas telhas de ardósia que eu estava pensando em mandar construir uma clarabóia no telhado da varanda, para que as minhas plantas pudessem pegar mais sol. Achei que eles talvez pudessem ter feito isso enquanto eu estava trabalhando no dia anterior. Notei que seria interessante verificar isso posteriormente, depois de ter retornado ao plano físico, para confirmar se uma nova janela havia de fato sido instalada.

Enquanto eu pairava no ar, olhando para a janela com quatro vidraças, tive uma sensação de formigamento e agitação, seguida por um breve desmaio; quando abri os olhos de novo eu estava olhando diretamente para uma janela com seis vidraças. Eu estava em meu corpo, completamente acordada, olhando para a janela de meu quarto. Eram 4h30.

Todas as janelas da cabana tinham seis vidraças, exceto as duas localizadas na parede diretamente oposta à janela através da qual eu saíra voando. As duas janelas com quatro vidraças ladeavam a lareira. Posteriormente, quando saí para olhar para o teto da varanda, a maior parte dele estava normal, sem nenhuma janela, mas uma extremidade dele fora quase derrubada para fazer o solário. Algumas das pranchas de madeira ainda estavam de pé e pareciam estruturas de madeira suspensas acima da varanda. Fui tomada por uma forte sensação de *déjà vu* quando observei o telhado aberto de minha varanda depois de nele ter visto uma janela, a partir da perspectiva astral; todavia, eu me perguntava por que razão havia visto uma janela com quatro vidraças.

Olhei para dentro, através da janela pela qual eu havia saído voando, e simplesmente pude ver a janela de quatro vidraças, na parede do lado oposto; nela refletida podia-se ver a imagem da varanda, atrás de mim. Se o meu corpo astral tivesse ficado em posição horizontal, perpendicular à janela e com a minha cabeça próxima a ela —, e se eu inclinasse minha cabeça para olhar para cima — eu poderia e teria visto a janela de quatro vidraças e facilmente teria interpretado de forma equivocada a sua localização, já que astralmente muitas vezes não tenho consciência de minha posição no espaço, embora mantenha-me perfeitamente consciente de minha localização. Nesse caso, fiquei ainda mais confusa porque a parte do telhado da varanda vista durante a EFC havia de fato sido quase que totalmente removida desde a última vez que eu o vira fisicamente.

19 de agosto de 1978, 14h40

Deitei na cama para tirar uma soneca, respirei fundo algumas vezes, fiz a contagem regressiva e fiz a auto-sugestão de que eu iria tomar consciência de um sonho e projetar-me a partir de um sonho lúcido, seja de forma direta ou, então, indiretamente, por meio do estado hipnopômpico.

Sonhei que estava no trabalho, lavando minhas mãos na torneira da pia, quando percebi que não havia água. Aos poucos, tomei consciência do absurdo que fora lavar minhas mãos como de costume, mas sem água. Ocorreu-me nesse momento que eu talvez estivesse sonhando.

A minha consciência passou do cenário do sonho para o meu corpo físico, que estava na cama. As vibrações foram aumentando através do meu corpo, e tentei tudo para sair, seja flutuando, rolando, balançando ou projetando-me pela cabeça; entretanto, permaneci ancorada no mundo físico. Quando parei de tentar e relaxei, consegui deslizar facilmente para fora, sem esforço e, na verdade, pude perceber a saída de cada parte do meu corpo. Embora eu não soubesse se estava sentindo com os meus nervos astrais ou físicos, a sensação era semelhante à de puxar o braço da manga de um suéter, com a diferença de que a percepção envolvia todo o meu corpo.

Quando eu estava totalmente separada e em meu corpo astral, andei de meu quarto de dormir até a sala de estar e parei diante da lareira. Elevei-me no ar, flutuando, para olhar o seu revestimento de cima para baixo. Havia dois quadros voltados para cima, lado a lado, na extremidade direita do revestimento da lareira. Um era uma natureza morta com flores, que na realidade física ficava pendurado na parede à esquerda da lareira, e o outro, que eu nunca vira antes, era uma gravura emoldurada — em tons escuros e cores sóbrias — na qual uma senhora idosa olhava para um quadro pendurado em uma parede. Perguntei-me se a velha era uma imagem minha no futuro. Peguei ambos os quadros e desci flutuando até o chão para olhar mais de perto. Caminhei para o interior da cozinha, enquanto estudava a gravura da mulher idosa, tentando distinguir os detalhes um tanto vagos e memorizá-los.

Da cozinha, pude enxergar — através da pesada porta de madeira, que estava fechada — o meu acolchoado amontoado no chão da varanda. Achei isso estranho porque eu sabia que, na realidade física, o acolchoado estava na cama, cobrindo o meu corpo físico.

Dei meia volta e levei os quadros de volta para a sala de estar, memorizando da melhor forma possível os traços de mulher idosa. Coloquei ambos os quadros sobre o revestimento da lareira e voltei à cozinha, onde parei à porta, indecisa entre abri-la ou passar através da madeira sólida. Achei que seria interessante tentar abri-la, para determinar o que aconteceria se eu o conseguisse; eu me lembrava que, na viagem astral anterior, ao abri-la, a porta de tela havia caído. Então, resolvi passar através dela, para que pudesse concentrar-me na sensação de atravessar um objeto sólido.

Continuei avançando devagar, sem muito esforço e, cuidadosamente, empurrei a pesada porta da varanda, sentindo as partículas das fibras da madeira roçarem contra a matéria astral — ou energia astral, ou o que quer que constitua o meu corpo astral. Não houve nenhuma resistência; apenas uma sensação semelhante à de um suave formigamento contra a minha pele e cabelos.

Depois de ter atravessado para a varanda, vi o acolchoado empilhado no chão, tal como antes. Os padrões laranja e branco nos blocos eram idênticos aos do meu acolchoado na realidade física, mas, diferentemente do "acolchoado real", o acolchoado astral colocado fora do lugar tinha um forro de lã marrom, listado ou enxadrezado. Aceitei-o como sendo apenas mais uma daquelas sutilezas astrais, pois eu sabia que o equivalente físico do acolchoado estava na verdade em cima de minha cama.

Eu queria aventurar-me para algum lugar, mas não tinha nenhum destino planejado e, assim, fiz uma rápida pausa antes de partir. Resolvi voar através do telhado da varanda e escolher uma direção quando estivesse acima da cabana. Desejei elevar-me, mas permaneci no chão. Tentei então pular, mas o meu corpo astral havia se tornado extremamente pesado, incapaz de levitar. Relaxei e fui puxada de volta para a cama, em meu corpo físico. Abri os olhos físicos e vi o acolchoado sobre a cama, exatamente no lugar onde eu supunha que ele estivesse. Eram 16h00.

14 de setembro de 1978, entre 1h00 e 5h00

Eu estava dormindo na parte de baixo do beliche do quarto de hóspedes, ao lado do quarto onde normalmente durmo. Eu fora para a cama com a intenção de ter um sono normal e fui acordada por uma chamada telefônica à 1h00. Tive dificuldade para voltar a dormir, mas simplesmente concentrei-me em relaxar, em vez de planejar auto-sugestões para deixar o meu corpo. No mês anterior, contudo, eu tentara persistentemente provocar uma EFC concentrando-me em ter a percepção consciente nos sonhos, mas não tivera sucesso.

Quando finalmente consegui voltar a dormir, sonhei que alguém roubara o meu carro. Eu estava zangada e aborrecida e, então, fiquei aliviada ao saber que se tratava apenas de um sonho que invadira o meu cérebro. O sonho tornou-se lúcido mas, um instante depois, percebi que estava deitada na cama, no estado hipnopômpico.

Desejei me projetar astralmente — atravessando o teto — e, no instante seguinte, eu estava em meu corpo astral. Passei pelo teto e continuei subindo, até o sótão, onde pude ver claramente os caibros e pranchas que formavam a estrutura do meu telhado. As pontas de centenas de pregos podiam ser vistas através das pranchas do telhado, nos locais onde haviam sido fixadas as tabuinhas usadas como telhas. Eu estava sentindo perfeitamente o cheiro acre deixado pelos roedores — os inquilinos anteriores — que os meus gatos haviam expulsado com tanta competência. (Na realidade física, eu passara muitas horas lá em cima, limpando e calafetando, de modo que conhecia bem o lugar.)

Continuei a subir e perguntei-me se eu iria sentir todas aquelas pontas afiadas penetrarem em minha pele astral. Depois de passar sem sentir dor através do telhado, entrei em um denso nevoeiro e tive a sensação de estar viajando com extrema rapidez, sem saber que rumo estava tomando, qual o meu destino ou qual a fonte de energia que me impelia para diante.

De repente, tudo iluminou-se ao meu redor e a minha visão tornou-se nítida. Era um dia límpido e ensolarado, e eu estava descendo os degraus de uma varanda de concreto diante de uma casa no estilo dos anos 50 — modesta e bem cuidada — que, conforme o meu conhecimento consciente, eu jamais vira antes. Depois de descer os degraus, caminhei por um curto caminho e virei para a direita para seguir por uma calçada.

Eu caminhara alguns metros, apreciando o ar ameno, quando cheguei a um pequeno jardim ao lado da calçada, em que havia flores brancas — algumas das quais haviam começado a murchar. Parei e inclinei-me para examinar algumas das que estavam mais frescas e mais perto de mim; as lindas flores pareciam pequenos crisântemos, com cerca de cinco centímetros de diâmetro. Passou-me pela cabeça que eu devia voltar a esse lugar na realidade física para ver se elas estavam realmente lá, isto é, se algum dia eu pudesse descobrir onde eu estava e se esse lugar de fato existia. Enquanto eu contemplava as delicadas pétalas brancas, um vento suave acariciou o meu rosto e agitou os meus cabelos.

Segui andando por cerca de meia quadra do que me pareceu ser um tranqüilo bairro residencial formado por pequenas casas de madeira, semelhante àquele onde eu começara o meu passeio. No fim da calçada, virei à direita, sem nenhuma razão aparente e subi por uma viela até a outra quadra. Aproximei-me dos fundos de uma casa cinza e branca, construída sobre uma colina e projetada em dois níveis, com a garagem abaixo do piso principal. Parei diante da porta aberta da garagem, hesitando, e então resolvi entrar e ver se havia alguém lá dentro. Senti-me uma intrusa.

Entrei na garagem. No lado direito vi uma porta aberta e, mais além, um cômodo. Tratava-se de um banheiro, onde um homem de meia-idade estava sentado no vaso sanitário. Ele era um homem forte e usava apenas uma camiseta e calções abaixados até o nível dos joelhos. Eu fiquei extremamente embaraçada por ter ido até ele e tive vontade de ter continuado a descer pela viela, mas, então, imaginei que eu provavelmente seria invisível; pelo menos, era isso o que eu esperava.

O homem levantou-se, vestiu o calção, caminhou arrastando os pés e, para minha consternação, olhou diretamente para mim. "Bem", pensei eu, lamentando-me, "esforcei-me tanto para ficar invisível". Eu estava tensa e perguntei-me qual seria a atitude mais apropriada a tomar. Fiquei constrangida, pois eu não tinha nenhum conhecimento sobre "boas maneiras" no plano astral. Então, para meu espanto, ele sorriu para mim e disse: "Bem, o que é que você está fazendo aqui?", como se já me conhecesse.

Permaneci em silêncio, sem saber o que dizer e espantada não só por ter sido descoberta, mas também reconhecida. Uma mulher de meia-idade, magra, com cabelos castanho-escuros encaracolados, e usando um vestido simples de algodão, desceu por uma pequena escada que levava ao interior da casa. Presumi que se tratasse da esposa do homem. Ela também me viu.

Perplexa, eu apenas apoiei minha mão no selim de uma bicicleta azul, feita de material leve, encostada ao lado da parede. Enquanto eu estava lá, tentando resolver se ia para outro lugar do plano astral, se retornava ao meu corpo ou se permanecia e visitava aquelas pessoas, relanceei os olhos pelo selim da bicicleta, envolto por uma cobertura preta, presa por baixo. Passei a mão ao longo das dobras do anel interno, e pude sentir bem o vinil áspero. Resolvi ir embora e saí andando.

Uma escada externa conduzia a um apartamento e, assim, impávida e ainda curiosa, entrei.

Entrei andando em uma pequena cozinha decorada com tons quentes e brilhantes de vermelho e laranja, onde outra mulher de meia-idade estava preparando uma refeição. Ela era ruiva, usava batom vermelho, tinha a compleição um tanto robusta e estava vestindo um avental azul-claro. Parei perto dela, mas ela não notou a minha presença. Acenei para ela, que simplesmente continuou com seu trabalho, como se estivesse sozinha. Perguntando a mim mesma se eu tinha me tornado invisível, bati de leve no balcão laranja-avermelhado. Ela olhou direto para mim e fez-me uma pergunta, alguma coisa como: "Você ainda está arrumando a cama da rainha?" E eu respondi: "Não."

Senti-me incomodada porque minha intenção fora apenas a de observar, e eu não esperava que as pessoas me vissem, reconhecessem-me e, até mesmo, fizessem perguntas; por causa disso, eu queria voltar ao meu corpo. Uma poderosa força puxou-me através da frente da casa e levou-me para a rua movimentada. Senti a turbulência do tráfego de veículos contra a minha pele e alguns dos carros passaram através da minha forma astral. Eu me perguntei por que podia sentir o movimento de ar mas não o impacto dos veículos motorizados.

Em seguida, eu estava atravessando velozmente o que me pareceu ser um túnel escuro. Incapaz de agir de acordo com a minha vontade, fui impelida para a frente, através do abismo escuro e estreito. Fechei os olhos e senti a densa atmosfera negra passar por mim. Depois de algum tempo, seriamente preocupada com a possibilidade de jamais retornar ao meu corpo, por causa da alta velocidade e do tempo excessivo durante o qual eu estivera viajando, deduzi que eu devia ter sido projetada para muito longe e que, além disso, eu já estava fora do meu corpo havia muito mais tempo do que em qualquer ocasião anterior. Essa era como a primeira vez em que eu desejara voltar para a realidade física, e eu não sabia com segurança se isso iria dar certo.

Acelerei ainda mais através da escuridão aparentemente infinita, e acabei abrindo os olhos para ver se havia algo de novo à minha volta. Eu ainda estava envolvida pelo canal escuro, sendo levada para um destino desconhecido. Enquanto eu era catapultada através do vazio escuro, olhei para o meu corpo astral e vi uma réplica branca e luminosa do meu corpo físico.

Por fim parei. O túnel desaparecera, e eu estava flutuando perto de minha cama, de modo que, com um certo alívio, esgueirei-me para dentro de meu corpo físico. Pude ver as partes de meu corpo astral e deslocá-las, de maneira a fundir-se com os seus equivalentes físicos. Quando tudo estava em harmonia, recuperei a consciência da realidade física.

Eu poderia afirmar que o meu corpo físico tinha permanecido imóvel por bastante tempo, porque eu estava aconchegada sob uma pilha de acolchoados. Aquele beliche era tão frio que, depois de qualquer movimento, era preciso um tempo considerável para aquecer o novo lugar, e eu me mantive aquecida o tempo todo, com Taffy, o meu gato de listras douradas, encostado em meu corpo, dormindo profundamente.

Essa EFC foi diferente das projeções anteriores porque eu fui para um ambiente completamente estranho para a minha consciência física, e senti que poderia permanecer fora do corpo indefinidamente. Embora as pessoas me parecessem desconhecidas, elas aparentemente me conheciam, e aceitaram minha "intromissão" no plano astral com tranqüilidade, como se fosse algo comum. Onde quer que estivesse localizado o bairro modesto e bem-arrumado, eu o visitara de dia; quando retornei ao meu corpo físico, porém, as janelas da cabana mostravam que lá fora havia uma densa escuridão.

23 de novembro de 1978, 13h00

Eu ficara cochilando, tendo sonhos intermitentes e acordando às vezes. Durante um sonho, uma página impressa apareceu, como por magia, suspensa diante dos meus olhos. Pude distinguir muito bem a tinta preta contra o fundo branco e, embora algumas letras estivessem borradas, pude compreender parcialmente um parágrafo, que falava sobre uma das minhas vidas passadas. (Não tenho crenças definidas a respeito da reencarnação.) Enquanto eu me concentrava em determinada palavra a fim de apreender o seu significado, compreendi que essa experiência era um sonho e reconheci o quanto era maravilhoso receber uma mensagem dessa maneira.

A página desvaneceu-se e eu adquiri a consciência hipnopômpica em meu corpo físico, e a minha cabeça começou a vibrar com um zumbido agudo. Tentei projetar-me, mas tive dificuldade para sair em minha forma astral. Depois de algumas tentativas, saí ligeiramente do meu alinhamento com a minha forma física, e meu corpo astral começou lentamente a girar, paralelo à cama, da cabeça para os pés, dos pés para a cabeça, tendo a cintura como eixo, em um movimento no sentido anti-horário. Relaxei e o impulso aumentou. Uma de minhas gatas, Tanya, e o meu cachorro, Shunka, estavam deitados ao meu lado, mas o meu duplo, que estava girando, passava através deles sem encontrar a mínima resistência. O movimento giratório acelerou-se até chegar a uma incrível velocidade e, espantada, eu me perguntava o que iria acontecer em seguida. O meu corpo astral continuou a girar, vezes e vezes seguidas, sem nenhuma indicação de que alguma outra coisa iria acontecer, até que fiquei entediada. Eu queria projetar-me para alguma parte.

O movimento giratório parou; meu duplo astral rolou para a direita e caiu, passando através do colchão. Eu estava embaixo da cama, flutuando de barriga para baixo, paralela ao assoalho, onde eu podia ver claramente as tábuas do assoalho e os painéis da parede. Eu estava prestes a fazer passar primeiramente a cabeça através da parede que separava os quartos, mas senti alguma coisa bater contra a parte superior das minhas costas. Instantaneamente, eu estava de volta ao meu corpo, completamente acordada, na consciência física normal. Eram quase 13h30.

22 de dezembro de 1978, 14h45 — 15h50

Fiz cinco ou seis movimentos respiratórios lentos e profundos, e comecei o exercício de relaxamento, mas, antes de chegar à cintura, adormeci. Acordei depois de algum tempo, percebi o que havia acontecido e prossegui com o relaxamento. Uma vez mais, peguei no sono.

Tive um sonho de falso despertar, no qual sonhei que eu tinha me levantado e ido para a cozinha preparar o jantar, mas então notei que, na verdade, eu estava na cama, dormindo. Ao perceber isso, entrei no estado hipnopômpico, com a sensação de vibrações moderadas espalhando-se pelo meu corpo.

Tentei projetar-me, mas a minha forma física estava firmemente ligada ao corpo astral; tentei subir flutuando ou descer, mas não adiantou. Depois de algum tempo, desisti de me projetar, relaxei e deixei que as vibrações continuassem sem minha intervenção consciente, esperando que a separação ocorresse de forma natural, como tinha acontecido em diversas ocasiões anteriores. O meu duplo astral continuou engastado em sua prisão material.

Resolvi então tirar proveito da situação e fazer experiências com as vibrações. Imaginei-as acelerando e elas oscilaram com uma freqüência muito mais alta. Depois disso, direcionei-as para várias partes de meu corpo simplesmente usando o pensamento para enviá-las à cabeça, pés, tórax e, em seguida, voltando a distribuí-las por igual. Embora eu tivesse controle sobre a velocidade e posicionamento das vibrações, foi impossível mover um dedo sequer para fora do meu corpo.

Quando fiz um esforço ainda maior para projetar-me, senti-me como se estivesse entrado em um tipo de consciência limítrofe semi-opaca, em que se fundiam o estado hipnopômpico, um mundo onírico e uma EFC. Entre curtos lapsos de consciência, elevei-me flutuando através do teto, com a cabeça na frente, até entrar no sótão. Olhei para baixo e vi Shunka e os gatos deitados na cama, e meu irmão, Jim, sentado em uma cadeira, assistindo à televisão em meu quarto. (Jim estava a quilômetros de distância e eu nunca tive televisão no quarto da cabana.)

Eu estava no estado hipnopômpico quando emergi daquela peculiar fusão de mundos. As vibrações ainda eram muito fortes, mas, em vez de sair de meu corpo por completo ou de acordar totalmente para a realidade física, entrei em uma outra projeção onírica na qual as mesmas imagens do sonho com Jim e o televisor fundiam-se com uma outra EFC semelhante a sonho. Por alguns minutos a minha percepção flutuou para a frente e para trás, entre a projeção no estado onírico e o estado hipnopômpico acompanhado de vibrações, e então acordei para a consciência física normal.

9 de fevereiro de 1979, à tarde

Na noite anterior, eu visitara (fisicamente) uma de minhas amigas singulares e interessantes, chamada Pat, a qual havia desenvolvido, juntamente com outros talentos impressionantes, a capacidade de escrita automática. Uma entidade que se autodenomina "Doutor Heath" freqüentemente envia mensagens e conselhos através dela, e Pat dedica muito de seu tempo a usar essas comunicações e outros dons paranormais para ajudar as outras pessoas. Perguntei ao doutor se ele poderia dar-me algum conselho sobre as projeções astrais e, enquanto o lápis na mão de Pat movia-se através do papel como se fosse dotado de vontade própria, recebi a seguinte mensagem, reproduzida textualmente aqui, com as sentenças incompletas típicas das mensagens provenientes das dimensões do Doutor Heath:

> "Você está percebendo como é de fato diferente deixar o seu corpo. A sua ligação com o corpo é grande. Deixe que se vá a sensação corporal. Você seguirá aos níveis superiores logo que fizer isso. Confie em seu espírito para ser livre e deslocar-se livremente, sem estar presa ao corpo."

"Não estou fazendo isso?", perguntei.

"Não. As vibrações servem para libertar totalmente o corpo. Acredite que a luz pode projetá-la para cima e para fora. A sua luz. LUZ INTERIOR, sim. Ela dará a você energia para que a sua luz projete-se para a frente. Peça que seus guias ajudem-na a usar a energia. Energize-se através deles e, então, você será projetada para cima, através de seu corpo. Você está pronta para isso, mas precisou de ajuda para compreender a diferença."

Enquanto eu estava à deriva, no estado hipnopômpico, refleti sobre a mensagem e resolvi seguir o conselho mas, então, entreguei-me ao sono. Sonhei que um casal de jovens, que eu nunca vira antes, estava subindo a estrada que levava à minha cabana. O jovem de cabelos compridos estava carregando uma criança pequena, e a mulher estava correndo atrás de um filhote marrom de *beagle* que saíra da estrada e estava indo em direção à minha cabana. Fiquei de pé na porta, observando, e disse à jovem que ela tinha sorte por Shunka estar dentro da cabana, já que ele provavelmente teria atacado o filhote se estivesse do lado de fora. Enquanto eu falava, o sonho tornou-se lúcido e entrei no estado hipnopômpico, com as vibrações pulsando vigorosamente através do meu corpo.

Tentei projetar-me pedindo ajuda aos guias espirituais, caso eles estivessem presentes. Passei rapidamente pelo estado hipnopômpico e, ao entrar na consciência física, as vibrações cessaram.

13 de fevereiro de 1979, 14h45 — 16h00

Deitei-me, respirei fundo cerca de dez vezes, comecei a relaxar cada parte de meu corpo, mas caí no sono antes de terminar. A partir do sono, entrei em uma série de sonhos de falso despertar.

Sonhei ter acordado quando um amigo, personagem de um sonho, apareceu para visitar-me. Enquanto o meu amigo entrava no quarto onde eu estava dormindo, metade de um velho acolchoado já puído caiu da cama, e ele atirou-o dentro do fogão a lenha, feliz porque o velho acolchoado finalmente se rasgara.

Enquanto o meu acolchoado ardia em chamas no fogão, percebi que eu estava sonhando e "acordei" para outro falso despertar, dessa vez acreditando que ele de fato chegara. Perguntei a mim mesma em que cômodo ele estava e, por isso, verifiquei o quarto de hóspedes, acreditando que ele poderia ter dormido lá. O beliche inferior estava arrumado e vazio.

Comecei a acordar, compreendo que entrara em um outro sonho, mas acabei caindo em um outro falso despertar. No novo sonho, levantei-me e entrei novamente no quarto de hóspedes. No beliche de cima estava minha gata, Tanya, coberta e com a cabeça apoiada no travesseiro. No beliche inferior estava o acolchoado do primeiro sonho, sem nenhum chamusco e perfeitamente intacto. Acariciei a cabeça de Tanya, disse-lhe que ela era uma boa gata e, então, voltei para a minha própria cama.

Comecei a despertar novamente, compreendo que isso também era um sonho. Entrei no estado hipnopômpico e, como as vibrações eram fortes, pedi aos meus guias espirituais que me ajudassem a sair do corpo. As vibrações continuaram enquanto eu tentava projetar-me para fora sem ter nenhum sucesso. Em seguida, tentei exteriorizar-me sem uma sensação corporal, mas não consegui imaginar exatamente como era isso.

Permaneci presa em minha forma material, de maneira que me concentrei nas vibrações, usando minha vontade para acelerá-las. Pedi que os meus guias espirituais emitissem para as vibrações a quantidade certa de energia e, mentalmente, expressei o meu desejo de projetar-me para adquirir conhecimento que seria benéfico para mim e para os outros. Então, deitada de costas, relaxei.

Depois de um breve momento — e para meu espanto — senti um par de mãos segurar as minhas costas e, lentamente, colocar-me sentada. As minhas mãos estavam na posição que estariam se eu estivesse sentada em uma poltrona, com os braços apoiados no descanso. Eles estavam relaxados e flutuavam confortavelmente.

Os meus olhos estavam abertos quando rijas mãos astrais posicionaram o meu corpo, mas, como em algumas outras ocasiões, fui incapaz de determinar se eu estava enxergando com os olhos astrais ou físicos. Então, para minha perplexidade, notei a franja de meu cabelo pendendo diante dos meus olhos, mas vi a madeixa mais estranha que eu já vira antes; cada filamento tinha centenas de outras hastes que se ramificavam ao longo dele em ambos os lados. Os ramos eram muito curtos e todos tinham aproximadamente o mesmo tamanho; elas davam a impressão de uma estrutura mais semelhante a penas do que a cabelos humanos. Para além das minhas madeixas estranhamente modificadas, distingui o meu quarto de dormir, que parecia normal; o cálido fulgor dos painéis de pinho era moderado pela pálida luz hibernal que penetrava através das janelas.

Eu ainda sentia as mãos, que estavam pressionadas contra as minhas costas, perto da região da cintura e cobrindo parcialmente as minhas costelas. Com delicadeza, as mãos invisíveis fizeram-me deitar de costas, ligeiramente em diagonal relativamente à posição em que eu estivera deitada antes. Desapareceu aos poucos a sensação de pressão no lugar onde as mãos da entidade astral desconhecida haviam segurado o meu corpo.

Enquanto eu estava deitada na cama, completamente desperta na consciência física, percebi que foi o meu corpo astral que tinha se sentado, embora, enquanto as mãos estavam erguendo-me, sua força e toque produziram uma sensação tão definida que senti exatamente o que sentiria se elas estivessem deslocando o meu corpo físico.

16 de fevereiro de 1979, à tarde

Respirei fundo cerca de dez vezes, relaxei cada parte de meu corpo, e me sugestionei com vistas à projeção astral e adormeci.

Posteriormente eu acordei, tremendo com as vibrações, e pedi a ajuda dos guias espirituais para deixar o meu corpo; em vez disso, porém, voltei a dormir e tive aquilo que acreditei ser um sonho de projeção astral.

Sonhei que estava pairando acima da encosta da colina ao lado de minha cabana, contemplando a paisagem abaixo de mim. Minha cabana e as árvores em torno dela, nuas e frágeis em seu sono de inverno, estavam ocultas pela penumbra crepuscular, mas, mesmo assim pude perceber nitidamente os pontos de referência lá embaixo. Proeminências prateadas definiam rochas e árvores, como se elas estivessem encharcadas pela luz de uma Lua cheia. O brilho derramava-se sobre a superfície seca e sem vida que cobria o chão da floresta. Vi Taffy vagueando pelas sombras e áreas de luz abaixo de mim, com seu pêlo dourado servindo como uma camuflagem em meio à folhagem de inverno castanho-amarelada abaixo dos pinheiros altaneiros.

Acordei, fisicamente, quando o Sol se escondia atrás de uma cadeia de montanhas. Saí andando do quarto e Taffy saudou-me na sala de estar, onde ela estivera enroscada na cadeira diante da lareira, perdida em sua própria terra dos sonhos, talvez caçando ratos, subindo em árvores ou vagueando por uma floresta hibernal.

Achei que durante essa "projeção" a minha consciência estava operando em um dos ramos entre o *continuum* dos sonhos e o *continuum* das EFCs. Embora as imagens fossem vívidas, eu não tinha a nítida impressão de estar de fato lá; senti-me como se estivesse ou parcialmente acordada em um sonho ou parcialmente adormecida em uma EFC.

28 de fevereiro de 1979, antes da aurora

Eu fora para a cama tarde, estava cansada e dormira na hora. Algum tempo depois, acordei com uma tremenda sede. Pensei em algumas garrafas de suco que estavam na parte de baixo do meu armário de cozinha. O suco fresco e ácido era justamente o que eu queria para aliviar minha garganta e boca ressequidas.

Todavia, a cabana estava gelada, e eu me sentia demasiado cansada e confortável para deixar minha cama quente e aconchegante, de modo que voltei a dormir.

Mais tarde, acordei novamente, ainda mais sedenta; eu tinha de levantar e tomar o suco. Eu esperava que ele não estivesse congelado. Joguei as cobertas para trás e saí da cama.

Fui para a sala de estar e, na escuridão, procurei às apalpadelas o fio que pendia da luz do teto. Ouvi um ruído alto, como se um vento forte surgisse de dentro da noite, soprando chuva pesada e granizo contra a minha cabana. Por fim, encontrei o fio da luz e puxei-o, mas a sala continuou escura. Achei que a tempestade tivesse causado uma interrupção no fornecimento de energia elétrica.

Consegui chegar até a cozinha e pressionei o interruptor da parede; depois de repetidas tentativas, frustrei-me com o clique ineficaz. A escuridão da noite na floresta continuou. Determinada a saciar minha sede, abri o armário, sentei-me com as pernas cruzadas no assoalho, diante dele, e tateei seu interior, à esquerda, procurando as garrafas. Elas tinham desaparecido. Depois de procurar um pouco mais, descobri-as ao lado direito, o lado oposto ao local onde elas deviam estar. Puxei-as para fora; os meus olhos estavam se acostumando com a escuridão; fiquei lá sentada, tentando decidir qual delas tomar.

De repente, fui puxada através do ar, de volta para minha cama. Abri os olhos e eu estava deitada na cama, mais sedenta do que nunca. Do lado de fora das janelas, as estrelas tremeluziam com um brilho intenso através da floresta tranqüila, na noite escura e fria. Talvez a "tempestade" tivesse sido apenas aqueles estranhos ruídos peculiares ao mundo astral.

Enquanto eu estava lá deitada, usufruindo a tranqüilidade do meu rústico e pequeno refúgio, eu não tinha nenhuma idéia de que as circunstâncias estavam prestes a revolucionar minha vida e colocar-me em um novo caminho, longe de minha querida cabana na floresta.

Capítulo 8

O Sobrado Comercial

Embora eu tenha me mudado para outro endereço, minha odisséia astral continuou. Na primavera de 1979, aluguei uma velha casa que, muitos anos antes, teve uma loja no piso térreo e aposentos residenciais no andar de cima. Ela ainda tinha uma fachada falsa, daí o nome sobrado comercial; até hoje é assim que alguns habitantes locais referem-se a esse imóvel.

A minha nova casa estava localizada numa cidadezinha situada ao longo de uma rodovia interestadual, que passa na orla da comunidade, aproximadamente uma quadra a nordeste do sobrado comercial. Minha vida estava mudando tão depressa quanto o tráfego que fluía ao longo da rodovia próxima; eu estava em meio ao processo de tomar novos rumos em meus relacionamentos pessoais, metas profissionais e modo de vida — tudo estava muito confuso — mas dava um jeito de escapulir para minha cabana sempre que encontrava tempo. A EFC descrita a seguir ocorre durante um fim de semana em que eu havia voltado para encontrar alguma paz e solidão na tranqüilidade da floresta.

9 de setembro de 1979, 13h30 — 15h00

Depois de passar a manhã descansando no solário, lendo e tomando sol, resolvi ir para dentro, onde estava muito mais fresco, para deitarme, meditar por algum tempo e tirar uma soneca. Enquanto eu deixava o solário batido pelo sol quente e entrava na cabana fresca e fracamente iluminada, pensei na projeção astral e ponderei que banhos de sol podiam ter ajudado a provocá-la anteriormente, embora eu não tivesse feito anotações específicas a esse respeito.

Enquanto eu estava deitada na cama, meditando, visualizei o pacote de cadernos em minha mesa, páginas vazias que eu queria encher com estudos de sonhos e relatos de EFCs. Omiti as técnicas tratadas anteriormente, as quais tinham produzido sucessos surpreendentes seguidos de desanimadores fracassos, visto que eu as aplicara numerosas vezes sem resultado.

Depois de meditar por algum tempo e pegar no sono, sonhei que um professor estava dando uma palestra ao ar livre, onde árvores altas e de copa larga erguiam-se em um gramado amplo e bem cuidado, um ambiente que se assemelhava ao de um *campus* ou parque. Uma grande multidão havia se reunido para ouvi-lo. O professor ficou de pé sobre uma estrutura de madeira que se assemelhava a um quiosque. O orador, de aparência distinta, era um homem bonito — jovem, esbelto, moreno — e usava terno cinza e óculos. Fiquei intrigada por causa disso; ele parecia fazer parte de minha vida, mas as suas palavras se perderam antes que a minha memória pudesse gravá-las.

O meu sagaz professor foi interrompido pelo barulho de um veículo motorizado subindo a íngreme e pedregosa estrada que levava até a minha cabana, andando ruidosamente aos solavancos e passando sobre pedras e irregularidades do terreno. Shunka saltou da cama, rosnou e latiu ferozmente, desempenhando de forma confiável seu papel de protetor entusiasmado e sincero. Joguei os cobertores para o lado e levantei-me, dizendo provocativamente: "Pega, Shunka, pega", enquanto ele ficava mais excitado e corria para fora do quarto, com as patas derrapando nas áreas lisas do assoalho de madeira e latindo enfaticamente contra o "monstro" metálico que invadia o seu território.

Notei que a minha voz parecia estranha; ela estava trêmula e cavernosa, e me perguntei se aquilo estava realmente acontecendo ou se eu estivera falando em meu sonho e ouvido minha voz ao entrar no estado hipnopômpico ou, ainda, se eu sonhara silenciosamente todo o incidente.

Corri até a cozinha para fechar a porta, para o caso de alguém estar de fato chegando, já que vestia apenas o meu pijama comprido, com flores azuis. (Na realidade física, eu estava usando o meu traje de banho coberto por uma camiseta preta.) Tive difilculdade para achar o trinco, e a esquadria da porta irradiava um brilho dourado, em vez da cor marrom-avermelhada escura com que eu recentemente a pintara. (Ela tinha sido de cor dourada antes da aplicação da nova pintura.) Concentrei-me intensamente em colocar minha mão exatamente onde o gancho deveria estar, achá-lo e prender a porta com ele.

Fiquei de pé na cozinha e perguntei-me se eu estava fisicamente desperta ou vagueando em meu corpo astral. Resolvi fazer um teste verificando se eu poderia voar para fora da cabana através da parede. Para minha surpresa, flutuei rapidamente para fora e fiquei pairando pouco acima da pilha de lenha.

A atmosfera estava "carregada" com um tipo de energia difusa; eu podia sentir no ar ao meu redor uma grande força semelhante à eletricidade estática. Resolvi relaxar, permanecer passiva e ver se uma força exterior haveria de impelir-me para um novo local.

Senti um puxão na parte superior das minhas costas e, em seguida, o meu corpo astral estava deslocando-se rapidamente através de um borrão enevoado azul-cinzento. Pensei na ocasião em que eu acabara na casa daquelas pessoas que pareciam conhecer-me, embora fossem completamente estranhas para mim, e perguntei a mim mesma se eu estava voltando para aquela modesta vizinhança astral ou para alguma situação semelhante.

Então, parei; o "túnel" azul desaparecera e eu estava de volta à minha cama. Eu tencionava projetar-me novamente e, por isso, tentei sair através da minha cabeça. Eu queria abrir os olhos quando estivesse passando através da parede na cabeceira da minha cama, mas tinha receio de que os meus olhos físicos também se abrissem, fazendo com que eu voltasse novamente ao corpo físico. Então, eu pensei: "A minha visão astral vai melhorar depois que eu atravessar as minhas pálpebras."

E foi o que aconteceu: Um visão interior da parede entrou em foco, e os meus olhos pareciam estar abertos, embora eu os tivesse mantido fechados. Eu podia ver duas pranchas de madeira e o lado escuro do painel de pinho nodoso, enquanto passava através da parede e emergia na sala de estar, parando de pé diante do piano. (Eu levara apenas alguns poucos pertences da cabana para o sobrado comercial, que já estava parcialmente mobiliado quando me mudei.)

O teclado do piano estava aberto e, assim, cheguei mais perto para verificar se poderia tocar o instrumento na forma astral. Permaneci de pé, curvada sobre o banco, e estendi as mãos para encontrar as teclas certas e tocar "Fur Elise", de Beethoven. Encontrei-as facilmente, mas, quando me pus a tocar, o piano emitiu um som metálico e terrivelmente desafinado. Recomecei diversas vezes, pois eu sabia que o meu piano estava afinado; em todas as tentativas, porém, a desafinação era a mesma. Intrigada, desisti e flutuei até a cozinha.

Parei no meio da cozinha e lembrei-me da experiência astral que eu tivera no ano anterior, na qual pulei diversas vezes para cima. Cada vez indo mais alto. Resolvi tentar isso novamente. Dei um pulo de alguns centímetros e desci ao chão; dei um pulo de mais alguns centímetros e, na terceira vez, elevei-me bem acima da minha cabana. Eu queria voar para alguma parte, mas fui levada para baixo, voltando à cozinha.

Tentei novamente. Da primeira vez, dei um pulo de aproximadamente 60 centímetros e desci em câmara lenta. Depois, passei através do teto e desci suavemente, tocando o chão com os pés. Em seguida, saltei o mais alto que pude e disparei para cima, vendo o meu sótão de relance ao passar por ele; acabei pairando no ar, bem acima da minha cabana. Olhei para baixo e vi o pequeno telhado verde da cozinha ligado ao telhado maior da estrutura principal.

Lancei-me pelo céu azul e ensolarado dando cambalhotas, girando no ar e rolando rapidamente, além de elevar-me no ar e dar mergulhos acima da minha cabana. Voei para sudeste e observei as árvores embaixo de mim, brilhando ao sol.

Parei. Eu estava flutuando ao lado e ligeiramente acima de um parapeito quase idêntico ao da varanda da cabana, exceto pelo fato de que o parapeito do mundo astral tinha uma estrutura ligada a ele. A estrutura era constituída por uma plataforma de madeira, com cerca de 60 por 60 centímetros, sustentada por pranchas de madeira pregadas a uma estaca que se apoiava no parapeito. Subi na plataforma, onde vi pregos enferrujados — alguns já se soltando — que a prendiam à estaca rachada e castigada pelas intempéries.

Ela dava a impressão de ser frágil demais para sustentar o peso de um corpo humano físico, mas suportou facilmente o meu duplo astral. O parapeito estava tingido de marrom, assim como o parapeito da varanda na dimensão física, mas a tábua sobre a qual eu estava agachada era simplesmente um pedaço de madeira maltratado pelo tempo.

Tive o "conhecimento paranormal" de que havia uma praia ou algum tipo de espaço aberto ou área de recreação atrás de mim, enquanto ficava diante do parapeito e das casas situadas à direita e à esquerda, com os arredores e as outras casas ocultas dentro de um denso bosque. Sem ver de fato a área aberta ou as casas, eu sentia intuitivamente que elas estavam lá.

Olhei para baixo, para algumas folhas espalhadas pelo chão, e vi que elas já exibiam tons de laranja e vermelho, um prelúdio de outono no brilho cálido do sol de final de verão. As folhas desvaneceram-se e eu estava de volta ao meu corpo, abrindo os olhos enquanto as vibrações desapareciam gradualmente.

1º de novembro de 1979, 6h00 — 7h00

Eu estava dormindo num dos quartos do andar superior do sobrado comercial e, tendo acordado cedo, resolvi projetar-me. "Balancei-me" internamente e deixei-me levar para o estado hipnagógico, concentrando-me em deixar o meu corpo.

Depois de um breve período de inconsciência, entrei no estado hipnopômpico e senti o meu corpo vibrar; assim, movida pelo simples desejo, saí facilmente de meu corpo físico e elevei-me no ar, passando através do teto e indo parar acima da casa.

Mentalmente, expressei o desejo de fazer uma visita astral a Cara, uma de minhas amigas mais íntimas e queridas, que morava por perto. Cara é inteligente, prática, curiosa e bem-educada, e juntas freqüentemente fizemos experiências com fenômenos paranormais. Ela estava ciente de que eu poderia tentar visitá-la na forma astral.

Uma força invisível empurrou-me para trás, para longe da casa de Cara, mas, a despeito dessa poderosa influência contrária, tentei forçar o meu corpo astral a ir para a frente, e logo caí suavemente no chão.

Olhei em torno e vi que estava sentada em torno de um campo, próximo a uma cerca de arame farpado, cercada por um emaranhado de capim alto, já seco, e por ervas daninhas. Vi que ainda estava usando o meu pijama azul.

Voltei rapidamente para o meu corpo, senti as vibrações durante alguns segundos e, então, acordei fisicamente. Olhei para o meu relógio e vi que eram quase 7h00 — e percebi que Cara estaria justamente chegando em seu local de trabalho, que ficava na direção oposta à minha casa. Perguntei-me o que teria acontecido se eu tivesse deixado a força astral puxar-me naquela direção, antes que eu interviesse insistentemente com meu esforço consciente de viajar até a casa de Cara.

19 de dezembro de 1979, 3h30 — 5h20

Shunka acordou-me às 3h30, implorando desesperadamente por um curto passeio. Depois de me levantar e, obedientemente, deixar que ele me arrastasse pelo quintal, na escuridão congelada da revigorante noite hibernal, fiquei deitada na cama por um longo tempo, completamente acordada, mas tentando voltar a dormir. Então, presumi ter cochilado, porque tive a sensação de despertar com a música do rádio-relógio, que estava na verdade programado para tocar às 5h30. Relaxei e contemplei o quanto era agradável o modo como a música se desvanecia delicadamente em minha consciência. Ouvi a música suave e fiquei ainda mais relaxada, de maneira que resolvi fazer uma tentativa de deixar o meu corpo.

Imediatamente, flutuei com facilidade, acima da cama, e fiz uma parada próximo ao teto, onde coloquei minhas mãos contra a argamassa para observar qual seria a sensação de passar através dela. Senti uma ligeira resistência quando a minha difusa forma astral misturou-se ao material que formava o teto e, então, passou para um pequeno cômodo que ficava logo acima, coisa que me intrigou, porque o meu quarto de dormir ficava no último andar. Presumi que o pequeno cubículo fosse um sótão. (Nunca vi fisicamente o sótão no sobrado comercial.) Embora estivesse escuro, pude ver que as paredes que limitavam o pequeno recinto eram construídas com muitas tábuas estreitas e sem pintura.

Elevei-me um pouco mais, passando através do telhado, e surpreendi-me ao descobrir que ainda podia ouvir o rádio com a mesma clareza de antes. Perguntei-me se aquilo era música física, percebida através da sensação do som subindo pelo cordão de prata, ou se era música astral percebida pela minha audição astral.

Concluí que seria interessante explorar as características astrais — ou entidades, se alguma estivesse presente — em um velho edifício que originalmente fora construído e usado como hotel mas que, naquela época, abrigava uma loja de antigüidades no andar térreo. A loja ficava apenas a meia quadra de distância. Uma das proprietárias, Dot, que era uma das minhas amigas preferidas e mais animadas, morava na casa ao lado e havia comentado acerca dos "fantasmas intrigantes" que talvez ainda estivessem vagando pela velha casa que, de certo modo, era tida como assombrada.

Voei para o nordeste, rumo à rodovia interestadual, passando sobre a minha casa, e em seguida, por sobre a casa de Dot. A loja de antigüidades, no velho hotel de madeira, ficava no lado oposto ao da casa de Dot, mas, quando vi as estacas que davam sustentação ao lado norte da varanda, percebi que tinha ido um pouco longe demais. Eu estava no lado da loja voltado para a rodovia interestadual; voei para longe da construção, passando sobre o corrimão da escada que levava à varanda.

Vi uma outra loja de antigüidade do outro lado da rua, em uma velha casa amarela com vigamento de madeira. Nem a rua nem a casa estavam presentes na realidade física — se ali houvesse de fato uma loja de antigüidades, ela estaria no meio da rodovia interestadual.

A pitoresca casa, em estilo vitoriano, tinha uma estranha aura de familiaridade. Passei voando através da parede e entrei no cômodo da frente, o qual estava repleto de antigüidades: móveis, louças, enfeites, quadros, etc; havia também algumas caixas de papelão, parcialmente descarregadas, que estavam abertas sobre um sofá. Jornais amassados, que aparentemente haviam sido usados no empacotamento, estavam espalhados sobre o chão, em cima do sofá e dentro das caixas.

Um mulher, que presumi ser a proprietária da casa, entrou num cômodo situado atrás da sala da frente. Seu cabelo era escuro e ela parecia estar na casa dos quarenta anos de idade. Ela olhou diretamente para mim, pareceu reconhecer-me e perguntou-me por que eu estava ali tão cedo, visto que a loja ainda não estava aberta. Respondi algo, mas depois me esqueci do que eu disse. Então ela falou-me sobre trinta mulheres que iriam chegar às 10h00 para algum tipo de clube ou reunião, e eu disse a ela que precisava voltar para minha casa e aprontar-me para o trabalho.

Entrei na sala ao lado, onde deparei-me com uma visão impressionante — adormecida em um catre estava uma senhora idosa, ossuda, encarquilhada e de cabelos brancos, a qual dava a impressão de que mal conseguia se apegar aos frágeis restos de uma vida que devia ter começado havia mais de um século. Saí voando através da parede lateral voltada para o velho hotel, no outro lado da rua.

Fiz uma pausa antes de atravessar a rua e sentei-me em um galho alto de uma enorme árvore sem folhas e ao lado da casa, contemplando a estéril paisagem de inverno. Abaixei a cabeça para observar o meu corpo astral; eu estava usando *blue-jeans* e um suéter de lã vermelho que, na realidade física, tinha sido jogado fora fazia anos. O sol do começo da manhã pareceu-me quente para aquela época do ano.

A mulher de cabelos escuros saiu andando da casa, olhou para mim e disse alguma coisa que eu não entendi. Senti que tinha de ir embora e, assim, voltei voando "através da rua" e pairei no ar ao lado de outra árvore, próximo ao velho prédio do hotel. Senti um ar mais quente do que o normal irradiando-se a partir do chão, então voei por sobre o hotel, passando sobre a casa de Dot, e deixei-me levar para o meu quarto.

Vi minha cama abaixo de mim, coberta por um acolchoado listrado, mas não consegui ver o meu corpo físico, que devia estar enterrado sobre uma pilha de travesseiros e cobertas. Eu tinha um acolchoado listrado como aquele que vi, mas ele encontrava-se em uma cama de outro quarto.

De repente, meu campo visual estreitou-se, limitando-se a uma pequena janela em cima e à direita: tudo estava escuro, exceto a fraca luz cinzenta da aurora penetrando através da janela. Eu estava de volta ao meu corpo, deitada na cama, de onde eu podia enxergar uma pequena janela. Do lado de fora, havia uma escuridão que antecede o alvorecer de uma fria manhã de inverno. O rádio-relógio estava silencioso. Levantei-me e acendi a luz. Enquanto eu me vestia apressadamente na velha casa gelada, o rádio-relógio começou a funcionar no horário habitual, 5h30.

Morei no sobrado comercial por mais um ano, durante o qual desviei minha atenção da odisséia astral e concentrei-me em questões mais corriqueiras. No final de 1979, mudei-me para Rapid City, uma cidade maior, onde eu comprara uma casa em um local mais conveniente. Freqüentemente, refiro-me a ela como sendo a minha casa na cidade, para diferenciá-la de minha cabana. Muito embora as minhas metas, em grande parte, tenham desviado o meu caminho para longe dos mundos invisíveis, alguns meses depois de mudar-me para a minha casa na cidade eu tive uma aventura astral mais profunda do que jamais imaginara possível.

Capítulo 9

A Casa na Cidade

A velha casa de dois andares é voltada para o norte, e tem uma varanda na frente, sobranceada pelos ramos de nogueiras negras que fazem do balanço da varanda um lugar agradável mesmo nos dias mais quentes. (Muitas partes deste livro foram idealizadas nesse balanço.)

No lado de dentro, no andar principal, a metade da frente é uma sala de estar e a metade de trás está dividida em cozinha e sala de jantar, com um pequeno banheiro e varanda nos fundos. Logo adiante da entrada frontal, à direita, há uma escadaria que leva ao segundo andar.

Todos os três quartos de dormir são no andar de cima. Cada um dos dois quartos da frente tem um conjunto de duas janelas que dão para o telhado da varanda. Há um pequeno quarto de dormir atrás, no canto sudeste do andar de cima, e o banheiro principal no canto sudoeste.

Eu tentara fazer a projeção astral apenas ocasionalmente durante o ano anterior mas, no que diz respeito à minha percepção consciente, na maior parte do tempo eu permanecera com a atenção voltada para o mundo material, com os interlúdios normais da consciência onírica.

Eu havia lido o livro de Paul Twitchell, *Eckankar*,[1] que freqüentemente menciona guias astrais, ou viajantes espirituais, como Twitchell os chama. Eles supostamente são entidades benévolas do plano astral

---

1. Paul Twitchell, *Eckankar: The Key to Secret Worlds* (San Diego, CA: Illuminated Way Press, 1969).

que podem ser convocadas quando alguém que busca o caminho espiritual pede a ajuda deles. Os viajantes espirituais, também chamados de "mestres", são altamente desenvolvidos.

Em algum momento em 1981, no meio da noite

Eu estava dormindo no quarto noroeste e encontrava-me parcialmente acordada no estado hipnopômpico, com vibrações pulsando através do meu corpo. Fiz um esforço para elevar-me em meu corpo astral enquanto mantinha imóvel o meu corpo físico e, depois de alguns momentos, simplesmente saí voando pela janela, surpresa por ver-me de forma tão súbita em meu corpo astral.

Fiquei flutuando cerca de 30 centímetros acima da extremidade oeste do telhado da varanda e, a título de experimentação, ordenei mentalmente, sem dirigir-me a ninguém em particular: "Mostre-me o meu mestre!" Então, para meu assombro e prazer, vi uma figura de pé do outro lado do telhado da varanda.

Eu estava fascinada, e toda a minha atenção foi atraída para a imagem que apareceu diante de mim. Vi um homem de cabelos longos que usava uma túnica larga, drapejada nos ombros e amarrada na cintura, com as mangas pendendo em largas dobras. O ser místico irradiava uma luminosidade azul e de paz à volta. Olhei para ele, encantada, e percebi que a imagem tinha as feições representadas nas imagens de Jesus Cristo. Ele estava de pé, de frente para mim, os braços estendidos e ligeiramente elevados em relação aos flancos do corpo.

Meu coração foi preenchido por uma grande sensação de amor e felicidade, emoções mais fortes do que qualquer outra que eu já sentira antes, quer no plano astral ou no plano físico.

Fui irremediavelmente atraída até ele e ajoelhei-me aos seus pés, onde chorei, em meio a fortes soluços que vieram das profundezas mais remotas da minha alma. Tive uma reação emocional que estava completamente além do meu controle ou compreensão. Lágrimas copiosas brotaram de meus olhos e escorreram pelo meu rosto.

Antes que eu pudesse falar, ouvir ou fazer qualquer outra coisa, eu estava de volta ao meu corpo, acordada na cama. Os meus olhos estavam secos, mas eu podia sentir as conseqüências das fortes emoções que haviam se agitado dentro de mim.

Eu estava atônita! Eu havia esperado encontrar no máximo um guia espiritual de nível médio, mas essa experiência deixou-me confusa e perguntei a mim mesma por que isso havia acontecido comigo. Todavia, aceitei a aparição como sendo Jesus devido à minha violenta reação emocional, e tive confiança do que o meu eu superior poderia reconhecer uma presença sagrada. É claro, no entanto, que posso ter me enganado.

Até hoje esse encontro astral ainda me intriga mais do que qualquer outro. Embora eu tenha deixado que os acontecimentos de minha vida se desviassem do caminho da projeção astral, jamais esqueci a bela imagem que apareceu no telhado da minha varanda. Nos momentos em que a vida me parece insignificante, ou em épocas de desespero, a lembrança dessa aparição traz-me a paz de espírito e a força interior necessárias para seguir em frente, com a certeza da presença constante da orientação e propósitos divinos.

7 de fevereiro de 1990, no meio da noite

Ao longo da movimentada década de 80, em meio a uma firme progressão de realizações e reviravoltas, reorganizei minha casa algumas vezes. Durante muitos dos anos anteriores, eu usara o quarto dos fundos, no canto sudeste da casa, como quarto de dormir. Nessa noite em particular, eu fora para a cama com o firme propósito de fazer uma visita astral a Judi, que morava a cerca de 16 quilômetros a noroeste da cidade, em um condomínio residencial. Ela estava esperando. Havíamos planejado tentar fazer uma viagem juntas no plano astral, em uma projeção mútua, para descobrirmos se o mundo das EFCs é objetivo ou subjetivo, pois um dos critérios básicos de objetividade é que o fenômeno seja vivenciado por mais de uma pessoa.

Em algum momento, durante a noite, deixei o corpo e flutuei através do quarto de hóspedes, na parte da frente da minha casa, no canto nordeste. Continuei através das janelas duplas, e observei a estrutura interna de madeira ao passar para o exterior. A partir do meu quintal da frente, voei atravessando a rua e desci pela viela. Parei acima de algumas latas de lixo, onde vi um gato branco e preto fazendo uma busca minuciosa, e perguntei-me se esse era o meu gato, Sylvester.

Lembrei-me de minha intenção de projetar-me até a casa de Judi, de modo que voei para noroeste, passando acima dos prédios e saindo de meu bairro. Eu estava no alto, controlando completamente a situação e voando a uma velocidade de cruzeiro suficientemente baixa para poder observar a vista abaixo de mim. Olhei para as familiares colinas parcialmente cobertas com manchas denteadas escuras do pinheiro "ponderosa", árvore nativa da região, que faz as colinas parecerem pretas a distância. Então, olhei em frente e vi as luzes da fábrica de cimento piscando na escuridão.

Senti uma força atrair-me para perto da fábrica de cimento, em cujo laboratório eu já havia trabalhado. Eu conhecia os empregados atuais que poderiam estar trabalhando no turno da noite e estava preocupada com a possibilidade de me atrasar se deixasse que a minha forma astral se desviasse da meta previamente traçada. Resolvi continuar minha viagem até a casa de Judi.

Detive-me e fiquei pairando sobre as colinas para examinar a área e determinar se a melhor rota para a casa de Judi ficava à direita ou à esquerda da fábrica de cimento. Eu sabia que ela morava em algum lugar do outro lado da fábrica, mas, sem seguir pela estrada e a partir de uma perspectiva com a qual eu estava pouco familiarizada, fiquei confusa quanto à localização exata de sua casa com relação à fábrica de cimento e ao ponto do espaço onde eu me encontrava.

Depois de uma breve hesitação, resolvi ir pela direita e, ao fazer a curva e voar em frente, concentrei-me na imagem mental da casa de Judi.

Uma força invisível transportou-me instantaneamente para o quarto dela, onde fiquei de pé à esquerda da cama, em quase completa escuridão, olhando para ela. Judi estava dormindo um sono profundo, deitada do lado direito do corpo; por trás, vi sua cabeça loira, com os cabelos encaracolados, e sua mão direita saindo de baixo do acolchoado.

Perguntei a mim mesma como poderia acordá-la para o plano da consciência em que eu estava para dizer a ela que eu estava presente na forma astral. Coloquei a minha mão direita sobre a mão direita dela e, instantaneamente, retornei à consciência em meu corpo físico, de volta à minha casa e em minha própria cama.

Reentrei imediatamente na consciência astral, bastando para isso apenas ter vontade de fazê-lo, com a intenção de voltar a encontrar-me com Judi. Projetei-me para fora do meu corpo físico e saí voando pela janela de meu quarto no lado sul e passei para o meu quintal dos fundos, onde tive uma experiência semelhante a sonho, na qual eu conversava com Mary, a minha vizinha da porta ao lado. Esse estado de consciência pareceu-me uma mistura de EFC com um sonho, em um ramo entre o *continuum* da EFC e o *continuum* dos sonhos, de onde logo acordei, na cama e na realidade física.

Posteriormente, na realidade física, Judi confirmou que o seu quarto estava muito escuro e que ela muitas vezes dorme na posição que descrevi; entretanto, ela não havia tido nenhuma consciência da minha presença astral.

Quando lhe perguntei como ela queria que eu a acordasse da próxima vez, Judi sugeriu que eu tentasse incitar os cães, que dormiam na cama com ela, para verificar se eles poderiam perceber a minha presença astral e latir para fazê-la saber que eu estava lá.

17 de abril de 1990, começo da manhã

Acordei em meio ao silêncio que precede o alvorecer. Fiquei virando de um lado para outro durante um longo tempo, tentando voltar a dormir. Por fim, resolvi desistir do sono e usar o tempo como uma oportunidade para fazer experiências com a projeção astral. Respirei fundo algumas vezes, relaxei e visualizei números, fazendo contagem regressiva a partir do dez.

Depois de relaxar durante algum tempo, em um estado que supus fosse o da vaga consciência hipnagógica, resolvi ver o que aconteceria se eu simplesmente tentasse me levantar. Afastei as cobertas e fiquei em pé ao lado da cama, curiosa por descobrir se eu estava no corpo físico ou no corpo astral; a sensação que tive foi exatamente igual a que costumo ter quando executo esses movimentos na consciência física de vigília. Saí voando pela janela do meu quarto no lado sul, o que me fez ter certeza de estar em meu corpo astral.

Enquanto eu voava deslizando através do céu azul, sobre os arredores da minha casa, descobri um fenômeno surpreendente — eu estava carregando os meus dois gatos de listras cinza, Moriah e Merlin, um em cada braço! Achei engraçada a idéia de que eles pudessem viajar no plano astral comigo, pois eu nunca havia considerado essa possibilidade anteriormente. Foi um verdadeiro prazer tê-los comigo. Considerei plausível que, se os gatos forem viajantes astrais proficientes, os meus naturalmente poderiam me acompanhar, pois os dois, especialmente Merlin, gostam que eu os pegue no colo e ande com eles pela casa. Freqüentemente, quando saio para fazer caminhadas, todos os meus três gatos me seguem passeando pelo bairro graciosamente antiquado em que moramos. Sylvester, o mais atlético do trio felino, chega até mesmo a fazer *jogging* comigo por distâncias curtas.

Continuei a voar, segurando com força os meus peludos companheiros e procurando o rumo da casa de Judi. Minha concentração e o controle eram ruins. Acabei em vários locais nebulosos, semelhantes a sonhos, cujos detalhes, em sua maior parte, deixei de reter.

Em determinado momento, cheguei a um quarto que eu nunca vira antes, onde um homem, a quem conheci casualmente, ou alguém que se parecia com ele, sentou-se na cama e conversou comigo, dizendo-me que exagerara na bebida, durante uma festa, e estava sofrendo com uma ressaca. Fui embora e pairei pela região durante algum tempo, procurando a casa de Judi.

Aventurei-me através da quietude da noite, ainda agarrada a Moriah e Merlin. Continuei a concentrar-me na casa de Judi, criando uma imagem mental do quintal da frente, da entrada e da porta, mas continuei pousando em lugares ambíguos — que de alguma forma assemelhavam-se a casas de amigos — onde vagos elementos oníricos produziam uma interferência que tornava impossível uma percepção clara das coisas. Depois de muitas viagens, frustrações e retornos intermitentes ao meu corpo, durante os quais perdi a pista dos gatos, acabei no estado hipnopômpico, virando-me na cama.

Para minha perplexidade, vi um jovem de aparência agradável ao lado de minha penteadeira, observando-me. Embora ele aparentasse ser sólido, suas feições pareciam ligeiramente fora de foco. Eu podia ver que ele tinha altura e compleição medianas, com cabelo castanho grosso, lábios cheios e grandes e bondosos olhos escuros. Ele estava usando uma camisa clara e calças largas e escuras. Presumi que ele fosse uma entidade não-física, mas fiquei curiosa por saber quem era ele e o que estava fazendo em meu quarto no meio da noite!

Perguntei-lhe se era um dos meus guias espirituais, e ele respondeu "sim", e mais alguma coisa que não sei o que foi mas que me fez acreditar que sua função precípua era alguma outra coisa. Perguntei-lhe se poderia ajudar-me a pôr minha vida em ordem e ele disse-me que estava ali apenas para ajudar-me a dormir. Ele deu-me um rápido abraço amistoso e, em seguida, caminhou através do quarto e parou perto do armário, onde uma linda jovem estava de pé. Ela tinha cabelos compridos e escuros e usava um manto esvoaçante, confeccionado com um material tão bonito, que parecia ter sido feito de puro cetim branco e luz. O jovem abraçou-a e deu-lhe um longo e apaixonado beijo.

"Bem", pensei eu, um pouco desapontada, "posso desistir dos guias espirituais por hoje". Saí voando pela janela novamente, ainda mais determinada a chegar à casa de Judi.

Voei para noroeste, passando sobre as colinas, e aproximei-me da fábrica de cimento. Dessa vez, achei engraçado encontrar meu gato preto e branco, Sylvester, em meus braços. Tentei evitar a fábrica de cimento, concentrando-me na casa de Judi, mas fui impelida para dentro do laboratório, onde, uma vez mais, a situação assumiu um caráter semelhante ao que se vê nos sonhos.

Um fogo queimava em algum lugar da fábrica. As pessoas estavam agitadas, correndo de um lado para o outro e tentando ansiosamente extinguir as brasas e fazer com que os gigantescos mecanismos voltassem a funcionar adequadamente. Um instante depois, eu estava do lado de fora, observando as coisas a partir das sombras por trás de um muro de concreto perto da frente da fábrica. Então, também subitamente, eu estava de volta ao prédio do laboratório. Passei andando pela entrada e vi as pichações na tinta verde descascada que recobria a superfície da porta de metal.

Agarrei-me a Sylvester, o qual, ao contrário dos outros dois gatos, não gosta tanto de ser carregado e estava esforçando-se para escapar de meus braços. Recusei-me a deixá-lo descer, todavia, porque eu não estava certa se ele saberia voltar para casa sozinho. Obviamente, eu não tinha nenhuma prova de que ele estava realmente lá. ou, por falar nisso, se eu mesma estava lá; contudo, para evitar qualquer risco de que ele pudesse se perder, segurei-o firme e disse-lhe que se acalmasse. Tentei deixar a fábrica concentrando-me na casa de Judi.

Uma força intensa deslocou-me rapidamente para noroeste, rumo ao destino por mim pretendido, enquanto Sylvester relaxou e deu a impressão de apreciar a viagem.

Quando a velocidade reduziu-se o suficiente para que eu pudesse distinguir os arredores, vi que estava em uma cidade com edificações antigas, como aquelas cidades da fronteira no final da década de 1800. Eu estava em um recinto contendo corredores e mesas, mas não conseguia determinar se estava dentro de um dos edifícios ou em um pátio ligado a um edifício ou situado entre dois deles. Pareceu-me estar no interior de um grande complexo de salas, porque eu conseguia enxergar através das aberturas que podem ter sido janelas dando vista para a rua, do lado de fora; ao mesmo tempo, porém, a área parecia aberta, com pequenas árvores ou grandes arbustos crescendo aqui e ali.

A cor vermelha dominava a decoração. Cortinas vermelhas formavam tabiques ondulantes ou, então, as paredes eram vermelhas, ou ambas as coisas; metais brilhantes e luzes de cores vívidas alinhavam-se ao longo dos corredores e paredes. As instalações elétricas e os móveis pareciam antigos, mas em excelentes condições, no estilo do século XIX ou do começo do século XX. Havia a perder de vista quartos semelhantes adjacentes ao quarto onde eu estava. Algumas poucas pessoas, todas estranhas para mim, estavam andando por lá, algumas delas jantando nas mesas. Segurei Sylvester com firmeza, perguntando a mim mesma o que seria dele se escapasse de minhas mãos.

Concentrei-me intensamente na casa de Judi e, um instante depois, eu estava de pé no quarto dela, à direita da cama, olhando para ela. Judi estava dormindo profundamente, deitada sobre o lado direito. Tudo o que pude ver foi a sua cabeça sobre o travesseiro e a posição de seu corpo sob os cobertores.

Lembrei-me de que ela concordara em deixar que eu tentasse acordar os cães, e comecei a procurá-los ao pé da cama, quando parei e pensei — Sylvester! Ocorreu-me que os cães pudessem ficar agitados se vissem Sylvester e ele poderia entrar em pânico se os cães latissem para ele. Fiquei ali de pé, indecisa e perguntando a mim mesma quais seriam as possíveis conseqüências de uma luta astral entre cão e gato, mas nunca cheguei a descobrir por que Sylvester foi salvo pelo gongo. O meu rádio-relógio despertou, trazendo-me rapidamente para o meu corpo físico.

Menos de duas semanas depois, no dia 6 de maio, Judi e eu fomos a Deadwood, na Dakota do Sul, que fica apenas a cerca de uma hora de automóvel da minha casa. Entramos em um dos novos cassinos, *The Gold Dust*, ao qual eu nunca fora, e fiquei atônita com aquilo que vi — ele assemelhava-se ao lugar ao qual eu me havia projetado no dia 17 de abril. As cores eram predominantemente vermelhas, alguns móveis pareciam antigos e havia corredores formados por máquinas caça-níqueis coloridas. Vasos com árvores estavam espalhados pelo lugar e do teto pendiam complicadas instalações elétricas no estilo vitoriano. Grandes espelhos enfileiravam-se ao longo das paredes dos dois lados, dando a ilusão de várias salas semelhantes. Deixei os meus olhos saírem de foco e olhei em torno, o que fez com que o lugar parecesse exatamente aquele para onde eu havia me projetado, quase três semanas antes.

Posteriormente, fiquei sabendo que o *Gold Dust* tinha sido inaugurado no dia 27 de abril de 1990, dez dias *após* essa minha EFC!

(Na fábrica de cimento, tudo correu bem nessa noite. Todos os três gatos foram examinados na realidade física e não mostraram nenhum sinal de dano decorrente da sua odisséia astral.)

22 de abril de 1990, no meio da noite

Enquanto eu estava no estado hipnagógico, antes de pegar no sono, concentrei-me em provocar um sonho lúcido, pretendendo projetar-me a partir do sonho e prosseguir até a casa de Judi.

Sonhei com o proprietário de uma loja de ferragens, o qual eu conhecia apenas superficialmente na realidade física. Sonhei que eu era empregada dessa loja, onde a situação tornou-se frustrante, com escassez de estoques, mercadorias expostas de maneira inadequada e fregueses irados, e fiquei aliviada porque se tratava apenas de um sonho. Quando esse pensamento passou pela minha cabeça, o sonho tornou-se lúcido.

Procurei me elevar no ar, saindo da loja de ferragens, e disparando através do céu. Abaixo eu podia ver o telhado da loja distanciando-se cada vez mais e diminuindo de tamanho até desaparecer. Enquanto eu continuava com a minha rápida ascensão, as características da paisagem fundiram-se — árvores tornaram-se florestas, colinas tornaram-se cadeias de montanhas, pastagens e campos tornaram-se planícies. Eu continuava subindo, cada vez mais alto; os Grandes Lagos entraram em meu campo de visão, seguido pela Costa Oeste. Logo depois vi abaixo de mim os Estados Unidos, exatamente como se eu estivesse vendo um mapa vivo em tons de verde, marrom e castanho-amarelado. Olhei para baixo fascinada com a terra viva abaixo de mim, tão absorvida por seu realismo que me esqueci completamente de ir à casa de Judi.

Sem que pretendesse fazê-lo, voltei a descer na casa de ferragem e continuei a sonhar durante algum tempo e, então, projetei-me novamente para cima, como tinha feito antes. Subi muito alto, passando através das camadas superiores da atmosfera, vi os Estados Unidos todo, e caí na consciência do sono, sem pensar em Judi ou em nosso plano de nos projetarmos juntas.

Embora há muito tempo eu tivesse aprendido a compreender e a apreciar a importância dos ecossistemas, acordei com uma premente percepção do insubstituível valor do nosso planeta como uma unidade auto-suficiente, um sistema frágil e interdependente de processos geofísicos e bioquímicos absolutamente vitais para a nossa existência física e tão vulnerável à má utilização devido à ignorância e negligência humanas.

23 de abril de 1990, no meio da noite

Ainda determinada a tentar uma EFC mútua, eu fora para a cama no quarto em que eu costumava dormir, nos fundos, no canto sudeste da casa, mais uma vez concentrando-me em atingir uma percepção onírica e projetar-me para a casa de Judi.

Emergi de um sonho, cujos detalhes não foram gravados por minha memória consciente, e tornei-me consciente em minha forma astral, no quarto de hóspedes, na parte da frente da minha casa. Eu estava flutuando a meio caminho entre o assoalho e o teto, olhando para o tapete, no assoalho ao lado da cama, e para a cômoda em frente das janelas duplas.

1º de maio de 1990, começo da madrugada

Eu estava adormecida na cama, mergulhada em um sonho que já durava um bom tempo. Eu acabara de começar uma nova cena em que eu estava de pé, ao lado de um longo balcão de madeira para servir bebidas, em um ambiente de construção rústica, semelhante a um *saloon* deserto do Velho Oeste. Andei até o final do balcão e esperei para ver o que havia por trás dele. Subitamente, de uma alcova oculta, apareceu um homem vestido de vaqueiro; num rápido movimento, ele apoiou-se sobre um dos joelhos, sacou o revólver do coldre e apontou-o diretamente para mim. O meu coração contraiu-se de medo, antecipando o disparo ensurdecedor e a bala penetrando no meu corpo. Minha reação imediata foi sair do caminho. Pulei ao chão, rolei para a esquerda e olhei para ele para ver se eu estava fora da mira da arma. Acordei instantaneamente, olhando fixamente para o desavergonhado fascínora, procurando antecipar-me a ele antes que apontasse o seu revólver para um novo alvo.

Eu estava na cama, alerta e no estado hipnopômpico, deitada sobre o meu lado esquerdo, e o vaqueiro ainda estava diante de mim! Atônita, vi-o flutuar cerca de 30 centímetros do lado esquerdo de minha cama com a mesma clareza com que ele apareceu em meus sonhos, usando o mesmo chapéu, camisa e colete à moda do oeste, esporas e botas, apontando o seu revólver diretamente para a minha cabeça. A imagem dele rapidamente transformou-se, passando de uma entidade que parecia ser constituída de carne sólida e sangue para uma forma que dava a impressão de ser feita de luz dourada. Depois disso ele desapareceu aos poucos, até restar apenas um contorno luminoso que se fez em pedaços, cintilou por um momento e depois desapareceu, deixando-me só e estupefata na escuridão de meu quarto, com o coração disparado, batendo com força.

3 de maio de 1990, 6h15

Eu fora para a cama concentrando-me na idéia de ter um sonho lúcido e em seguida uma EFC. Enquanto a minha consciência passava lentamente para o estado hipnagógico, sugeri a mim mesma que eu tivesse um sonho em que eu estava nadando e que o reconhecesse como sendo um sonho induzido. E então, em vez de flutuar apenas no sonho, eu na verdade flutuara para fora do meu corpo. Planejei o meu percurso — através da parede atrás da cabeceira da cama, passando pelo quarto de hóspedes, pela frente da casa e, então, dirigindo-me para a casa de Judi.[2] Caí num sono profundo, aparentemente destituído de sonhos.

Acordei ao romper do dia. Como eu tinha muito tempo antes de ter de me levantar, resolvi relaxar e tentar manter a consciência no estado hipnagógico, esperando provocar uma EFC. Dentro em pouco eu adormeci.

Sonhei que estava dando uma caminhada ao longo de uma pitoresca calçada ladeada por estabelecimentos comerciais, em uma parte de Rapid City que me era totalmente desconhecida. Fiquei admirada com o fato de uma área tão importante da pequena cidade onde cresci ter escapado à minha percepção. A imaginária zona comercial, localizada na parte norte da cidade, era constituída por fileiras de belos prédios antigos, de tijolo e pedra, com portas de madeira e esquadrias de janelas elegantemente trabalhadas, algumas delas pintadas com esmalte de cores vivas e outras tingidas em tons naturais. Muitas pessoas andavam afobadas pela calçadas, entrando e saindo de várias butiques, galerias, tavernas e restaurantes localizados nos edifícios.

---

2. Esta abordagem foi uma idéia obtida com a leitura do livro de Sylvan J. Muldoon e Hereward Carrington, *The Projection of the Astral Body* (York Beach, ME: Samuel Weiser, 1977), pp. 158-165. [*Projeção do Corpo Astral,* publicado pela Editora Pensamento, São Paulo, 1976.]

Fiz uma pausa para estudar a intricada arquitetura de um prédio de tijolo marrom-avermelhado particularmente encantador, com tijolos pretos formando orlas decorativas em torno das esquadrias das portas e janelas vermelho-arroxeadas. De repente compreendi que eu estava em um mundo onírico. Acordei para aquilo que acreditei ser a consciência física comum, mas ela revelou-se um falso sonho de despertar.

Sonhei que eu estava na casa onde cresci. Eu estava deitada na cama, tentando provocar uma EFC, quando, de repente, meus devaneios foram interrompidos pelo estrépito de um *rock*, com uma guitarra elétrica estridente, um baixo retumbante e uma bateria vibrante marcando um ritmo rápido. Na verdade, tratava-se de uma música forte e envolvente, audaciosa em sua brilhante originalidade, mas que perturbou a minha concentração. Acordei sobressaltada para aquilo que novamente acreditei ser a realidade física, mas que, na verdade, era um outro sonho de falso despertar.

No sonho, eu ainda estava no quarto onde eu costumava dormir quando era menina e morava com os meus pais; dessa vez, porém, ele estava silencioso. Procurando pela origem do *rock-and-roll* imaginário, olhei para baixo e vi, no assoalho, duas caixas de som estereofônicas com fios que penetravam no assoalho e desciam para o porão.

A raiva invadiu-me o cérebro — era impossível fazer experiências com projeção astral em meio a esse barulho! Suspeitei que o meu irmão, Jim, tinha colocado essas caixas de som em meu quarto, de modo que me levantei para investigar e desci as escadas para ir até o porão, onde ficava o quarto dele. De fato, ele tinha lá embaixo um novo e sofisticado sistema de som e havia colocado caixas em meu quarto. Então a minha raiva desapareceu instantaneamente, pois eu apreciei sua solicitude e seus esforços.

Quando Jim viu-me descendo as escadas, fez um gesto apontando para o chão e disse: “Eis o seu pato.” Uma pata selvagem estava sentada no chão. A pata não tinha serventia para mim e, por isso, subi as escadas. Parei no corredor, nos fundos da casa, e contemplei os arredores.

Notei que, em vez das casas no estilo da década de 50, que caracterizaram a parte sul da cidade onde os meus pais construíram sua casa, havia lindos edifícios antigos de tijolos, semelhantes àqueles do primeiro sonho da série de falso despertar. Eu estava examinando uma casa de dois andares construída com tijolos amarelos, com remates de cor creme nas portas e janelas, e apreciando o excelente trabalho de pedreiros feito com os tijolos retangulares grandes e lisos, quando me ocorreu que isso também era um sonho. A visão das elegantes edificações bruxuleou e desapareceu.

Comecei a despertar onde eu realmente estava, em minha casa, desta vez deitada na cama, de costas. Apeguei-me ao estado hipnopômpico e percebi que as vibrações estavam em minha cabeça. Imediatamente, tentei sair de meu corpo através do topo da minha cabeça e segui pela rota que eu planejara com antecedência — para trás, passando através do quarto da frente, e saindo pela janela, onde eu estaria sobre o telhado da varanda da frente. Senti-me imobilizada, incapaz de libertar o meu corpo astral da prisão do meu corpo físico. Tentei abrir caminho à força através do colchão com ambos os braços, mas isso de nada adiantou. Então, relaxei e simplesmente pensei em meu corpo astral flutuando para cima e para fora, saindo da sua parte física. Funcionou!

Formei uma imagem mental do meu corpo astral, que estava deitado de costas, alguns centímetros acima do meu corpo físico, e imaginei-o movendo-se horizontalmente ao longo da rota traçada anteriormente. Minha consciência sofreu uma cisão — meu eu efêmero começou a flutuar de cabeça para baixo, na cabeceira de minha cama, enquanto o meu eu material continuava deitado nessa mesma cama. Eu tinha simultaneamente consciência de meu corpo físico e astral, a chamada consciência dual.

Com os olhos físicos — que podem ter ficado fechados e olhando "através" das pálpebras — vi a parte de trás do meu corpo astral bruxuleando na escuridão, a cerca de 30 centímetros acima de meu corpo físico. O espectro nevoento estava se afastando lentamente, em direção à parede da cabeceira da cama. Estudei a minha forma exteriorizada a partir de um ponto de vista físico, usando algo que me pareceu semelhante aos meus olhos e cérebro físico; o meu duplo astral parecia ser uma réplica dourada-clara e luminescente de meu corpo físico, com bordas indistintas. Contemplar a minha forma astral era como olhar para uma lâmpada elétrica acesa atrás de um globo semitransparente — a lâmpada pode ser vista, mas suas bordas tornam-se indistintas por causa da dispersão da luz. A radiância brilhante emitida pelo meu duplo astral impedia que eu divisasse todos os detalhes de suas vestes. Embora eu pudesse discernir uma toga de tecido fino e diáfano, que caía formando leves ondulações esvoaçantes e que era drapejada da cabeça até o tornozelo, essa pode ter sido apenas uma ilusão criada pelo fulgor etéreo.

Com os olhos e a mente de meu eu astral, vi o teto acima de minha cama, enquanto eu flutuava de costas, eu senti impulso e uma ligeira pressão quando minha forma destituída de peso começou a passar através da parede.

Senti-me como se eu estivesse em ambos os corpos ao mesmo tempo e, simultaneamente percebi o mundo a partir dessas duas perspectivas.

A inconsciência dentro em pouco interveio e então percebi intuitivamente que estava flutuando acima do quintal da frente da casa. Tudo o que eu podia ver era uma mesa branca, diáfana e enevoada ao meu redor. Achei que dessa vez Judi estaria em seu emprego, instalando ou consertando telefones em uma base da Força Aérea a cerca de 16 quilômetros a nordeste e, por isso, expressei mentalmente o desejo de ir até ela.

Uma poderosa força levou-me para nordeste em alta velocidade. Quando a minha velocidade diminuía, eu estava cruzando o ar a cerca de 30 metros de altura e a visão tornou-se mais clara; vi o centro comercial e as lojas dos arredores passando por mim, abaixo e à direita. Dentro em pouco cheguei a um lugar onde estava reunido um pequeno grupo de homens e mulheres, vestindo roupas de brim, macacões de trabalho e capacetes, e ocupado com a instalação de fios em uma construção cúbica de concreto onde só cabiam os operários que ali trabalhavam. Eles não perceberam a minha presença, de modo que segui voando ainda impelida pela mesma força astral.

Enquanto eu estava sendo carregada, resolvi passar os braços em torno da parte de trás da minha cabeça para verificar se poderia encontrar o "cordão de prata" tão mencionado nos livros sobre projeção astral. Ele estava lá! Toquei um cordão sólido e duro que me pareceu semelhante a uma mangueira rígida de jardim, quando a água está correndo com toda a força. Corri a mão ao longo da superfície desse tubo peculiar preso ao meu corpo e tentei averiguar suas dimensões. Para minha surpresa, senti uma rede de cordões; o cordão principal, que tinha cerca de 2,5 centímetros de diâmetro, saía da base do meu cérebro e estendia-se por vários centímetros antes que cordões menores dele se destacassem, fixando-se em diferentes locais na parte de trás da cabeça, pescoço e da região superior das costas.

O cordão astral parecia não ter receptores sensoriais de superfície porque, quando a minha mão tocou nele, a única sensação que tive proveio da mão. Quando toquei o cordão tive a impressão de tocar um objeto inanimado.

Com a certeza de que os relatos acerca do cordão de prata tinham base na realidade astral, resolvi examinar as minhas mãos. Ao olhar para elas pela primeira vez, os meus dedos pareciam muito finos, quase como garras, com unhas estreitas e pontudas. Essa imagem durou apenas um momento, logo as minhas mãos adquiriram a forma natural, embora parecessem mais jovens e roliças do que as minhas mãos físicas. Elas pareciam ser constituídas por carne sólida e de aspecto natural, com uma cor fosca, rósea e ligeiramente bronzeada.

Enquanto eu examinava as minhas mãos, notei mangas de tecido azul em meus punhos, e perguntei-me que tipo de roupa o meu corpo astral estava usando. Eu estava prestes a olhar quando a minha consciência tornou-se nebulosa.

A jornada astral começou a adquirir o aspecto de um sonho no qual eu estava visitando uma casa que, acreditava eu, pudesse ser a casa de Lyla, uma amiga a quem vejo muito raramente na realidade física e que mora perto da área para a qual eu havia me projetado. Após um curto período de reconhecimento nesse local, concentrei novamente o pensamento de projetar-me até Judi e, uma vez mais, perdi a consciência.

Em seguida, tive a impressão de estar em uma cidade estrangeira, grande e agitada, com muitas edificações com vários andares, apinhada de pessoas e com tráfego pesado. Eu estava caminhando ao longo de uma calçada, em um parque ou quadra da cidade, perto de uma rua barulhenta e congestionada. Olhei fixamente para além do ambiente imediato e notei um enorme castelo construído no alto de uma colina no horizonte. Em torno da velha propriedade havia uma névoa azulada que lançava tons azuis sobre os muros de pedra maciça.

Um homem esbelto e de boa aparência, com cabelos grisalhos curtos e barba bem aparada estava de pé nas proximidades, sorrindo agradavelmente e olhando para mim. Ele estava usando um terno cinza de bom corte e parecia muito distinto. Eu não me lembrava de algum dia ter visto alguém assim, mas andei até ele e perguntei-lhe se estávamos em Londres. Ele me respondeu que sim.

Após uma breve conversa, fiquei preocupada com a segurança do meu corpo físico porque tive a impressão de que eu estava longe dele havia muito tempo. Desejei retornar e, instantaneamente, acordei deitada na cama.

Olhei para o meu relógio — eram 6h30. Compreendi que Judi não estaria no trabalho tão cedo e que eu deveria ter tentado projetar-me para a casa dela. Tentei lembrar-me da conversa que tive com o homem com o terno cinza mas, como castelos nas nuvens, essa lembrança fugiu-me.

4 ou 5 de maio de 1990, por volta da meia-noite

Deitei-me na cama, embora me sentisse cheia de energia, e concentrei-me em permanecer suficientemente acordada para observar as imagens hipnopômpicas transformarem-se em sono. Eu também esperava reconhecer o estado de consciência que levaria às EFCS. Eu havia feito a experiência em outras ocasiões e verificara que isso era extremamente difícil para mim porque, em primeiro lugar, eu em geral perco o controle sobre os meus pensamentos, depois perco a compreensão dos pensamentos e, por fim, saio do estado hipnagógico e mergulho no esquecimento.

Eu estava deitada sobre o meu lado direito (o que para alguns peritos em projeção astral é inadmissível), com Moriah enroscado contra meu estômago e Sylvester aninhado contra minhas costas. Concentrei-me o máximo que pude, esforçando-me para manter a consciência e observar os meus processos mentais, ao mesmo tempo que mantinha a consciência de vigília suficientemente inibida para eu poder entrar no estado hipnagógico. Depois de uma ou duas horas eu ainda estava no controle da situação e senti que poderia deslizar sem dificuldade para fora do meu corpo no momento em que quisesse.

Fiquei parcialmente sentada, no corpo astral, e apesar dos meus esforços para me afastar, permaneci imóvel. Não obstante o quarto estivesse escuro, pude ver claramente Moriah sentado sobre mim, bloqueando o caminho. Vi de perto o seu pêlo com listras cinzentas. Tentei passar através dele, porque tinha passado antes através de animais de estimação quando estava projetada na forma astral, mas percebi que ele representava uma barreira eficaz. Virei-me para seguir pelo outro lado, mas Sylvester estava sentado lá, bloqueando minha saída nesta direção. Deitei-me e instantaneamente retornei à consciência normal de vigília. Os dois gatos estavam dormindo profundamente em seus lugares, tão aconchegados quanto possível.

27 de maio de 1990, 22h00

Depois de passar Sylvester e Moriah para outro quarto e fechar a porta do meu quarto, deitei-me para explorar as dimensões da mente.

Fechei os olhos, respirei fundo três vezes, lentamente, fiz uma contagem regressiva do dez até o um, e visualizei o meu corpo físico reclinado, com o meu corpo astral pairando acima dele. Enquanto eu tentava conservar essa visão, prestei a máxima atenção ao meu estado de consciência, sem adormecer.

Por diversas vezes a minha percepção mergulhou profundamente num estado hipnagógico e, por diversas vezes, fui distraída por um ruído de agitação e alvoroço no estore da janela, logo à minha esquerda. Fiz o possível para ignorá-lo, dizendo a mim mesma que estores de janelas não podem fazer barulho: deveria ser uma brisa ou alguma outra coisa. Continuei assim por mais de uma hora.

O quarto pareceu-me abafado de modo que tirei todas as cobertas, exceto o lençol. Mudei de posição diversas vezes e minha concentração começou a fugir-me. Alguma coisa no estore continuava agitando-se — talvez fosse um inseto grande que pudesse voar para o meu rosto enquanto eu estivesse dormindo. Eu tinha de ir ao banheiro. Por fim, levantei-me e fui ao banheiro.

Quando me deitei de costas, executei novamente os procedimentos de contagem, relaxamento e visualização. Fiquei deitada na cama por um longo tempo, monitorando minha consciência, pensando em projeção astral, recuperando o controle sobre os pensamentos, quando eles começam a vaguear, e voltando a colocá-los em foco quando eles tornavam-se nebulosos. Senti-me completamente acordada.

Um ruído mais ou menos alto veio do andar de baixo e sobressaltou-me deixando-me alerta. Meu coração disparou; deitei-me em silêncio e ouvi atentamente. Tudo estava tranqüilo, mas resolvi levantar-me, descer as escadas e investigar.

Saí da cama e fiquei de pé. Pude ver claramente o quarto coberto com uma luz fraca e acinzentada. Dei um passo rumo à porta, perdi o equilíbrio e caí de encontro a um pequeno armário de livros à direita, ao lado da minha cama. A força do impacto arremessou-me para cima, para a esquerda e minha cabeça passou através do teto inclinado, que corre ao longo de cerca de dois terços do comprimento de meu quarto, acompanhando a linha do telhado onde não há sótão. Flutuei com as costas para baixo e percebi que havia me separado do meu corpo físico.

Para confirmar que eu estava na minha forma astral, enfiei minha cabeça através do teto. Espiei através da sombra e vi o escuro e rústico vigamento de madeira do telhado. Minha visão astral penetrou as camadas de diversos materiais, desde a superfície interna das tábuas sem pintura até os espaços onde uma tênue luz infiltrava-se por entre as telhas. O cheiro picante da madeira velha impregnava o ar.

Puxei minha cabeça de volta para o quarto e fiquei indecisa quanto ao caminho que iria tomar para sair. Optei por sair voando pela janela sul. Enquanto eu passava lentamente por ela, vi uma luz pálida e difusa penetrando através da veneziana que cobria essa janela e a janela ao lado. Percebi que as venezianas eram uma ilusão porque, na realidade física, essa janela é coberta apenas por um estore. Existem lá também janelas duplas, mas apenas uma delas pode ser vista a partir de dentro do quarto; a outra está coberta por um armário de parede que foi construído durante uma reforma feita anteriormente. Perguntei a mim mesma de onde tinham vindo as venezianas.

Depois de passar através da janela, flutuei acima do quintal dos fundos, onde, abaixo de mim, vi de relance um gramado, a cerca e a estreita calçada que conduz à garagem. Pensei em Judi e desejei intensamente ir até ela. Então, levada pela "energia astral", que parecia ilimitada, acelerei na direção da casa dela.

Eu estava viajando tão rápido que tudo que pude distinguir foi um borrão cinza-escuro passando rapidamente por mim, e tudo que pude sentir foi uma sensação de movimento. De repente como se por meio de uma força de vontade que não era a minha, minha velocidade foi reduzida e eu tive a sensação de ser empurrada para a direita. Comecei a voar rápido mais uma vez, em novo rumo, direcionada e impelida por uma misteriosa consciência. Isso era intrigante, mas resolvi continuar com aquilo e ver o que ia acontecer.

Enquanto eu continuava voando, senti o suave ar da primavera soprar contra o meu rosto e passar através dos meus cabelos. Uma pequena edificação branca surgiu à minha frente, e eu passei através de seus cantos sem nada sentir e sem ver o que havia dentro dela. Apertei minhas mãos em torno dos pulsos para ver se eles eram sólidos e fiquei admirada com o quanto pareciam sólidos minha carne e meus ossos astrais, tão sólidos e reais como os seus equivalentes físicos. Focalizei o pensamento em Judi e senti mais uma mudança de direção.

Continuei a voar para a frente, desfrutando a fresca brisa astral e a sensação de voar rapidamente, deslizando através da noite. Por fim, cheguei a uma casa que se assemelhava à casa de Judi e, assim, reduzi intencionalmente a minha velocidade e mergulhei em direção à frente da casa, virando de lado para ter uma melhor visão. A casa tinha o mesmo tamanho e era do mesmo estilo que a casa de Judi, mas tinha na frente uma construção de madeira escurecida, como se um acréscimo à varanda tivesse sido construído em torno da porta. Essa casa não se parecia com a de Judi, de modo que continuei para a casa seguinte, que era branca, azul-clara ou cinza. A casa de Judi era verde e, por isso, eu sabia que essa não era a casa dela. Passei através dos ramos desnudos de uma árvore que estava crescendo ao lado de uma cerca branca de pequena altura ou de um tabique de madeira que corria ao longo da parte da frente, e eu sabia que a casa de Judi não tinha essa árvore ou estrutura.

Decepcionada, formei uma imagem mental de Judi e continuei voando, acelerei novamente e minha visão reduziu-se a uma mancha confusa. Depois de percorrer uma curta distância, perdi bruscamente velocidade; eu estava dentro de um grande edifício que se assemelhava a uma garagem ou oficina, com uns doze veículos, talvez menos, estacionados lá dentro. Parei e flutuei acima dele tentando averiguar onde eu estava, quando ouvi vozes de garotos vindas de baixo, próximo a um furgão. Fui atraída irresistivelmente para essa direção.

Aproximei-me do furgão; algo que pensei ser um dos garotos agarrou minha perna e puxou-me para baixo. Senti a mão de alguém erguer-se e puxar a frente de minha blusa, como se o garoto estivesse tentando engalfinhar-se comigo e me jogar no chão. A mão fechada, rasgando minha roupa chamou minha atenção para o que eu estava vestindo, uma blusa azul com botões no pescoço — diferente de qualquer uma das minhas roupas — e *blue-jeans.*

A primeira pessoa que me atacou ergueu-se para segurar minha blusa com mais força, e uma segunda agarrou minhas pernas. Enquanto eu tentava freneticamente libertar-me, dando chutes e empurrões, olhei para baixo e vi uma entidade com um corpo humanóide aproximadamente do tamanho de uma criança de oito anos — todavia, essa era a única semelhança com um ser humano. Olhei diretamente nos olhos negros de uma criatura com uma face grotesca, coberta com pêlos pretos no qual se destacava um nariz enorme que se curvava para baixo, como o de um elefante marinho. O seu nariz preto parecia úmido e luzidio, e longos e ásperos bigodes eriçavam-se contra mim.

O ataque assustou-me, mas eu acreditava ter mais poder do que aqueles diabretes astrais. Tinha absoluta certeza de que, caso eles se revelassem uma verdadeira ameaça, tudo que eu tinha a fazer era retornar ao plano físico, onde eles não poderiam perseguir-me por muito tempo; se conseguissem seguir-me através da fronteira entre os mundos, eu supunha que eles logo iriam desintegrar-se, como acontecera em uma ocasião anterior com o vaqueiro armado com um revólver.

Instantaneamente, retornei ao meu corpo físico, sentei-me na cama e, de imediato, acendi a luz. Fiquei aliviada ao olhar meu quarto silencioso e tranqüilo e ver que eu estava sozinha. Eram 12h45.

27 de junho de 1990, 7h15

Eu fora dormir concentrando-me na projeção astral e acordei de um sonho no qual havia ursos do lado de fora da janela de uma sala de aula. Comecei a adormecer novamente. A minha consciência vacilava na extremidade da faixa hipnagógica próxima ao sono quando me lembrei que queria projetar-me e, por isso, procurei relaxar. Consegui atingir facilmente o equilíbrio apropriado entre a vigília e o sono.

Em seguida, tive consciência de descer minha escada, perguntando a mim mesma se eu estava na forma física ou na astral. Desci os degraus até onde a escada faz uma volta de noventa graus. Em vez de um degrau de tamanho normal, a curva tem uma área quadrada com cerca de 90 centímetros quadrados. Tentei parar para ver se poderia passar através da parede, a fim de verificar se eu estava em meu corpo astral, mas, em vez disso, deslizei pelo restante da escada, o que me deu a certeza de estar realmente na forma astral.

Desci até a sala de estar. À primeira vista, ela parecia vazia; todos os móveis, tapetes e quadros tinham desaparecido. Em seguida, olhei através da extensão vazia do assoalho de madeira de bordo e vi, na extremidade oposta da sala, em frente à lareira, um móvel colocado em lugar errado, uma penteadeira antiga com um espelho alto e oval, que na realidade física estava em meu quarto, cerca de 1,5 metros à direita da minha cama.

Resolvi não ir à casa de Judi, achando que ela provavelmente teria saído para o trabalho, pois já não estávamos no começo da manhã.

Olhei para a penteadeira através da sala de estar, enquanto pensava em lugares a serem explorados, mas, antes de me decidir, fui absorvida de volta para a dimensão física. Eu estava em meu quarto, deitada na cama com os olhos abertos e olhando para a penteadeira antiga.

14 de outubro de 1990, 7h00 — 7h30

Eu estivera acordada desde antes do alvorecer, com uma terrível dor de estômago, e por isso finalmente — e perguntando a mim mesma por que esperara tanto tempo — fechei os olhos e deitei-me de costas para meditar sobre o amor e o poder de cura do eu superior, numa tentativa de aliviar a minha dor. Em pouco tempo eu estava no estado hipnagógico, contemplando a projeção astral e a perspectiva de flutuar através da parede de meu quarto.

Mantive os olhos físicos fechados, mas, só com o mais ligeiro esforço, abri os meus olhos astrais. Eu podia sentir as minhas pálpebras físicas fechadas contra os meus globos oculares, mas mesmo assim conseguia enxergar através das camadas de tecido e ver o quarto onde eu me encontrava, com a pálida luz da manhã infiltrando-se em torno das bordas dos estores.

Prolonguei o estado hipnagógico, sentindo que tinha o mais absoluto controle sobre o meu estado de consciência e que era capaz de manter o equilíbrio ideal entre vigília e sono.

Tentei flutuar ou rolar para fora do corpo, com a intenção de deixálo, mas continuei ligada à minha estrutura orgânica. Senti-me muito pesada e densa para desafiar a gravidade e, por fim, resolvi jogar as cobertas para trás e sair da cama, acreditando, que, já que eu estava no estado hipnagógico, talvez o meu corpo astral é que fosse o veículo para deixar realmente a cama.

Levantei-me como se estivesse mesmo no corpo físico, e perguntei a mim mesma se de fato eu não estaria no estado físico. Andei rumo à minha janela sul e saí voando, feliz por estar na forma astral. (Aconselho muita precaução a qualquer um que queira tentar fazer isso: pessoas que estiverem de fato passando por uma crise de sonambulismo poderão se machucar seriamente fazendo este tipo de coisa. É *sempre* melhor tentar primeiro um teste mais seguro.) Embora eu não tenha feito nenhuma anotação a respeito, eu provavelmente estava flutuando antes de alçar vôo.

Eu estava alguns metros acima do meu quintal dos fundos, suspensa na luz suave da manhã, quando algo impeliu-me a voar para sudeste, embora eu não tivesse intenção consciente de partir nessa direção. Eu queria ir até a casa de Judi, na direção oposta, de modo que, em vez disso, virei-me e segui rumo à noroeste. Eu não sabia se ela estava em casa; era mais provável que ela estivesse tomando o café da manhã em algum lugar ou indo para o trabalho. Concentrei-me em Judi, em vez de pensar na casa dela, na esperança de ser atraída para onde ela estivesse.

Voei sobre as vizinhanças da minha casa e olhei para o grande número de telhados coloridos das velhas casas abaixo de mim: vermelhos, verdes, brancos, marrons — todos iluminados pela luz do sol nascente. Todavia, eu avançava pouco como se estivesse voando em câmara lenta. De repente, vi diante de mim um pilar de tijolos ou chaminé e resolvi voar através dela, acreditando que não haveria impacto; conforme eu esperava, passei através do obstáculo sem encontrar nenhuma resistência. Examinei minhas mãos e vi que elas pareciam ser de carne e osso, idênticas às minhas mãos físicas, porém muito distante de mim, como se os meus braços estivessem mais compridos do que o seu tamanho natural. Olhei para a minha forma astral, para ver o que eu estava usando, e acreditei poder distinguir uma blusa. Concentrei-me mais, para ver a cor, mas ela estava muito borrada.

Eu estava flutuando pelas vizinhanças da minha casa, apenas ligeiramente acima dos telhados, observando com curiosidade o nível da rua. Vi um homem sair de um edifício que não fui capaz de identificar; poderia ter sido uma casa, uma garagem ou uma loja. Ele parecia ter quase quarenta anos, usava óculos, tinha uma barba elegantemente aparada e seu cabelo era uma mistura de castanho e cinzento, cortado num estilo elegante e de modo a poder ser penteado tanto para a frente como para o lado. Pelo que eu me lembrava, eu nunca o vira antes, nem física nem astralmente. Ele sorriu para mim e disse alguma coisa que não consegui ouvir com clareza, enquanto fazia um gesto para que eu descesse até onde ele estava. No entanto, continuei a voar, com o objetivo de encontrar Judi.

Em seguida, vi-me em uma panificadora a duas quadras da minha casa. Judi trabalhara lá há muitos anos, de modo que me perguntei se, de alguma forma, eu não tinha voltado no tempo. Uma jovem com cabelos pretos e curtos e usando um *tailleur* desceu correndo um lance de escada e entrou no cômodo onde eu estava. Perguntei se ela conhecia Judi, que já trabalhara lá. Pensativa, a mulher de vermelho disse que conhecia alguém com esse nome, a qual trabalhara lá no início da década de 80. Concluí, no entanto, que devia tratar-se de uma outra pessoa, pois Judi havia trabalhado lá antes da década de 80.

Voltei a ter consciência de meu corpo; um cachorro estava latindo do lado de fora, perturbando a minha concentração. Tentei ignorá-lo, concentrando-me no brilho matutino em torno do estore da janela e perguntando a mim mesma se eu estava percebendo luz física ou astral. Então saí do estado hipnopômpico e fiquei completamente acordada no plano físico.

13 de abril de 1991, no meio da noite

Eu estava deitada na cama havia mais de uma hora, procurando desenvolver a capacidade de fazer, durante o sono, a distinção entre o sono e a realidade física. Assim eu poderia transformar um sonho comum em um sonho lúcido e entrar em um estado de consciência propício para a projeção astral. Planejei deixar o corpo, flutuando diretamente através do teto e, dali, ver se podia entrar em contato com um guia espiritual.

Adormeci e sonhei que estava dormindo em minha cama, com a diferença de que ela estava no lugar onde fica a cozinha; na versão onírica, o cômodo fora convertido em sala de televisão e de leitura e dava para a varanda dos fundos da casa. Embora na realidade física a varanda tenha apenas 2,4 metros de largura, no sonho ela ocupava todo o comprimento do fundo da casa.

Tive um falso despertar, sonhando que me levantei da cama — onde a cozinha deveria estar — e andei até a varanda. Então, percebi que eu estava na forma astral e voei através do lado leste da casa. Flutuei durante alguns momentos entre minha casa e a casa ao lado, mas então entrei novamente em meu corpo físico, no meu verdadeiro quarto, no andar de cima.

De imediato, flutuei novamente para fora do corpo, passando através da parede leste, e pairei mais uma vez entre as duas casas. Distingui com clareza as laterais brancas da casa do meu vizinho, a pequena cerca de madeira que limitava o canteiro de flores, e também o canto da varanda da frente. Sem que eu tivesse expressado esse desejo, regressei ao corpo físico.

Tentei sair novamente, desejando que o meu corpo astral se elevasse no ar, flutuasse e, passando através do teto, subisse acima do telhado, conforme o planejado, porém me senti pesada e presa na matéria física. Por fim, usando uma estratégia simples que fora bem-sucedida em EFCs anteriores, joguei as cobertas para trás e levantei-me da cama; ao fazer isso, topei com o pequeno armário de livros ao lado da cama.

Caminhei até a escada e desci os degraus, com os meus pés saltando suavemente a cada passo. Quando cheguei aos dois últimos degraus, olhei para a minha esquerda e notei uma pálida luz que entrava através das vidraças hexagonais da janela ao pé da escada. Vi claramente os detalhes da canelura ao longo das bordas das estreitas faixas de madeira que faziam a separação entre as formas geométricas da vidraça.

Passei através da janela, perguntando-me se os móveis da sala de estar estavam no lugar certo, e detive-me na porta da frente, onde estava prestes a estender a mão para tocar a maçaneta. A tapeçaria estava na parede atrás da escrivaninha, ao meu lado; sendo esse o seu lugar e estando a cortina de renda na janela da porta, como deveria estar, resolvi não examinar o restante da sala, acreditando que seria mais interessante fazer alguma outra exploração. (Embora fisicamente seja possível ver toda a sala de estar a partir da escada, durante essa EFC eu apenas conseguia enxergar 60 centímetros à frente. Tudo o mais ficava enevoado.)

Eu ainda tinha de escolher um destino. Resolvi flutuar através da porta em vez de abri-la e, quando a minha mente formou o pensamento, o meu corpo astral fundiu-se com a porta. O mundo tornou-se um borrão cinza-prateado, e eu acordei fisicamente, na cama.

2 de junho de 1991, de madrugada bem cedo

Eu ficara acordada durante um longo tempo, tentando dormir, quando comecei a pensar em permanecer consciente, em meu estado hipnagógico, e induzir a uma EFC. Relaxei e, depois de algum tempo, perguntei a mim mesma se eu estava no estado hipnagógico. Tentei flutuar para fora de corpo, mas fiquei presa à minha forma material. Considerei a possibilidade de só sair da cama, na esperança de fazer isso com o corpo astral embora sentisse estar muito perto da consciência física de vigília para conseguir fazer isso. Então, tentei penetrar mais fundo no estado hipnagógico, mas acabei cochilando.

A partir do sono, entrei no estado hipnopômpico e, em um ou dois segundos, deslizei para fora do corpo físico sem nenhum esforço consciente. Apoiei suavemente as mãos e os joelhos no assoalho ao lado da cama. Ao fazer força para me levantar minhas mãos passaram através do tapete e da madeira, assim como o restante de meu corpo astral.

Surgi na sala de jantar, diretamente abaixo do quarto, e pousei de pé. Observei os familiares retângulos de luz nas paredes provenientes das luzes da rua que penetravam através das janelas. Andei até a sala de jantar, passando pela sala de estar, e cheguei até a porta da frente. Vi claramente a iluminação dos *outdoors* definirem a janela oval da porta, com sua forma quebrada pelo intricado padrão de cortina de rendas que a cobria.

Estendi a mão para pegar a maçaneta da porta e fui puxada diretamente para trás — passando através de paredes, tetos, assoalho e móveis — até chegar ao corpo físico.

1º de agosto de 1991, no meio da noite

"Acordei" voando durante uma tranqüila noite de verão. Eu estava cruzando o ar a uma velocidade de aproximadamente 45 a 60 quilômetros por hora e a uma altitude de cerca de 30 metros, sobre uma paisagem que pude distinguir nitidamente através da escuridão. O céu, tranqüilo e ameno, estava cinza-escuro, quase preto, e as luxuriantes pastagens abaixo de mim tinham um verde vivo, profundo e vibrante. A relva era alta, ondulando em linhas suaves, com as folhas curvadas em muitas direções pelas correntes de vento que varriam as pequenas colinas.

Sentia-me energizada, livre e no controle da situação, até que me passou pela mente a idéia de que eu estava fora do corpo. Então, a força exterior puxou-me de volta tão rapidamente que pude ver apenas um borrão cinza-escuro e ter a sensação de muita velocidade. Senti intuitivamente que eu estava voltando para o corpo. Em pouco tempo senti meu corpo astral se alinhando com o corpo físico e acordei na cama, na realidade física.

23 de setembro de 1991, de manhã

Na noite anterior, fui dormir com o firme propósito de melhorar a comunicação entre minha mente consciente e o meu eu superior, para permanecer receptiva e prestar atenção a qualquer mensagem que pudesse vir dos sonhos.

Acordei com o barulho de um cachorro latindo (ele mora perto de casa, na realidade física, e de fato estava latindo). As minhas recordações dos sonhos rapidamente se desvaneceram, porém mantive os olhos fechados e a mente e o corpo relaxados. Eu estava deitada de costas. Deixei-me levar para o estado hipnopômpico (hipnagógico?) e tentei concentrar-me na projeção astral.

O meu duplo astral, que naquele momento era a sede da minha

consciência, sentou-se lenta e suavemente, quase que agindo de acordo com sua própria vontade, já que fiz pouco esforço consciente para deixar o corpo. Relaxei, deixei que os acontecimentos seguissem o seu próprio curso e observei o que iria acontecer. Quando o meu duplo astral sentou-se, senti vibrações regulares e uniformes ressoando através do corpo. (Imagino que é isso que o gato sente quando esta ronronando.) Os latidos do cachorro desviaram a minha atenção, e eu retornei repentinamente ao corpo físico.

Continuei no estado hipnopômpico, com os olhos fechados e o corpo imóvel. O meu corpo astral sentou-se mais uma vez e, mentalmente, expressei o desejo de flutuar acima da cama. Comecei a girar em meu corpo astral, rodopiando cada vez mais rápido ao redor de mim mesmo, até que a minha concentração foi mais uma vez desviada pelos latidos do cachorro, e voltei ao corpo físico.

Fiquei imóvel, com os olhos fechados, e me mantive no estado hipnopômpico com facilidade. Astralmente, voltei a sentar-me e pensei em flutuar através da parede atrás da cabeceira da cama e, então, sair pela parte da frente de casa.

Mantendo-me sentada, retrocedi lentamente cerca de 60 a 90 centímetros e senti que a minha visão astral começava a funcionar. O ambiente ao meu redor era escuro, salvo por uma pequena luz vermelha que parecia ter aproximadamente meio centímetro de diâmetro. Ao atentar para a luz, perdi o controle sobre a consciência e entrei em um sonho sobre um cachorro, que latia, e seu dono, que morava ao lado de uma viela próxima ao meu quintal dos fundos. O dono do cachorro estava levando um enorme leão para dentro de casa. Aconteceram muitas outras coisas no sonho, do qual acabei acordando por completo com o som do latido do cachorro.

Guardo uma lanterna autocarregável no armário do outro lado da parede, na cabeceira de minha cama. Quando ela está carregando, uma luz vermelha se acende, e é do mesmo tamanho da que vi astralmente.

15 de outubro de 1992, 8h00

Eu acordara ao nascer do dia, mas voltara a dormir. Quando a minha consciência voltou a emergir da sonolência para o estado hipnopômpico, senti-me animada, tranqüila e feliz, e permaneci num ponto de equilíbrio entre o sono e a vigília, completamente consciente. Resolvi deixar o corpo.

Tentei fazer com que o meu corpo astral se sentasse, mas tive a sensação de ocupar apenas o corpo físico, deitado na cama. Visualizei-me em meu corpo astral, flutuando para fora do corpo físico, mas permaneci na forma densa, sujeita à gravidade. Recordei-me de uma das minhas experiências com exteriorização, quando eu estava morando em minha cabana — ocasião em que separei o meu braço astral do meu braço físico. Resolvi experimentar isso e, se funcionasse, fazer o mesmo com o restante do corpo astral.

Senti imediatamente vibrações concentradas no ombro direito. Induzi o braço astral esquerdo a sair de sua prisão física. O restante do meu corpo astral seguiu atrás do braço, e eu saí voando pela janela do lado esquerdo da cama.

Flutuei rumo ao nordeste e fiz uma pausa cerca de 5 metros acima da cerca da frente da casa do vizinho do lado. A casa dele, uma bela construção antiga e restaurada, com dois andares e pintada de verde-claro, estava perfeitamente nítida, rodeada por canteiros de flores caprichosamente cercados, tanto na frente como ao lado dos caminhos. Os suaves tons de rosa, púrpura, dourado e verde da folhagem de outono bem cuidada, disposta com bom gosto ao redor da casa verde-claro, davam à cena um ar impressionista.

Uma poderosa força astral levou-me para o sudeste e resolvi deixar que ela me guiasse para onde quisesse. Depois de uma rápida e sombria transição para o outro lugar, fui colocada de pé ao lado de um cercado de corrente, onde um grupo de mais ou menos doze pessoas estava observando um incêndio no campo. (Antes de ir para a cama, eu havia tomado conhecimento de que estava mesmo havendo um incêndio no campo, à sudeste da cidade.) A parte inferior da atmosfera estava impregnada por fumaça densa e escura, e um carro vermelho de bombeiro estava estacionado nas proximidades, do outro lado da cerca, em meio a um conglomerado de equipamentos e veículos.

A força astral puxou-me para longe do lugar, levando-me ainda mais para sudeste. Flutuei lentamente pelo interior de uma grande construção cheia de máquinas que pareciam ser os equipamentos de algum tipo de indústria. Passarelas metálicas, trilhos, canos e envoltórios de metal cobrindo engrenagens e motores estavam pintados com esmalte de cores vivas, alguns azuis, outros amarelos ou verdes. Um homem com roupa de trabalho estava em uma das plataformas, rodeado de equipamentos. Ele me disse polidamente que Joe estava lá no alto, dentro da cabine do operador. Continuei em frente, perguntando a mim mesma quem era Joe. Quando flutuei através de uma área que poderia ser a parte da frente da edificação, vi um homem num nível superior de uma pequena sala com paredes de malhas metálicas pintada de amarelo. Embora eu não o reconhecesse, acenei e disse: "Olá, Joe." Ele sorriu e respondeu ao aceno, enquanto eu passava através da parede da frente do edifício.

Eu estava do lado de fora do prédio, pairando acima de uma área coberta de cascalho, que parecia ser uma zona de carga e descarga ou um estacionamento. Resolvi que queria fazer alguma coisa mais verídica, como ir à sala de Ben, na Black Hills State University, em Spearfish, a cerca de 80 quilômetros de distância, para ver se ele estava lá. Achei que, se ele estivesse lá, seria interessante determinar se ele seria capaz de perceber a minha presença e, se estivesse fora, talvez eu pudesse observar alguma coisa em sua sala e confirmar isso posteriormente, na realidade física.

Eu estava prestes a rumar para noroeste, com destino a Spearfish, quando uma corrente irresistível puxou-me para longe. Sem nenhum controle consciente, senti-me como se estivesse me movendo com uma velocidade extremamente alta, e pude ouvir o débil latido de um cachorro tornar-se cada vez mais alto. Abri os meus olhos físicos e olhei para o relógio. Eram 9h00. Um cachorro estava latindo do outro lado da viela que passa nos fundos da minha casa.

* * *

À medida que os acontecimentos de minha vida física se desenvolvem, prosseguem e se transformam, a minha odisséia astral continua a levar-me para mundos invisíveis, onde o inexplicável e o inesperado sempre me aguardam. Essas estranhas aventuras em domínios misteriosos alteraram radicalmente a minha percepção da realidade e levantaram inúmeras questões sobre as quais, ao longo dos anos, tenho refletido muito e feito muitas pesquisas. Através do estudo das EFCs, podemos compreender e apreciar mais plenamente todas as partes do nosso ser com as quais estamos apenas começando a nos familiarizar. A fusão entre os mundos da realidade física e astral nos proporciona indícios a respeito da verdadeira natureza da existência.

Capítulo 10

Fusão de Mundos

Às altas horas de uma noite límpida e sem lua, em um acidentado planalto em um lugar do norte das Black Hills, em Dakota do Sul, longe das luzes da cidade, parei ao lado de um regato, num lugar onde ele formava uma lagoa tranqüila e profunda. Olhei para cima. No céu negro acima de mim brilhava uma vasta e cintilante miríade de estrelas, resplandecendo com o nítido efeito tridimensional visto apenas em regiões isoladas e de altitudes elevadas. Algumas próximas, outras distantes, todas estavam majestosamente suspensas na profunda escuridão. Contemplei o espaço exterior, o infinito verdadeiro ou positivo.

Olhei para baixo, para a lagoa. A mesma vastidão penetrava as profundezas negras da água, abaixo de mim. As estrelas brilhavam no fundo das águas escuras, cada vez mais e mais profundas, até onde fui capaz de imaginar. Vi um universo dentro do outro — um mundo exterior fundindo-se com um mundo interior. Senti que estava olhando para dentro de um infinito invertido, ou negativo.

Será que a nossa estrutura física, emocional, mental e espiritual existe em uma disposição semelhante? Será que o ser humano é um macrocosmo refletido em um microcosmo, como foi afirmado por filosofias transmitidas de geração para geração e registradas desde a antigüidade? Os mundos invisíveis seriam um reflexo da realidade exterior em nossa consciência? Ou será que os mundos invisíveis são reflexos exteriores de nossa consciência? Talvez possamos projetar, com a PES, a nossa consciência tanto exteriormente, para a realidade objetiva, como interiormente para a realidade subjetiva, na qual a realidade exterior é refletida. Neste caso, para qual infinito — o verdadeiro ou o invertido — a nossa consciência se projeta durante uma EFC? O exterior? O interior? Para ambos?

Se as imagens hipnagógicas forem efetivamente monitoradas com a consciência desperta, observa-se que as visões tornam-se mais complexas, até mergulhar em um mundo de objetivos, de cenas e acontecimentos semelhantes aos que se vêem no sonho. Em um momento, a imagem está contida na mente, dentro do eu; um instante depois, a mente e o eu estão dentro da imagem. A consciência pode vascilar durante um breve momento entre o mundo físico e o sonho hipnagógico, antes de unir-se ao que parece ser um mundo construído pela mente.

Às vezes, quando a consciência sai subitamente de um sonho e irrompe na realidade do estado de vigília, uma imagem onírica persistente pode demorar-se, sobrepondo-se ao ambiente físico. A visão, na verdade, parece passar de um local interior para um exterior antes de desaparecer. Acreditamos que os sonhos ocorrem interiormente, mas, em certas ocasiões, vemos imagens oníricas do mesmo modo como vemos objetos exteriores.

Será que quando passamos por uma projeção mental forma-se uma imagem interior do objeto exterior ou, em vez disso, uma parte da mente é de fato localizada novamente no objeto exterior?

Durante a PES do estado de transição, a consciência a princípio parece focalizar uma imagem interior, na qual ela pode penetrar por um breve período e, em seguida, ter a sensação de focalizar um ambiente exterior. Suponha que o material percebido através da PES do estado de transição seja posteriormente confirmado na realidade física pelos acontecimentos exteriores correspondentes. Será que um reflexo do acontecimento exterior apareceu na consciência ou a consciência apareceu no lugar do acontecimento exterior?

Nos casos de consciência dual, a mente parece estar em dois lugares ao mesmo tempo, um interior e outro exterior. A consciência exterior é percebida na realidade interior ou exterior? E quanto à consciência interior? Estaria ela percebendo uma imagem gerada interiormente por um corpo astral projetado?

Alguém já provou que a consciência existe dentro do crânio? Talvez o crânio exista na consciência. Pode ser que a consciência torne-se uma parte de sua própria criação, entrando nos mundos que se manifestam graças ao seu poder e, em seguida, convencendo-se de que eles existem como realidades distintas. Se for esse o caso, podemos conceber uma consciência que exista tanto dentro como fora da realidade material, e a realidade material existindo dentro e fora da consciência. Podemos imaginar uma situação semelhante para a realidade não-material. Então a realidade consistiria na fusão dos mundos interior e exterior, material e não-material.

Quando termina a realidade pessoal e começa a realidade de consenso? Quando a realidade torna-se ilusão?

Opiniões Contrárias

O mundo astral está dentro ou fora das fronteiras que cada um de nós imagina servir de limite para o eu? Ninguém sabe. Diferentes pesquisadores têm opiniões contrárias com relação à "realidade" do mundo da EFC. Alguns têm teorias psicológicas, acreditando que o ambiente da EFC existe na imaginação como realidade interior subjetiva, e outros propõem teorias ecsomáticas, acreditando em uma substância não-física que literalmente a separa do corpo físico e forma uma parte da realidade exterior objetiva.[1] Nenhuma dessas teorias explica satisfatoriamente todos os fenômenos de EFC.

Pode-se tentar classificar todos os fenômenos cognitivos seja como exteriores e objetivos ou interiores e subjetivos, quer sejam do mundo físico e do corpo físico, pensamentos, visões ou sensações hipnagógicas ou hipnopômpicas, sonhos, PES ou EFCs. Todavia, alguns tipos de fenômenos requerem mais categorias. As imagens oníricas persistentes, por exemplo, parecem estar na realidade exterior, de modo que poderiam ser classificadas como subjetivas exteriores. As imagens clarividentes ou visões relacionadas à PES do estado de transição, tais como o acidente com o avião de carga, poderiam ser classificadas como objetivas interiores. Quando consideramos a consciência dual, em que uma pessoa que faz a projeção astral vê a forma astral a partir de um ponto de observação físico, temos um dilema: a visão da pessoa pode ser tanto objetiva como subjetiva, exterior ou interior. Um dilema ainda mais enigmático surge quando a pessoa que está fazendo a projeção vê o corpo físico a partir de um ponto de observação astral. Para se fazer a classificação nesse caso é preciso saber se a forma astral realmente deixa o corpo físico.

---

1. H. J. Irwin, *Flight of Mind: A Psychological Study of the Out-of-Body Experience* (Metuchen, NJ: Scarecrow Press, 1985), pp. 219-259.

Se o mundo astral existir interiormente, ele poderá ser um estado de consciência sensível à PES, com a característica adicional de representar um vívido conjunto de imagens mentais relacionadas com a ocupação de um segundo corpo em uma visão que se assemelha ao mundo físico. As EFCs abrangeriam um estado alternativo de consciência: a PES, e uma dimensão imaginária semelhante ao mundo dos sonhos, contendo as mesmas distorções mas, geralmente, com um padrão mais semelhante ao da realidade física. A sensação de a pessoa estar acordada, juntamente com o realismo convincente das imagens, faz com que a pessoa que fez a projeção aceite a experiência como a realidade objetiva exterior. Se há no subconsciente recordações de todas as coisas, com detalhes exatos, e se ele tem a capacidade de construir mundos oníricos tão convincentes quanto o mundo físico, no momento em que essas recordações são apresentadas, então é plausível que o mundo da EFC exista apenas na mente, como uma visão complexa. Essa visão, em seguida, junta-se às faculdades psicológicas da consciência desperta. O plano astral pode ser uma alucinação convincente criada pelo subconsciente e na qual os poderes da PES apresentam imagens verídicas do passado, do presente e do futuro do mundo físico. Se for esse o caso, as EFCs consistiriam em uma combinação de três fatores: uma construção mental razoavelmente realista, a consciência do estado de vigília e as faculdades paranormais.

Susan Blackmore, que escreveu extensamente sobre as EFCs, afirma que elas são fenômenos interiores e que as construções mentais têm por base a memória.[2] Segundo Blackmore, as distorções, omissões e acréscimos ao mundo astral, relatados por tantos praticantes da projeção astral, resultam de falhas de memória, cujas lacunas são preenchidas pela imaginação.

Com base em minha experiência, creio que, quando surgem aberrações no mundo astral, durante as EFCs, minha memória está funcionando tão bem quanto no estado de vigília física. Quando vi a gravura emoldurada da mulher idosa sobre o revestimento da minha lareira, eu sabia, de memória, que ela não estava lá fisicamente. Quando desci planando a escada e vi que toda a mobília da sala de estar desaparecera, lembrei-me exatamente de onde cada peça deveria estar. Quando vi venezianas na janela de meu quarto, eu sabia que elas eram ima-

---

2. Sue Blackmore, "A Theory of Lucid Dreams and OBEs", in *Conscious Mind, Sleeping Brain: Perspectives on Lucid Dreaming*, orgs. Jayne Gackenbach e Stephen LaBerge (Nova York: Plenum Press, 1988), pp. 373-382.

ginárias e que o vidro era de fato coberto por um estore. Se o mundo astral é de fato construído a partir da memória, os erros devem-se a outros fatores que não aos lapsos de memória.

Outra alternativa seria a de que o plano astral seja uma parte da realidade objetiva externa que somente pode ser percebida a partir de estados específicos de consciência. Ele poderia ser — conforme a suposição de uma doutrina esotérica — um mundo invisível entremeado por matéria física. Se for esse o caso, alguma coisa — quer um aspecto puramente mental ou um constituinte espirital feito de "matéria astral" — deve de fato deixar o corpo físico e atuar no mundo astral.

Existem poucos relatos de projeções mútuas, nos quais mais de uma pessoa compartilha uma EFC no mesmo momento, local e situação.[3] As projeções mútuas poderiam implicar um mundo astral objetivo externo, mas poderiam também ser o produto de alguma forma de telepatia em que duas ou mais pessoas participam na mesma construção mental. Nesse caso, porém, os ensinamentos esotéricos afirmam que o mundo astral, de uma forma ou de outra, é criado a partir de formas-pensamento.

Existem também relatos de testemunhas fisicamente despertas que perceberam formas astrais de pessoas que estavam se projetando.[4] Essas EFCs indicam ser plausível que alguma coisa realmente deixa o corpo físico e opere em um mundo externo objetivo. Os relatos proporcionam-nos diferentes tipos de evidências, sendo que algumas aparições dão a impressão de serem sólidas e reais, enquanto outras são translúcidas e fantasmagóricas. Talvez qualquer pessoa, usando a visão física, possa enxergar a aparição, mas também é possível que seja necessário algum tipo de visão clarividente. O fato do duplo astral de uma pessoa projetada ser ou não visto por algum tipo de visão depende da densidade da forma projetada.

Evidências semelhantes de que alguma coisa realmente deixa o corpo físico e existe na realidade objetiva exterior são proporcionadas por numerosos casos de experiência no leito de morte, quando pessoas no estado de consciência física desperta vêem a forma astral sair do cadáver e afastar-se na forma fantasmagórica.

Se o mundo astral realmente existir exteriormente, ele poderia con-

---

3. Alguns casos são relatados nos seguintes livros: *Astral Projection: A Record of Out-of-the-Body Experiences*, de Oliver Fox; *Mind Beyond the Body*, de Scott Rogo e *Practical Astral Projection*, de Yram.

4. Herbert B. Greenhouse, *The Astral Journey* (Garden City, NY: Doubleday, 1975), pp. 88-95.

sistir em uma réplica astral de tudo que existe em outras dimensões e estender-se para outras dimensões. Se for esse o caso, quando a pessoa se projeta na forma astral, talvez os correspondentes astrais dos objetos físicos é que estejam sendo percebidos. O problema aqui é que, freqüentemente, as pessoas que fazem a projeção relatam ver os seus corpos físicos, indicando a possibilidade de que a pessoa projetada esteja vendo o verdadeiro mundo físico a partir de uma perspectiva astral. Também é comum ver a forma astral pessoal durante uma projeção, assim como acontece quando, na realidade física, olhamos para nós mesmos e vemos partes da forma física. Talvez os mundos de fato se sobreponham.

Quer as EFCs sejam fenômenos objetivos exteriores quer subjetivos interiores, casos reais proporcionam fortes evidências de que eles consistem em algum tipo de atividade paranormal. Numa noite de Natal no final da década de 60, minha amiga Judi teve uma EFC e observou acontecimentos que se deram a centenas de quilômetros de distância e que, posteriormente, foram confirmados.

Carol, outra amiga de Judi, tem uma irmã que, nessa época morava em Chicago. Judi se encontrara com essa irmã apenas uma vez mas, por alguma razão, visitou-a astralmente em Chicago, na noite de Natal.

Nessa noite, em sua casa em Rapid City, Judi adormeceu sem nenhum pensamento consciente relacionado a Chicago, à projeção astral ou à irmã de Carol. Todavia ela acordou e se viu flutuando perto do teto de um apartamento desconhecido. Ela não se lembrava de como havia chegado lá e, por estar tão surpresa, não pensou em olhar para o seu corpo astral e ver que aspecto ele tinha.

Em vez disso, ela olhou para baixo, através de uma névoa rarefeita e viu duas pessoas sentadas no chão, cercadas de ferramentas, tentando montar grandes caixas. Embora não pudesse enxergar com clareza, Judi reconheceu a irmã de Carol e presumiu que o homem fosse o marido dela. A próxima coisa de que Judi se lembra foi de estar sentada em sua própria cama, perguntando a si mesma porque alguém iria montar caixas de papelão. Uma vez mais, não houve nenhuma sensação de ter viajado de Chicago para Rapid City, em seu retorno ao corpo físico. Ela olhou para o relógio e viu que eram 2h30.

No dia seguinte, Judi contou a experiência a Carol que telefonou para sua irmã e perguntou como ela e o marido haviam passado a noite de Natal. A irmã respondeu que eles tinham ficado acordados a maior parte da noite tentando montar uma estante que haviam acabado de comprar. Depois de algumas dificuldades, eles finalmente terminaram a montagem e foram para a cama pouco antes do amanhecer.

Alguns acreditam que as EFCs sejam fenômenos interiores e outros acham que elas são fenômenos exteriores. Uma outra possibilidade é a de que as duas idéias sejam corretas, havendo um universo objetivo refletido em um mundo subjetivo e construções de pensamento subjetivo projetadas para a realidade objetiva. Talvez o mundo da EFC e o mundo físico fundam-se dentro e fora, cada realidade sendo percebida por uma mente, havendo estados específicos de consciência para cada uma delas.

Os mundos invisíveis são realmente domínios distintos? Quando vemos o "mundo astral" estamos na verdade olhando para o mundo físico? Ou será que os mundos invisíveis são todos imaginários? Temos muito o que aprender a respeito dos mundos invisíveis, como, por exemplo, saber se eles são exteriores, interiores ou ambas as coisas. Há muita pesquisa a ser feita até que possamos dizer se as EFCs são só alucinações, se elas são PES entremeadas com imagens mentais vívidas ou se alguma coisa realmente sai do corpo físico. Se uma essência não-material deixar de fato o corpo, temos o problema de detectar e medir um fenômeno não-físico com instrumentos físicos.

Para compreendermos os mundos invisíveis, precisamos determinar e definir, ou observar, os estados mentais que os criam e os pensamentos ou matéria ou energia de que são constituídos, bem como determinar o seu número e definir onde termina um e começa o outro, além de desenvolver métodos mais confiáveis para visitá-los. Também temos muito a aprender com nós mesmos, com nossos estados de consciência, com a natureza e as capacidades de nosso corpo não-material e com o modo pelo qual eles influenciam nossa capacidade mental e nosso corpo físico. Por fim, por meio da descoberta de princípios fundamentais, de leis naturais e de relacionamentos de causa e efeito, precisamos aprender como os mundos invisíveis funcionam e de que modo nossas ações dentro deles afetam o nosso mundo físico e o papel que nele desempenhamos.

Benefícios das EFCs

O benefício direto mais evidente das EFCs é a capacidade de agir em novas dimensões, transcendendo os limites do mundo físico e alcançando uma liberdade que anteriormente só podia ser imaginada. O plano astral proporciona a oportunidade de viajar para lugares comuns ou extraordinários, em diferentes velocidades, seja deslizando através da sala, visitando um outro país ou projetando-se instantaneamente para um domínio mais elevado.

Em qualquer lugar astral, próximo ou distante, sempre há a possibilidade de se encontrar entidades desconhecidas. Muitos estudos de casos indicam que podemos nos encontrar com elas, conversar, pedir ajuda para os que necessitem, trocar informações com amigos e entes queridos físicos ou não-físicos, ou obter sabedoria e orientação dos que estão mais desenvolvidos do que nós. Podemos aprender coisas com entidades astrais que se apresentam em todas as formas — boas ou más, simples ou muito desenvolvidas.

Além desses benefícios diretos, a experiência da projeção astral tem profundos efeitos sobre nós mesmos, incluindo o nosso conceito de realidade, modo de encarar a vida e sentimentos com relação à morte. A saída consciente do corpo aumenta a nossa compreensão de nós mesmos, do universo e da nossa relação com o universo, mas também levanta incontáveis questões e altera para sempre crenças que anteriormente abraçávamos, seja transformando-as em conhecimento, por meio de evidências a seu favor, ou destruindo-as com evidências contrárias. Todos esses efeitos provocam mudanças permanentes na filosofia de vida da pessoa.

Durante a minha existência, nada foi mais revelador a respeito da verdadeira natureza da realidade do que os vários minutos em que, pela primeira vez, preservei voluntariamente a consciência fora de meu corpo. Aqueles breves momentos mudaram para sempre uma vida inteira de busca por respostas acerca do que somos e onde estamos. Não mais reflito simplesmente acerca da plausibilidade de várias doutrinas, porque sei — em vez de apenas acreditar — que a vida é mais do que a realidade física do estado de vigília. Assim como qualquer conhecimento, porém, essa nova iluminação coloca-nos diante de mais perguntas do que respostas.

Quer os mundos invisíveis existam fora de nós, como dimensões da realidade exterior, ou interiormente, em níveis ocultos da consciência, ou em ambos os lugares, sua investigação nos proporciona uma visão mais ampla do universo. A consciência de horizontes expandidos, que vão além da existência mundana do dia-a-dia, satisfaz o anseio sempre presente de encontrar um significado para a vida. A idéia de que a vida é realmente importante enriquece todos os empreendimentos, sejam eles materiais, emocionais, intelectuais ou espirituais.

Ao ampliar os limites da experiência humana, a exploração dos sonhos, os estados hipnagógico e hipnopômpico e o mundo astral dão-nos a oportunidade de descobrir novos meios de adquirir conhecimentos para chegar a uma compreensão maior dos processos mentais superiores. Os conhecimentos obtidos através do contato pessoal com os mundos invisíveis ampliam a nossa compreensão da natureza da realidade e as nossas capacidades como seres humanos, tendo como resultado um maior otimismo diante das preocupações do nosso cotidiano.

O maior desenvolvimento das faculdades psíquicas — que ocorre naturalmente durante as jornadas através de mundos invisíveis — nos proporciona mais instrumentos para serem usados na existência física. Os estudos de sonhos, a inspiração, a projeção mental, a PES do estado de transição e as EFCs demonstram coisas acerca de nosso verdadeiro potencial mental que não podem ser percebidas exclusivamente através de nossa consciência física. A percepção dessas capacidades reforça automaticamente o seu uso e aumenta sua eficácia, o que, por sua vez, ajuda a estimular uma percepção maior. O espectro cada vez maior da percepção no *continuum* da consciência, repleto de inter-relações, coloca-nos em contato com os nossos eus ocultos e revela a nossa verdadeira natureza como seres cósmicos dotados de uma capacidade infinita de conhecimento e autoconsciência. Sentimentos de valor próprio, potencial pessoal, crescimento e criatividade são fortalecidos. A existência pessoal — que inclui ser, perceber, viver experiências e conhecer — assume dimensões universais, dando mais significado à vida do que jamais se imaginou ser possível.

A existência fora do corpo indica que não somos meros organismos biológicos dotados de emoções e de um intelecto; isso mostra que também temos uma porção não-material ou aspecto espiritual. Ao passarmos pela projeção astral, sabemos que a parte espiritual pode atuar separada do corpo, seja em uma realidade exterior, interior ou mista. Embora possamos apenas especular se o elemento espiritual sobrevive ou não à morte física, é encorajador ao menos saber que esse componente espiritual existe, pois um aspecto não-material é condição necessária para a vida após a morte. O conhecimento de sua existência é um passo importante para se provar a possibilidade de sobrevivência depois da morte física.

As experiências de quase-morte (EQMs), que são muito semelhantes às EFCs nos proporcionam fortes evidências de que uma forma astral de fato sobrevive à morte física. Quer essa forma astral indique ou não a existência de uma forma espiritual que sobrevive muito tempo depois da morte do corpo físico, isso nos dá bons motivos para termos esperanças.

Segundo os ensinamentos esotéricos, a forma astral tem uma existência pós-morte apenas temporária; depois, ela se desintegra, quando um corpo ainda mais sutil, constituído pelos corpos mental e causal, vai para um plano mais elevado. Depois de passarmos pela experiência de vida fora do corpo físico, essa possibilidade nos parece bem plausível.

Conforme mostram diversos estudos,[5] a maioria das pessoas que vivenciou uma EQM ou uma EFC praticamente superou o medo da morte, tornando a vida mais agradável com a eliminação ou redução de uma grande preocupação. O sentimento de invulnerabilidade aumenta o sentimento de importância adquirido mediante um novo conceito de universo e o otimismo gerado pelos conhecimentos obtidos através da percepção expandida. A evidência da continuidade da existência faz com que os nossos atos no presente pareçam mais importantes!

Creio que somos imortais e que a nossa vida nos mundos invisíveis é muito mais rica do que percebemos a partir do ponto de vista físico — a consciência do estado de vigília. Acredito que a nossa parte não-física está experienciando a vida nos mundos invisíveis muito antes da morte física e muito antes da vida física. Sei, no entanto, que a nossa natureza e a natureza do universo compreendem outras coisas além da vida em um corpo físico, num plano físico. Espero que todos aqueles que tenham passado por uma EFC consciente também saibam disso.

Os estados hipnagógico e hipnopômpico parecem ser estados de consciência em que os mundos invisíveis colidem, criando janelas e passagens de um para outro. Por meio do desenvolvimento da continuidade da consciência desde a vida em estado de vigília, passando pelos estados de transição e entrando no *continuum* de sonhos, superconsciência e *continuum* de EFC, pode-se explorar subjetivamente essas realidades alternativas.

À medida que os mundos invisíveis tornam-se mais familiares para nós, temos a impressão de que cada um deles se encaixa em seu "espaço" particular como um tipo de percepção. Essa idéia de espaço dá sustentação à teoria esotérica segundo a qual diferentes planos da realidade coexistem e interpenetram-se. Essas realidades alternativas poderiam representar diferentes sistemas constituídos por diferentes tipos de energia e matéria, cada um deles tornando-se uma forma de criação mais sutil, mais difusa e mais energizada do que aquela situada imediatamente "abaixo".

Penetrar nos mundos invisíveis, então, parece ser uma questão de

5. Irwin, *Flight of Mind*, p. 216.

focalizar a consciência no caminho certo, nos estados hipnagógico e hipnopômpico, e de energizar o corpo interior correto — seja ele o corpo astral, mental ou causal — para que ele atue como um veículo da cognição.

Os desafios com que se defrontarão os futuros viajantes astrais incluem o domínio de técnicas para entrar e atuar nos mundos invisíveis, determinando as propriedades do corpo astral e do mundo astral, promovendo a incorporação de suas descobertas e a compreensão dos complexos processos do comportamento humano, bem como o uso das experiências interdimensionais para aprimorar a vida física. É de esperar que o conhecimento obtido através da exploração dos mundos invisíveis reduza as polaridades da vida e da morte, do conhecimento e da ignorância, do potencial e da realização. Tal como qualquer disciplina acadêmica, o estudo dos mundos invisíveis envolve o desenvolvimento de formulações teóricas, técnicas confiáveis e de aplicações práticas.

Por meio das nossas experiências com os mundos invisíveis, podemos vislumbrar dimensões ocultas da realidade e explorar vastas regiões não cartografadas da existência. Ao juntarmos nosso eu consciente com nosso eu superior, podemos superar muitas das limitações do mundo físico. Embarcar em uma odisséia astral explorando dimensões invisíveis pode levar-nos a dominar o verdadeiro conhecimento, alegria e liberdade.

* * *

Se o meu duplo astral pudesse ter viajado para um planeta em órbita ao redor de uma estrela distante — naquela noite escura, no norte das Black Hills, quando parei ao lado de uma lagoa tranqüila — e parasse para contemplar, com visão telescópica infinita, as profundezas escuras e estreladas de uma lagoa nesse outro mundo, será que ele teria visto na Terra um reflexo de si mesmo, olhando para uma ilusão?

A mente humana — refletida nas alturas e nas profundezas cheias de estrelas — é compelida a contemplar os infinitos mundos exteriores que a rodeiam, a inteligência que está por trás de sua evolução ordenada e a natureza do seu papel em tudo isso. Ao questionar a sua própria natureza, a mente humana é levada a uma busca interior, para mundos interiores infinitos e misteriosos.

Pode ser que o infinito verdadeiro e o invertido convirjam em um ponto a que chamamos de eu, como acontece na superfície de uma lagoa cheia de estrelas.

Bibliografia

Arms, Karen e Pamela S. Camp. *Biology: A Journey into Life*. Filadélfia: Saunders College Publishing, 1991.

Baker, Douglas M. *Practical Techniques of Astral Projection*. Wellingborough, Inglaterra: Aquarian Press e York Beach, ME: Samuel Weiser, 1977.

Battersby, H. F. Prevost. *Man Outside Himself: The Methods of Astral Projection*. New Hyde Park, NY: University Books, 1969.

Bishay, N. "Therapeutic Manipulation of Nightmares and the Management of Neuroses." *British Journal of Psychiatry* 147 (1985): 67-70.

Blackmore, Susan J. *Beyond the Body: An Investigation of Out-of-the-Body Experiences*. Londres: Heinemann, 1982. [*Experiências Fora do Corpo*, publicado pela Editora Pensamento, São Paulo, 1986.]

_____. "A Theory of Lucid Dreams and OBEs." In *Conscious Mind, Sleeping Brain: Perspectives on Lucid Dreaming*. Orgs. Jayne Gackenbach e Stephen LaBerge. Nova York: Plenum Press, 1988.

Bord, Janet. *Astral Projection: Understanding Your Psychic Double*. Nova York: Samuel Weiser, 1973.

Brennan, J. H. *Astral Doorways*. Londres: Aquarian Press, 1971.

Budzynski, Thomas. " Tuning in on the Twilight Zone." *Psychology Today*, agosto de 1977.

Cartwright, Rosalind Dymond. *Night Life: Explorations in Dreaming*. Upper Saddle River, NJ: Prentice Hall, 1977.

_____. "Affect and Dream Work from an Information Processing Point of View." In *Cognition and Dream Research*. Org. Robert E. Haskell. *The Journal of Mind and Behavior*, Edição Especial, Vol. 7, nºs 2 e 3, 1986.

Cartwright, Rosalind D., Stephen Lloyd, Sara Knight e Irene Trenholme. "Broken Dreams: A Study of the Effects of Divorce and Depression on Dream Content." *Psychiatry*, agosto de 1984, pp. 251-9.

Cohen, David B. e Charles Cox. "Neuroticism in the Sleep Laboratory: Implications for Representational and Adaptive Properties of Dreaming." *Journal of Abnormal Psychology* 84 (1975): 91-108.

Crookall, Robert. *Out-of-the-Body Experiences: A Fourth Analysis*. Secaucus, NJ: Citadel Press, 1970.

_____. *More Astral Projections*. Secaucus, NJ: University Books, 1972.

Dane, Leila. "Astral Travel: A Psychological Overview." *Journal of Altered States of Consciousness* 2 (3) (1975-6): 249-58.

Delaney, Gayle. *Living Your Dreams*. Nova York: HarperCollins, 1981.

DeLong, George. *Awakening to Your Dreams*. Castro Valley, CA: New World Press, 1991.

Dement, William C. *Some Must Watch While Some Must Sleep*. San Francisco: San Francisco Book Company, 1976.

Denning, Melita e Osborne Phillips. *The Llewellyn Practical Guide to Astral Projection*. St. Paul, MN: Llewellyn Publications, 1979.

Eadie, Betty J. e Curtis Taylor. *Embraced by the Light*. Placerville, CA: Gold Leaf Press, 1992.

Faraday, Ann. *The Dream Game*. Nova York: Perennial Library, 1974.

Fiss, Harry. "An Empirical Foundation for a Self Psychology of Dreaming." In *Cognition and Dream Research*. Org. Robert. E. Haskell. *The Journal of Mind and Behavior*, Edição Especial, Vol. 7, nºs 2 e 3, 1986.

Fosshage, James L. "The Psychological Function of Dreams: A Revised Psychoanalytic Perspective." *Psychoanalysis and Contemporary Thought* 6 (1983): 641-69.

Fox, Oliver. *Astral Projection: A Record of Out-of-the-Body Experiences*. Secaucus, NJ: Citadel Press, 1976.

Gabbard, Glen O. e Stuart W. Twemlow. *With the Eyes of the Mind: An Empirical Analysis of Out-of-Body States*. Nova York: Praeger Scientific, 1984.

Gackenbach, Jayne e Jane Bosveld. *Control Your Dreams*. Nova York: HarperCollins, 1989.

Gackenbach, Jayne e Stephen LaBerge, orgs. *Conscious Mind, Sleeping Brain: Perspectives on Lucid Dreaming*. Nova York: Plenum Press, 1988.

Garfield, Patricia. *Creative Dreaming*. Nova York: Simon & Schuster, 1974.

Garrett, Eileen. *My Life as a Search for the Meaning of Mediumship*. Londres: Rider, 1937.

Giesler, Patric V. "Lucid OBEs: A Case Report." *Parapsychology Review*, Set./Out. 1986, pp. 5-7.

Gillespie, George. "Without a Guru." In *Conscious Mind, Sleeping Brain: Perspectives on Lucid Dreaming*. Orgs. Jayne Gackenbach e Stephen LaBerge. Nova York: Plenum Press, 1988.

Green, Celia. *Out of the Body Experiences*. Londres: Hamish Hamilton, 1968.

Greenhouse, Herbert B. *The Astral Journey*. Garden City, NY: Doubleday, 1975.

Harary, Keith e Pamela Weintraub. *Have an Out-of-Body Experience in 30 Days: The Free Flight Program*. Nova York: St. Martin's Press, 1989.

_____. *Lucid Dreams in 30 Days: The Creative Sleep Program*. Nova York: St. Martin's Press, 1989.

Hearne, Keith M. T. "An Automated Technique for Studying PSI in Home 'Lucid' Dreams." *Journal of the Society for Psychical Research* 51 (1982): 303-4

Hobson, J. Allan. *The Dreaming Brain*. Nova York: Basic Books, 1988.

Holzer, Hans. *The Psychic Side of Dreams*. St. Paul, MN: Llewellyn Publications, 1992.

Irwin, H. J. "The Psychological Function of Out-of-Body Experiences: So Who Needs the Out-of-Body Experience?" *The Journal of Nervous and Mental Disease* 169 (1981): 244-8.

_____. *Flight of Mind: A Phychological Study of the Out-of-Body Experiencie.* Metuchen, NJ: Scarecrow Press, 1985.

_____. "Out-of-the-Body Experiences and Dream Lucidity: Empirical Perspectives." In *Conscious Mind, Sleeping Brain: Perspectives on Lucid Dreaming.* Orgs. Jayne Gackenbach e Stephen LaBerge. Nova York: Plenum Press, 1988.

Kaplan-Williams, Strephon. *The Jungian-Senoi Dreamwork Manual.* Berkeley, CA: Journey Press, 1987.

Krakow, Barry e Joseph Neidhardt. *Conquering Bad Dreams and Nightmares.* Nova York: Berkley Books, 1992.

LaBerge, Stephen. *Lucid Dreaming: The Power of Being Awake and Aware in Your Dreams.* Nova York: Ballantine Books, 1985.

LaBerge, Stephen e Howard Rheingold. *Exploring the World of Lucid Dreaming.* Nova York: Ballantine Books, 1990.

Langs, Robert. *Decoding Your Dreams.* Nova York: Henry Holt, 1988.

Leadbeater, C. W. *The Devachanic Plane.* Londres: Theosophical Publishing Society, 1896.

_____. *The Astral Plane.* Wheaton, IL: The Theosophical Publishing House, 1977. [*O Plano Astral*, publicado pela Editora Pensamento, São Paulo, 1976.]

Leveton, Alan F. "The Night Residue." *International Journal of Psycho-Analysis* 42 (1961): 506-16.

Lévi, Éliphas. *The History of Magic.* York Beach, ME: Samuel Weiser, 1970. [*História da Magia*, publicado pela Editora Pensamento, São Paulo, 1974.]

Levine, Joseph S. e Kenneth R. Miller. *Biology: Discovering Life.* Lexington, MA: D. C. Heath, 1991.

Liddon, Sim C. "Sleep Paralysis and Hypnagogic Hallucinations." *Archives of General Psychiatry* 17 (1967): 88-96.

Mavromatis, Andreas. *Hypnagogia: The Unique State of Consciousness Between Wakefulness and Sleep.* Londres: Routledge & Kegan Paul, 1987.

Maybruck, Patricia. *Romantic Dreams.* Nova York: Pocket Books, 1991.

Mitchell, Janet Lee. *Out-of-Body Experiences: A Handbook.* Nova York: Ballantine Books, 1990.

Monroe, Robert A. *Far Journeys.* Nova York: Doubleday, 1985.

_____. *Journeys Out of the Body.* 2ª ed. Nova York: Anchor Press/Doubleday, 1973.

Moss, Scott C. "Treatment of a Recurrent Nightmare by Hypnosymbolism." *The American Journal of Clinical Hypnosis* 16 (1973): 23-30.

Muldoon, Sylvan e Hereward Carrington. *The Phenomena of Astral Projection.* Londres: Rider, 1951; York Beach, ME: Samuel Weiser 1970.

_____. *The Projection of the Astral Body.* York Beach, ME: Samuel Weiser, 1977. [*Projeção do Corpo Astral*, publicado pela Editora Pensamento, São Paulo, 1976.]

Ophiel. *The Art and Practice of Astral Projection.* York Beach, ME: Samuel Weiser, 1977.

Powell, Arthur E. *The Etheric Double.* Wheaton, IL: Theosophical Publishing House, 1969. [*O Duplo Etérico*, publicado pela Editora Pensamento, São Paulo, 1973.]

_____. *The Astral Body.* Wheaton, IL: Theosophical Publishing House, 1973. [*O Corpo Astral*, publicado pela Editora Pensamento, São Paulo, 1983.]

Reed, Graham. *The Psychology of Anomalous Experience.* Boston: Houghton-Mifflin, 1974.

Rickman, John e Charles Brenner, orgs. *A General Selection from the Works of Sigmund Freud.* Nova York: Doubleday Anchor Books, 1957.

Rogo, D. Scott. *Mind Beyond the Body.* Nova York: Penguin Books, 1978.

_____. "Traveling Light." *Human Behavior,* out. 1978, p. 37.

_____. "Psychological Models of the Out-of-Body Experience: A Review and Critical Evaluation." *Journal of Parapsychology* 46 (1982): 29-45.

_____. *Leaving the Body: A Complete Guide to Astral Projection.* Upper Saddle River, NJ: Prentice Hall, 1986.

_____. "Researching the Out-of-Body Experience: The State of the Art." *Anabiosis – The Journal for Near-Death Studies* 4 (1984): 21-49.

Salley, Roy D. "REM Sleep Phenomena During Out-of-Body Experiences." *The Journal of the American Society for Psychical Research* 76 (1982): 157-65.

Schacter, Daniel L. e Edward F. Kelly. "ESP in the Twilight Zone." *The Journal of Parapsychology* 39 (1975): 27-28

Schacter, Daniel L. "The Hypnagogic State: A Critical Review of the Literature." *Psychological Bulletin* 83 (1976): 452-81.

Schapiro, S. A. "A Classification Scheme for Out-of-Body Phenomena." *Journal of Altered States of Consciousness* 2 (3) (1975-6): 259-65.

Sheils, Dean. "A Cross-cultural Study of Beliefs in Out-of-the-Body Experiences, Waking and Sleeping." *Journal of the Society for Psychical Research* 49 (1978): 691-741.

Slap, Joseph W. "On Dreaming at Sleep Onset." *The Psychoanalytic Quarterly* 46 (1977): 71-81.

Slate, Joe H. *Psychic Phenomena.* Jefferson, NC: McFarland, 1988.

Sue, David, Derald Sue e Stanley Sue. *Understanding Abnormal Behavior.* Boston: Houghton Mifflin, 1990.

Smith, Susy. *The Enigma of Out-of-Body Travel.* Nova York: New American Library, 1965.

Swann, Ingo. *To Kiss the Earth Good-bye.* Nova York: Hawthorne Books, 1975.

Swedenborg, Emanuel. *The Spiritual Diary,* vols. I-V. G. Bush e J. H. Smithson, orgs. Londres: Speirs, 1883-1902.

Tanous, Alex e Timothy Gray. *Dreams, Symbols, and Psychic Power.* Nova York: Bantam Books, 1990.

Tart, Charles T. "The Control of Nocturnal Dreaming by Means of Posthypnotic Suggestion." *Parapsychology,* setembro de 1967, 184-9.

_____. "A Second Psychophysiological Study of Out-of-the-Body Experiences in a Gifted Subject." *International Journal of Parapsychology* 9 (1967): 251-8.

_____. "A Psychophysiological Study of Out-of-the-Body Experiences in a Selected Subject." *Journal of the American Society for Psychical Research* 62 (1968), 3-27.

_____. org. *Altered States of Consciousness.* Garden City, Nova York: Anchor Books/Doubleday, 1972.

Taylor, Jeremy. *Dream Work.* Ramsey, NJ: Paulist Press, 1983.

Tholey, Paul. "A Model for Lucidity Training as a Means of Self-Healing and Psychological Growth." In *Conscious Mind, Sleeping Brain.* Orgs. Jayne Gackenbach e Stephen LaBerge. Nova York: Plenum Press, 1988.

Todd, John e Kenneth Dewhurst. "The Double: Its Psycho-Pathology and Psycho-Physiology." *Journal of Nervous and Mental Disease* 122 (1955): 47-55.

Twitchell, Paul. *Eckankar: The Key to Secret Worlds*. San Diego, CA: Illuminated Way Press, 1969.

Ullman, Montague, Stanley Krippner e Allen Vaughan. *Dream Telepathy*. Nova York: Macmillan. 1973.

Van de Castle, Robert L. *Our Dreaming Mind*. Nova York: Ballantine Books, 1994.

Walker, Benjamin. *Beyond the Body: The Human Double and the Astral Planes*. Londres: Routledge & Kegan Paul, 1974.

White, Stewart Edward. *The Betty Book*. Nova York: E. P. Dutton, 1937.

Yram. *Practical Astral Projection*. York Beach, ME: Samuel Weiser, 1977.